자녀교육은 10년 전략이다

자녀교육은 10년 전략이다

초판 1쇄 발행 | 2007년 3월 20일
초판 2쇄 발행 | 2007년 4월 10일
지은이 | 남궁은 · 이은경
펴낸이 | 김선식
펴낸곳 | 팝콘북스
출판 등록 | 2005년 12월 23일 제313-2005-00277호

PM | 김순란
기획편집본부 | 배소라, 변경혜, 박혜진, 신혜진, 정지영, 신현숙, 임영묵, 박경순, 김계옥, 이윤철, 박호진
마케팅본부 | 유민우, 곽유찬, 허성권, 민혜영, 이도은, 서선행
디자인팀 | 공 존, 나미진, 이동재
저작권팀 | 이정순
경영지원 | 방영배, 허미희, 김미현, 박고운
외부스태프 | 조판 박애영

주소 | 서울시 마포구 염리동 161-7 한청빌딩 6층
전화 | 02-702-1724(기획편집) 02-703-1723(마케팅) 02-704-1724(경영지원)
팩스 | 02-703-2219
e-mail | dasanbooks@hanmail.net
홈페이지 | www.dasanbooks.com
필름출력 | 엔터
종이 | 신승지류유통
인쇄 · 제본 | 현문

값 10,000원
ISBN 978-89-92555-04-3   43370

파본은 본사나 구입하신 서점에서 교환해드립니다.
이 책은 저작권법에 의하여 보호를 받는 저작물이므로 무단 전재와 복제를 금합니다.

자녀교육은 10년 전략이다

| 남궁은·이은경 지음 |

팝콘북스

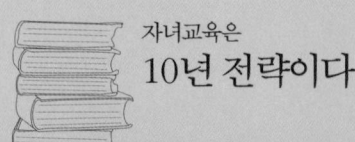

자녀교육은 10년 전략이다

프롤로그_ 시대가 교육의 짐을 부모에게 요구하다 … 6

Part 1 변화하는 교육 트렌드를 읽어라

[변화 키워드 1] 2008 대입시가 변한다 … 16

[변화 키워드 2] 7차 교육과정 개정 … 26

[변화 키워드 3] 특목고 확대 … 33

[변화 키워드 4] 영재교육 확대 … 38

[변화 키워드 5] 영어교육 초등 저학년 확대 … 43

[변화 키워드 6] 교육기업들이 바뀌고 있다 … 46

Part 2 교육 변화에 대비하는 부모들의 전략 마인드

[마인드 1] 우리집 교육 문화 자산 관리: 아빠의 참여 … 64

[마인드 2] 우리집 교육 문화 자산 관리: 독서 문화 자산 … 79

[마인드 3] 우리집 교육 문화 자산 관리: 적성 관리 … 98

Part 3 　학령에 따른 부모들의 대비 전략

1. 유아를 위한 교육 전략
　　영어교육, 어떻게 할까 … 122
　　한글 깨치기 … 134
　　개념 이해 중심 수리교육 … 150

2. 초등 저학년의 교육 전략
　　사교육과 공교육 사이 … 158
　　학습지 시장의 유혹 … 163
　　습득 중심의 영어교육 … 181
　　예술과 스포츠에 대한 관심 … 192
　　초등학교 입학, 어떻게 대비할까 … 196

3. 초등 고학년의 교육 전략
　　학원 중심의 사교육 시장 … 202
　　자기주도 학습의 꽃, 독서 습관의 유지 … 205
　　낙오자가 발생하기 시작하는 수학 공부 … 217
　　영어 공부, 학습이 시작되는 나이 … 230
　　다양한 활동과 체험교육 … 250

4. 중등 학년의 교육 전략
　　종합반 학원에 대한 맹신 … 262
　　부모와의 대화 … 267
　　거시적인 공부 전략 … 272
　　한발 더 학습영어로 나아가기 … 282
　　특목고 진학 … 289

에필로그_ 교육을 '소비'하는 학부모들의 바람직한 태도 … 296

프롤로그

시대가 교육의 짐을
부모에게 요구하다

시대의 무거운 주제를 떠안다

21세기 최대의 정치적 화두는 교육이다. 전 미국 대통령 클린턴은 21세기를 열며 국가경쟁력의 핵심을 교육이라고 말했다. 호주의 하워드 수상도 3선을 하는 과정에서 끝까지 '민간 부분에 의한 교육의 활성화'라는 주제를 양보하지 않았다. 미래 사회를 논하는 앨빈 토플러도, 『21세기 사전』에서의 자크 아딸리도, 우리나라의 공병호 박사도 교육 문제를 매우 중요한 주제로 다루어 왔다.

그런데도 한국은 교육 개혁이 정체된 국가다. 이는 곧 국가가 시대 변화의 무거운 짐을 국가 교육 정책으로 풀어가지 못한다는 것을 의미한다. 이렇게 되면 시대 변화의 무거운 짐은 고스란히 부모들의 몫으로 남는다. 그런데 이것은 우리나라만의 문제가 아니다. 사립학교가 활발해진 호주에서도, 홈스쿨링이 급속하게 번지는 미국의 중산층에서도, 교육열에 몸이 달아 유학 열풍이 부는 중남미와 동유럽의 중산층에서도, 국가가 갖고 있는 교육적 기능의 한계가 드러나고 있다. 그래서 앨빈 토플러는 풀빵을 찍어내는 듯한 학교 교육이 현재 각국의 사회·경제 변화의 걸림돌로 작용한다고 통렬하게 비판하였다. 이제 전 세계적으로 교육의 짐이 다시 부모의 어깨로 넘어오고 있는 것이다. 2000년대 들어서면서 '엄마표 교육'이라는 이름을 달고 새롭게 형성된 잠수네 아이들, 쑥쑥닷컴, 해오름, 베베하우스 등의 흐름은 우리나라 식으로 반영된 '부모가 주도하는 교육'의 모습이다. 심지어 대안학교 운동에 담긴 사회적 배경도 어찌 보면 '부모가 주도하는 교육'의 단면을 반영하고 있다.

★

부모도 교육에 대해 전략적 태도로 임해야

결국 부모도 변해야 하며, 변하려면 변화를 읽어야 한다. 시대적 변화에 대해 좀더 들여다보아야 하고, 변화를 피할 수 없다는 문제의식이 있어야만 부모의 진정한 교육관이 정립될 수 있다. 부모가 변화를 읽는다는 것은 전략적으로 사고한다는 것을 의미한다. 새로운 시대의 교육이 어때야 하는지를 읽어야 하는 것이다.

어떤 전문가가 우리 아이의 교육을 명쾌하게 해결해줄 거라는 기대도 버려야 한다. 앨빈 토플러의 표현을 빌리면, 모든 사회 영역에서 소위 '전문가'의 해체가 진행되고 있는 시대다. 소비자가 직접 참여하고 생산하는 UCC의 시대다. 우리는 포털 사이트 '다음'에서 캐치프레이즈로 내세운 'UCC'라는 용어를 보아 왔다. 이는 User Created Contents를 의미한다. 즉 '사용자가 직접 생산하여 만든 생산물'이란 의미다. 이것은 인터넷 세상에서 새로 나온 현상 아니라 앨빈 토플러가 1980년대에 '제3의 물결'에서 개념화한 'prosumer(producer와 consumer의 합성어)' 현상으로 이해할 수 있다.

교육 문제는 나라도 학교도 학원도 아닌 부모 자신이 주가 되어 해결해야 할 문제다. 교육이 부모의 몫인 시대다. 우리나라의 교육 정책이 무엇을 하려고 하는지, 그것이 우리 아이의 교육에 어떤 영향을 미치는지를 읽어야 한다. 그리고 반대로 우리나라의 교육 정책이나 제도가 무엇을 할 수 없는지도 알아야 한다. 마찬가지로 학원이 해줄 수 있는 것과 할 수 없는 것에 대해서도 명확하게 고민하고 알아야 한다. 그 속에서 부모가 무엇을 해야 하는지 아이들 교육의 과제를 점검하고, 부부가 그것을 공유해야 한다.

변화 전략, 어떻게 시작할까

시대에 대한 통찰과 변화에 대한 의식을 가졌다면 이제 변화에 대비하는 전략을 짜야 할 것이다. 그 첫걸음은 부모로서 내 안에서 변하지 않은 것들을 돌아보는 일이다. 부모로서 자기혁명이 필요한데 그것이 무엇인지에 대해 고민해보고, 우리 가정에 남은 구시대의 교육 유산들을 털어내야 한다.

그 중 하나가 자기주도 학습에 대한 새로운 인식의 문제이다. 시험대비 위주로 암기식으로만 공부해서는 평생 학습에 필요한 학습능력을 기를 수 없다. 스스로 공부를 꾸려가는 능력과 경험을 가진 아이들이 지식정보화 사회에서 보다 잘 살아갈 수 있는 것이다. 자기주도적으로 공부하려면 '듣는 강의'여서는 안 된다. 스스로 읽어서 발표하고, 토론하며, 직접 실험하고, 자기 생각을 정리하여 글을 써 보는 과정이 자기주도 학습이다. 그렇다고 자기주도 학습을 자습 형태의 학습지 문제 풀기로 왜곡하는 것은 분명히 옳지 않겠지만 말이다.

또한 그 중의 하나가 '예절교육'이다. 버르장머리를 가르치려다가 아이들을 창의성 없이 기를 수 있다. 아이들을 윽박질러서는 아이들이 자유롭게 제 소질을 발양할 수 없다. 부모와 충분하게 대화한다면, 반말을 써도 인사를 건성으로 해도 마음으로 우러나오는 버르장머리는 해결될 수 있다. 예절교육을 강조하면서 기숙사 사감 같은 엄마가 되어서는 안 된다.

무사안일한 직업관도 바꿔야 한다. 변화의 시대에는 좋다고 생각되었던 것들이 우리 아이들을 망치는 직업관, 인생관이 될 지도 모른다. '변화를 회피한 안정 위주의 직업 찾기' 가 우리도 모르는 사이에 우리 집 가정 교육의 숨은 바탕은 아닌지 돌아봐야 한다. 무사안일하게 사는 법을 가르쳐 주다가 오히려 세상의 변화에 적응하지 못하는 아이를 만들 수도 있는 것이다.

변하지 않은 교육 문제도 의심해야 한다. 청심중학교나 자립형 사립고에 목을 매는 부모 중 상당수가 교수나 교사 같은 직업을 가지고 있다. 미국이나 영국에서 홈스쿨링을 하는 부모의 1/3이 교직에 몸담고 있다. 왜 이런 일이 벌어지고 있는지 생각해봐야 하지 않을까? 학교 내신 시험에 대비하여 스파르타식으로 가르치고 있는 구시대의 낡은 학원들과 1주일 논술준비에 800만원을 요구하면서 시험 막판 필살기를 피력하는 과외선생들도 의심해야 한다. 사전을 뜯어 먹으며 단어를 외웠다느니 4당5락이니 하는 수험 명제들도 다시 돌아봐야 한다.

교육에 대해서도 교육 받을 준비를 해야 한다. 아이들에게 막판 요약 정리 강의로 공부하게 방치하고, 족집게 연사들의 강의를 좇아 각종 입시 설명회에만 목을 매서는 안 된다. 엄마들이 시험대비 요령에만 머리를 쓰고 있는 사이에, 아이들은 자기 스스로 인생을 이

끌어가는 능력, 즉 이 시대가 요구하는 '참여하는 학습 능력'을 상실해가고 있기 때문이다. 아이들에게 스스로 창의적인 방식으로 공부하는 것이 필요하듯이 부모들의 공부도 스스로 창의적인 방식으로 조직되어야 한다. 패거리로 몰려다니며 아이들 과외 팀만 짤 것이 아니라, 부모들도 공부를 할 때이다. 학원 원장들로부터 '돼지엄마'라고 불리는 줄도 모르고 우르르 몰려다니고, 이 학원 저 학원을 기웃거리면서 학원을 떡 주무르듯 하는 것은 더 이상 자랑이 아니다. 치맛바람으로 문제를 해결하려는 안일한 태도를 바꾸지 않으면 아이들 역시 스스로 공부하는 모습을 보여주지 않는다. 아이로 하여금 책 읽는 것을 강조하면서 정작 엄마는 월화 드라마, 수목 드라마, 주말 드라마를 옮겨 다닌다면, 아이가 책 읽기를 싫어하는 것은 당연한 일이다. 학원만 뒤질 것이 아니라, 동네 도서관에도 가보고, 인근의 대학에서 운영하는 평생교육원 프로그램도 살펴보면서, 우리 아이의 시야를 확장할 수 있는 프로그램이 있는지 살펴보아야 한다.

산에 가기 싫어하는 부모로부터 산에 가기 좋아하는 자녀들이 나오기란 쉬운 일이 아니다. 공부하기 싫어하고 책 읽기 싫어하고 탐구하기 싫어하는 부모로부터 공부와 독서를 즐기는 자녀들이 나오기란 쉬운 일이 아니다. 창의적인 일에 인생의 시간을 쓰지 않는 부모 아래에서 창의적인 자녀가 나오기란 힘들다. 부모의 학력이 높아야 아이들의 공부능력이 좋아진다는 것을 말하려는 것이 아니다. 필자가 아는 어떤 어머니는 초등학교도 다녀 본 적이 없는 분이다. 남편도 없이 부산에서 5남매를 키웠지만, 모두 유수의 대학에 보내고 창의력이 넘치는 일꾼들로 이끌었다. 그 어머니는 공장에 다니면서도 책을 열심히 읽는 분이셨다. 펄벅의 『대지』나 스탕달의 『적과 흑』을 읽고 나면, 공장에 가서 날마다 20쪽씩 같이 일하는 아줌마들에게 전해주던 특별한 분이셨다. 엄마의 지적 호기심과 탐구심은 자라나는 아이들에게 헌책방과 친하게 지내는 법을 자연스럽게 길러주었다. 아이들에게 잔소리 대신 참여형 공부 방법을 알려준 현명한 어머니였던 셈이다. 아이들은 엄마의 공부를 먹고 자란다. 공부하는 엄마의 모습은 평생 동안 아이들의 기억 속에 남아서 아이들을 격려하고 자극한다.

보다 고도화된 지식 기반 사회에 살아갈 우리 아이들에게는 이론 지식보다 더 절실하게 방법 지식이 요구된다. 어떤 분야에서 일을 하건 아이들은 학습능력과 의사소통능력, 리더십을 갖추어야 한다. 그것을 가능하게 하는 교육과 학습의 조건이 점점 더 가정과 부모에게 넘겨지는 시대다. 공부하지 않는 부모는 새로운 세상이 요구하는 지식의 조건에 대해 이해하기 쉽지 않다. 공부하여 터득한 부모의 모습 그 자체가 아이들에게는 살아있는 교과서이기 때문이다. 그렇지 않아도 우리나라의 학교교육이 아직도 이론 지식에 치우쳐서 말들이 많은 상황인데, 아이들에게 사회적 체험을 할 만한 기회도 자주 주어지지 않는 교육 시스템 하에서 대체 어떻게 방법 지식의 가치와 맥락을 이해시킨단 말인가? 부모의 공부와 학습역량이 아이들의 유일한 교과서일 가능성이 높은 시대에 사는 만큼, 부모들의 새로운 지식 학습이 절실한 것은 당연한 일이다.

Part 1

변화하는 교육
트렌드를 읽어라

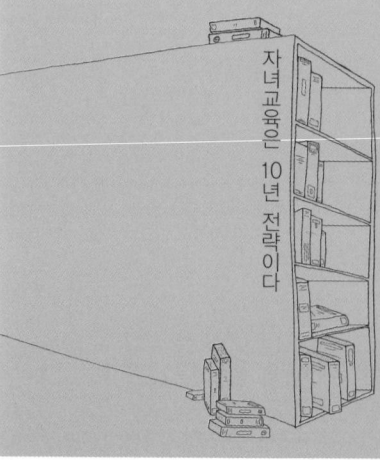

자녀교육은 10년 전략이다

☐ 아이들 교육을 위해 부모들이 공부해야 할 것 중에 으뜸은 우리나라 교육이 어떻게 변하고 있는지 이해하는 것이다. 제대로 이해하고 나면, 혼란스러운 교육 정책 하나하나에 일희일비하지 않는다. 평정심을 잃지 않고 옆집 아줌마의 이야기를 들을 수 있다. 우연히 찾아간 학원의 설명회에서 부모들의 불안과 초조함을 자극하는 몇 마디가 튀어나와도 흔들리지 않을 수 있다.

대체 우리나라 교육에 어떤 변화들이 있는 것일까? 우리 아이는 이제 초등학교를 졸업하는데, 새로 발표된 대학입시 정책이 어떤 영향을 미치게 되는 것일까? 왜 그러한 변화가 온 것일까? 우리 아이는 과연 새로 나온 입시제도의 적용을 받게 될까, 아니면 지금 발표한 제도는 정권이 바뀌면 변화하게 될 정책일까?

그런 차원에서 여기에는 국가정책의 변화와 이에 대응하는 교육기업들의 변화 내용을 소개하고자 한다.

1

[변화 키워드 1]
2008 대입시가 변한다

수능과 논술 시대의 능력이란?

대입 학력고사를 탈피하여 1994년 대학 입학 수학능력 시험을 도입한 것은 사회가 요구하는 학습능력, 즉 새로운 시대적 변화에 따라 대학에서 요구하는 신입생의 능력을 평가하기 위한 변화였다. 그 시기에 논술이 도입된 것도 같은 맥락이다. 학력고사에는 고등학교 교육을 충실하게 이행한 학생에게 대학 입학의 자격을 주는 성격을 지녔다. 하지만 수학능력 시험과 논술고사의 시대에 와서는 대학에서 해야 할 전문적인 공부를 수행할 수 있는 능력을 평가하는 데 초점을 두고 미국의 SAT를 응용한 시험제도를 선택하였다.

이것은 한편으로 새로운 시대의 경제와 사회가 요구하는 사회인이 어떤 자질을 갖추어야 하는 지와 밀접한 관련을 가진다. 수능 시험과 논술은 근본적으로 창의력을 평가하는 시험 형식이다. 고등학교 교과서의 정해진 내용에서만 출제되지 않는다. 국어도 언어영역이라는 이름으로 학교 교과서를 넘어, 듣도 보도 못한 소설이 출제되기도 하고, 6개월 전에 출간된 도서의 내용이 다루어지기도 한다. 수학도 실생활과 연계되어 응용능력을 요구하는 문제들이 태반이다. 심지어 사회탐구 시험에서는 학생들이 교양으로 읽어야 한다고 생각되는 아담 스미스의 『국부론』이나 막스 베버의 자본주의 윤리에 대한 책의 내용들이 문제로 다루어진다. 과학탐구 역시 사회탐구처럼 생물과 화학과 물리가 통합된 '통합 과학'의 문제들이 복합적인 방식으로 다루어진다. 한때 메가스터디의 손주은 씨의 통합 사회탐구 강의나 이범 씨의 통합 과학탐구 강의가 대유행을 한 것도 이런 흐름의 반영이었다.

논술 시험의 경우도 마찬가지다. 논술은 논리적인 글쓰기 시험이었다. 쟁점을 이해하는 능력, 쟁점을 살려 글을 쓰는 능력, 어떤 쟁점을 주장하든 간에 그 근거를 조직하는 능력 등이 평가의 기준이 되었다. 책을 많이 읽고 토론을 많이 한 학생들이 유리할 수밖에 없는 시험이다. 이런 학생들이 대학에 가서 훌륭한 자질을 보인다고 생각한 것이다.

그래서 1994년 이후의 대학 입학 시험 제도는 암기능력이 뛰어나고,

주어진 교과서 내용만 반복 학습하는 학생들에게 결코 유리하지 않다. 내내 놀다가 시험 6개월 전에 정신을 차리고 공부했는데, 느닷없이 우수한 수능 성적을 거두는 학생들은 대부분 알고 보면 독서능력이 탁월한 학생들이다. 바로 이것이 수능과 논술의 시대에 요구되는 능력인 것이다.

★

사교육 억제를 위한 내신 강화와 논술 확대?

이런 상황에서 노무현 정부가 들어서면서 사교육 억제와 공교육 정상화라는 기치 아래 새로운 대입 제도의 틀이 제시되었다. 학력고사 시대로 돌아가는 것은 아니지만, 내신을 강화하고 수능을 무력화시켜서, 학생들이 학교에서 치르는 중간고사, 기말고사, 거기에 맞는 수업 내용에 충실하도록 하겠다는 발상이다. 그렇지 않아도 수학능력 시험과 논술이 도입된 후에도 일선 학교에서는 수학능력 시험이나 논술 시험에 담긴 창의적인 변화에 적응하지 못했고, 이것이 공교육 무력화의 한 원인이 되기도 하였다. 그런 상황에서 암기와 반복학습의 틀을 못 벗어나는 기존 학교 교육을 '정상화'라는 이름으로 온존시키는 정책적 후퇴가 2008년 입시제도라는 이름으로 탄생한 것이다. 새로운 지식 정보화 사회에 걸맞는 학습 내용이 창의 사고력에 있다는 것을 전제로 한다면, 진취적인 입시 제도에 맞추어 7차 교육

과정을 구성했으면서도, 시대에 부응하지 못하고 정체 상태에 있는 학교 교육 방식의 손을 들어줌으로써, 오히려 시대에 역행하는 무기력한 교육 정책을 시도하게 된 것이다.

아무튼 정부의 의도가 어떠하든지 간에 2008년 입시 제도의 결과 역시 정부의 당초 의도와는 다른 모습으로 나타났다. 결과적으로 2008 대입시의 핵심 변화 내용은 내신 강화와 논술 확대에 있다. 내신 강화는 현행제도의 경우처럼 서울대를 제외하면 실질 반영률이 낮다. 그런 점에서 상대적으로 논술이 중요한 비중을 차지하는 시험 제도가 되었다. 교육부는 당초에 2008년 입시 제도 개혁을 하면서 학교 교육 정상화를 위하여 대학 입시에서 수능을 축소하고 내신 비중을 높이는 것을 초점으로 하는 안을 만들었다. 하지만 대학 입장에서는 학교 내신을 믿기 어려운 상황이라 논술 강화라는 카드를 꺼내 들었다. 그 바람에 교육부가 의도한 것과 다른 형태의 2008년 입시 방안이 현실화된 것이다. 즉 논술 변수가 불거져 나온 것이다.

아직도 대학과 교육부는 새 대입 제도 하에서 내신을 강화하느니 아니니 하면서 힘겨루기를 하고 있다. 칼자루를 쥔 대학에서는 교육부가 아무리 내신 비중을 올리라고 해도, 이전에 했던 것처럼 실질 비중은 높이지 않고 형식적인 비율만 높이는 방식을 취하고 있다. 가령 1000점 만점에 내신 700점, 수능 200점, 논술 100점이라고 한다면, 내신의 경우 기본 점수를 매우 높여서 실제로는 650점 정도를 누구나 받을 수 있도록 하는 것이다. 결국 1000점 만점이 아니라 250점

만점인 셈이고, 어떤 고등학교의 전교 꼴찌와 1등이 같은 대학교에 지원할 가능성은 거의 없기 때문에, 지원하는 학생들 사이의 내신 점수 차는 실제로는 50점이 아니라 더 낮은 상태가 되는 것이다. 그래서 결국 전체적으로 보면 논술이 당락을 결정하는 주요 변수로 작용하는 것이다. 논술의 비중이 높은 시험 제도라고 언론에서 요약하는 것이 정부 입장에서는 마음에 들지 않겠지만, 애석하게도 결과는 그와 같은 요약이 정확한 시험 제도가 되고 말았다.

그러다보니 주요 대학 진학, 즉 수능으로 치면 1~2 등급 학생들이 주로 논술 준비를 했는데, 이제는 4등급 학생들까지도 논술 준비를 해야 하는 부담이 추가되었다. 그 아래 등급의 학생들은 여전히 내신과 수능 점수로 대학 입시를 치른다. 이렇게 생각하면 누구나 논술 공부를 하는 것은 아니라고 위안할 수도 있겠지만, 그래도 4등급 즉 중위권 대학 진학을 준비하는 학생들도 논술 준비를 해야 한다고 생각하면, 논술에 대한 고민은 대학 입시를 고민하는 학생들에게 예전에 없이 큰 부담이 되고 있는 것이 현실이다.

또한 실질 내신 반영률이 낮을 경우, 당연히 외국어 고등학교 등의 특목고 출신 학생들이 유리하다. 일반적으로 특목고 학생들은 내신이 강조되면 불리한 입시가 되기 때문이다. 하지만 새로운 입시 제도의 결과는 특목고 학생들에게 불리하지 않다. 그래서 언론에서는 2008년 입시 제도가 특목고의 경쟁력을 강화시킨다고 이야기하면서 특목고 진학을 적극 추천했고, 그 결과 실제로 2007학년도 특목고 경쟁률이 매우 높았지고 말았다. 물론 특목고 입학 경쟁률이 올라간 것은 대학 입시 제도의 변화만이 아니라, 특목고를 초등학교부터 준비해온 학생들이 많아지면서 이미 예고된 것이기도 하였다.

★

인문계형 논술과 자연계형 논술

결국, 2008년 대학 입시 제도 변화의 핵심은 논술 강화에 있다. 그 바람에 학생들 입장에서는 내신과 수능과 논술을 고루 놓치지 않고 공부해야만 하는 부담이 생겼다.

논술은 인문계형 논술과 이공계형 논술로 나뉘는데, 우선 인문계형 논술은 현행 입시 제도 논술의 연장이면서 동시에 다른 특징을 지니는 시험이다. 인문계의 경우 2008년 입시는 독해능력, 문제의 분석능력, 서술과 표현능력을 중시한다는 점에서 이전 시대 논술의 연장에 있다. 하지만 기존의 인문계 논술 문제 경향이 '고전형 논술'이라면 이제는 '교과 통합형 논술'이라는 점이 달라졌다. 고전형 논술은 여러 개의 고전에서 독해 제시문을 뽑아 제시한 후, 그 내용들을 현대 사회와 결부시켜 비판적으로 이해하도록 하는 문제 형식을 취한다. 그래서 '고전과 현대의 만남'이라고 불리는 것이다. 이에 반해 교과 통합형 논술은 여러 교과 내용이 논리적으로 얽혀 함께 다루어지는 특징을 지닌다. 그래서 국어 시험인지, 사회 시험인지, 수학 시험인지가 헷갈릴 정도로 여러 과목에 걸쳐 문제가 만들어진다. 이 때문에 학교나 학원의 교사들은 몇 개 교과 과목 담당자들이 그룹으로 모여 문제를 만들고 강의를 한다. 사실상 본고사를 치르지 못하게 하는 현실 속에서 대학들이 불가피하게 선택한 '변형된 본고사'로 이해될 수 있다. 여러 교과 내용이 한데 어울려 변형된 본고사 시험과 같은 형식을 취하기 때문에 학생들 입장에서는 새로운 방식의 준비가 필요하다. 2008년 대입 시험 제도의 영향 하에 있는 학생들의 부모 입장에서는 이 점에서 전통적으로 논술의 중심 브랜드였다고 이해되는 고전형 논술 전문 학원들에 대하여 무작정 신뢰하고 의존하는 것을 경계할 필요가 있겠다.

주로 문제는 이공계형 논술에 있다. 이공계 학생들에게도 논술이라는 시험 부담이 새로 생겼다. 한 신문의 헤드카피가 말하듯이 본래 이공계 학생들 입장에서는 논술이 '매우 부담스러운 영역'이다. 최근의 입시까지는 이공계 학생들이 논술을 치르지 않았지만, 이제는 인문 소양도 갖춘 이공계 학생들에게 유리한 이공계 논술이 주요 대학 입학의 주요 변수가 되었다. 시대가 바뀌니까 인재상도 바뀐 것이다. 이것은 학력고사 시대가 가고 수능 시대가 오면서, '주어진' 과제에만 충실한 학생들이 퇴조하고, '창의적이고 활동적인' 학생들이 약진하게 되었던 것과 같은 이치다. 이공계에서도 새로운 유형의 학생들이 전면에 부각될 수 있는 입시 환경이 마련된 것이다. 수학이나 과학 공식을 외우고 틀에 박힌 문제풀이에 적응력을 가진 과거의 '범생이' 상보다는, 왕성하게 책을 읽고 '관찰하기→가설 세우기→실험하기→가설 검증하기→이론 세우기'로 이어지는 사고 및 분석·종합하는 능력을 지닌 학생들이 새로운 인재상으로 부각되고 있다.

하지만 이것은 새로운 영역이다. 이공계형 논술에 경험을 지닌 전통적인 업체가 존재한다고 보기 어렵다. 책도 없고, 가르칠 사람도 훈련 받지 않은 경우가 대부분이고, 그것을 감당할 커리큘럼을 지닌 학원도 없다. 모두 새로 출발할 뿐이다. 학부모나 학생들이 서둘러서는 안 되는 이유가 이 때문이다. 기존의 논술 학원이나 참고 도서들은 대부분 구시대의 고전형 논술 시대 인문계형 스타일이 많다. 아직 새로운 논술 문제 유형에 적응하지 못한 것이다. 기존 인문계형 논술 대비 참고 도서나 학원들을 평가할 때는 이 점을 유의하여 볼 필요가 있다.

★

논술 사교육 시장이 바뀌고 있다.

과거의 교재로, 과거의 강사들이, 과거의 커리큘럼으로 새로운 논술 시대를 맞이하는 경우가 적지 않다. 자칫하면 낡은 유산 속에 아이들을 내맡기는 꼴이 된다. 실제로 필자는 5년도 더 된 구시대 대학입학 논술 문제들을 모아다가 '새로운 논술시험에 대한 대응'이라는 표지 갈이를 한 뒤, 중학교 연령 학생들에게 수업을 하는 강남 대치동의 M학원을 본 적이 있다. 부모된 입장에서 보면, 논술이 수학의 올림피아드 경시 영역만큼이나 난이도가 높은 영역이기 때문에, 교과과정을 이해하거나 옥석을 가리기 어렵다는 점을 악용하는 경우이다. 대개 이런 경우는 가격 면에서도 턱없이 비싼 경우가 적지 않다. 논술을 가르칠 수 있는 사람들이 사회적으로 많지 않은 상황에서 지방도시에 가면 이와 같은 문제들이 더욱 증폭되어 나타난다.

이렇게 논술 시장이 확대됨에 따라 관련 업체들은 자본 유치를 준비하거나, 우수 인력을 고액 연봉으로 유치하거나 하는 방식으로 사업 확장을 꾀하고 있다. 하지만 유명한 브랜드이거나 대형 기업이기 때문에 선택했다가는 눈속임을 당할 수도 있으므로 주의할 필요가 있다. 필자는 2005년 서울의 대치동 학원가에서 기존의 학원들이 대대적으로 간판 갈이를 하고, 너도나도 논술 학원으로 변신하는 것을 본 바 있다. 대치동가의 간판업자들 증언에 따르면 그 당시 원인도 모르는 특수를 맞았다고 한다. 수학 학원도 '수리 논술 학원'으로 사회탐구 학원들도 '탐구 논술 학원'으로 거듭나 간판 갈이의 유행을 탄 것이다. 이제는 그런 유행이 지방 도시까지 파고들었다. 속 내용에 대해 부모들이 공정하게 판단할 수 있는 안목을 가져야 하는 이유가 여기 있다. 특히 새로 시작되는 이공계 통합형 논술의 경우 어느 업체나 신생이다. 그런 점에서 이공계형 논술 시장의 경우, 진입장벽이 낮아서 신문 기자들과 대학원생들까지 업계에 새로 진출하고 있다.

입시에 닥쳐서 고민하는 고등학생들 부모가 아니고 초중등 학생들의 부모일 경우 좀더 다른 시각이 필요하다. 현재 논의되는 논술은 두 방향이다. 하나는 대학 입시 변화에서 비롯된 것이고, 다른 하나는 초중등 과정에 주관식 서술형 평가가 확대되는 것과 결부된 변화다. 초중등 학생의 부모들은 후자에 직면하면서도 본의 아니게 앞으로 다가올 대학 입시 통합 논술도 걱정이 되는 것이 사실이다. 그러나 서술형 평가 확대는 실상 독서능력과 결부된 내용이기 때문에 단순화시키면 '책을 많이 읽으면' 해결된다.

대입 통합 논술은 아직 모르는 일이다. 초등학교 아이들이나 중학교 저학년 아이들이 대학 입시의 현장에 섰을 때는 새로운 제도가 그들을 기다릴 가능성도 배제할 수 없다. 이제까지의 입시제도 역사를 보면 주로 4~5년을 주기로 제도가 바뀌었다. 그리고 제도가 바뀔 때마다 그 제도가 영원할 것 같은 전망이 뒤따랐다. 아마도 2007년 대통령선거를 마치고 나면 새로운 입시 제도에 대한 논의가 시작될지 모른다. 불안감 때문에 '약'을 사 먹는 우를 범해서는 안 된다. 건강한 사람들에게도 병자들의 걱정과 약을 파는 것이 지금의 시대다.

2 [변화 키워드 2] 7차 교육과정 개정

핵심은 수준별 교육 강화

이제 곧 7차 교육과정 개정이 현실화된다. 사실상 8차 교육과정이지만 정치적인 문제로 교육부는 7차 교육과정 개정이라고 부른다. 7차 교육과정의 과목별 개정 방향은 아직 확정되지 않았지만, 큰 틀은 7차 교육과정과 다르지 않을 것이라고 보는 것이 일반적이다. 하지만 몇 가지 점에 대해서는 유의할 필요가 있다. 특히 우리나라처럼 학교 교과과정과 각종 시험의 평가내용이 따로 노는 나라에서는 학교 교과과정의 변화를 시험 내용의 변화와 결부지어 고민하고 평가해볼 필요가 있다.

7차 교과과정이 개정되면 이미 예고된 내용을 중심으로 고민할 때, 수준별 교육이 강화될 것이라고 한다. 그 방식이 어떤 형식일지는 아직 알 수 없다. 하지만 다음에 다룰 영재교육 확대 정책과 맞물려 초등학교나 중등학교 시절부터 아이들의 수준 차는 어떤 식으로든 수업내용에 반영될 것이다. 그것이 형식적인 방식에 그칠지, 영재교육센터의 운영에서 나타나는 것처럼 일부 상위권 학생들에게 주어지던 특전이 확대되는 방식일지는 알 수 없다.

현재 영재교육센터에서 공부하는 수학과 과학 교과의 영재교육 대상자는 0.35%인 15,000명 수준이다. 하지만 2010년까지 80,000명, 1% 수준까지 영재교육을 확대한다고 하니 우수한 아이들이 특별한 교육 서비스를 받을 가능성은 더욱 높아진다고 하겠다. 하지만 기존의 영재교육 센터 운영에서도 영재교육을 전문적으로 담당할 프로그램과 교사가 턱없이 부족한 것이 현실이어서, 기껏해야 선행학습을 많이 한 학생들에게 유리한 기회를 제공하는 우를 범할 가능성을 배제하긴 어렵다. 이 점에서 생각하면 진짜 영재성이 있는 아이들을 자녀로 둔 부모들은 여전히 답답한 현실에 직면할 가능성이 많다고 할 것이다.

★

구성주의적 교과과정의 강화

7차 교과과정 개정에서는 7차에서 도입된 '구성주의적 교과과정' 이 확대되는 것으로 알려져 있다. 구성주의란 교사가 일방적으로 정해진 지식을 강의하고 전달하는 것이 아니라, 아이들 스스로 참여하고 나름대로 지식의 체계를 구성한다는 이론이다. 그래서 아이들 스스로 생각할 기회를 넓히고 아이들 스스로 참여하는 활동을 강화한다는 것이 구성주의적으로 교과과정을 만드는 원리이다. 하지만, 독서도, 토론도, 실험도, 발표도 제대로 이루어지지는 현실에서, 그리고 무엇보다 교사들이 그것을 감당할 만큼 준비되어 있지 않은 상황에서, 과연 그와 같은 구성주의적인 방식의 수업 참여가 가능한지는 의문이다.

만일 제대로 된 수준별 교육이 강화되면, 수월성 교육에 대한 수요가 높아짐에 따라 학생들 사이의 경쟁이 격화될 것이다. 그에 따라 학교 교실 수업에서부터 학생들의 수준별 수업이 나뉘기 때문에 부모들의 조바심은 더 커질 수 있다. 이것은 자칫 막연한 의존과 기대 속에서 사교육에 대한 소비를 강화할 소지가 있다. 하지만 영재성이라는 것은 특정한 시기에 한 번 나타나서 영원히 지속되는 것이라기보다는, 아이들의 연령에 따라 부침을 거듭할 수도 있는 사항이기 때문에, 아이가 늦게 트인다고 해서 불안해 할 이유는 없다. 대기만성의 경우도 적지 않기 때문이다. 조급함은 아이들을 키우면서 성과 위주로만 공부할 것을 강요하게 만든다. 그것이 가져오는 부작용을 생각한다면, 오히려 기다리면서 아이의 속도를 고려하는 것이 현명한 부모들의 선택일 수 있다.

구성주의적 교과과정은 학생의 자기주도적 활동 강화, 실험과 체험 위주의 커리큘럼, 창의 사고력을 중시하는 교과과정의 내용을 특징으로 한다. 이것 역시 기존에 7차 교육과정이 도입되면서도 나타난 문제지만, 교과내용만 바뀌었을 뿐이지 실제로는 학교 수업에 큰 변화를 가져다 준 내용이 못 된다. 그러므로 큰 기대를 하지 않는 것이 좋을지 모른다. 어차피 부모된 입장에서 구성주의적으로 아이들이 공부를 하는 것의 가치를 이해하고 있다면, 학교만 믿을 것이 아니라 부모 스스로 판단해야 한다. 부모 스스로 사교육 상품 등을 구매할 때 발표, 토론, 토의, 그룹 활동, 캠프 등 다양한 수준의 참여 방식 활동을 찾고 아이들에게 기회를 열어주는 태도가 필요할 것이다.

구성주의적 교과과정이 제대로 강화된다면, 암기와 반복, 문제풀이 위주, 스파르타식 프로그램이나 학원들의 타격이 클 것이며 그들의 교육 시장 내에서의 입지가 더욱 좁아질 것이다. 지방으로 갈수록, 저소득층 지역으로 갈수록 구시대의 사교육 프로그램의 잔존률이 높다고 할 때, 학원의 경우 전통적인 속셈학원과 보습학원이 퇴색하고, 학습지의 구독률이 더욱 낮아질 것으로 예상된다. 수천 억대의 연간 매출을 올리는 대형 학습지 업체들의 속내가 복잡한 것은 이 때문이다. 업체들은 스스로 수익률이 줄고 있다는 것을 잘 알고 있다. 대교가 페르마 학원을 인수한다거나, 한솔교육이 유아 놀이 학원을 인수한 일들은 사실은 이런 속내를 보여주는 현상들이다. 이런 와중에도 낡고 전통적인 방식으로 아이들의 학습을 코디네이션 하는 부모들이 있다면 스스로 돌아보아 점검해볼 일이다.

자기주도적 활동 프로그램 강화

그에 따라 전반적으로 중등과 고등에서도 자기주도적 활동 강화, 실험과 활동 위주, 창의 사고력을 중시하는 프로그램들이 확대될 것이고, 이미 그 경향을 보여준 초등의 경우에는 특히 이런 프로그램들의 약진이 두드러질 것이다. 실험과 활동, 과학적 Process 이해를 중시하는 업체들이 있다는 것은 그런 점에서 행복하게 받아들일 일이다. 가령 서울 명륜동, 목동, 분당 등지에 있는 한국생명과학연구소(한생연)는 학교와 달리 '실험'과 '과학적으로 생각하기'를 경험할 수 있는 드문 사설기관이다. 서울과학관에서 운영하는 프로그램도 기실은 한생연에서 위탁받아 운영하는 좋은 프로그램들이 있다. 와이즈만 영재교육원의 경우도 좋은 과학실험 프로그램을 가지고 있다. 와이즈만의 경우 홍보는 영재교육원에 초점을 두고 있지만 실상은 보통 아이들도 실험과 과학적 사고를 익힐 수 있는 프로그램을 운영하고 있다. 매드싸이언스, 로봇 실험 학원, 키즈랩 등도 실험과 관찰, 해부, 조립 등 다양한 체험활동을 통하여 아이들이 과학적 사고과정을 익힐 수 있는 프로그램을 갖추고 있다. 7차 교육과정 이후에는 과거와 같은 방식으로 책으로만 접하고 원리를 외우는 경우와 실제로 실험을 하면서 원리를 깨우치는 경우 사이에 도저히 따라갈 수 없는 학력 편차가 발생하고 있다. 실험과 활동 방식으로 공부한 아이들은 중고등학교에 올라가서도 과학에 실질적인 흥미를 붙이고 과학적 사고를 구체적으로 진행할 수 있다. 또한 실험과 관찰을 중시하는 문제들이 많이 나오는 대입 과학탐구 문제 유형에 대한 해결능력이 자연스럽게 길러진다. 이공계 논술에서 통합교과방식으로 논술 시험 문제가 나와도 아이들이 창의력을 가지고 통합적 사고를 할 수 있는 것이다. 정작 학교교육에서는 교과과정만 바뀌고 교과서 개정의 취지가 교실에서는 현실화되지 않는 상황에서, 대학 입학 시험 문제의 내용은 바뀐 교과과정과 아귀를 맞추어 개정되기 때문에 아이들은 불가피하게 실험교육을 중시하는 사교육에 의존할 수밖에 없는 것이 당연한 처사가 된다.

★

영어 교육의 변화

7차 교과개정 내용의 변화 중에서 눈여겨볼 변화 중에는 영어 교육의 변화가 있다. 초등 영어의 경우 7차 교육과정의 문제점을 극복하는 차원에서 구문과 독해를 강조하는 내용이 보완되는 것이 논의의 출발이라 한다. 반대로 중·고등학교의 경우에는 원어민 교사를 대폭 배치해서 말하기와 쓰기를 포함하는 표현능력의 향상에 초점을 두는 보완이 이루어진다는 점이 대전제로 공통합의를 이루고 있다. 그런 점에서 초등의 경우 기존의 듣기·말하기 위주의 영어 교과에서 벗어나게 된다고 전제할 때, 구문과 독해, 어휘 학습과 관련된 문어 학습의 필요성이 확대될 것으로 예상된다. 특히 초등 1학년부터 영어교육을 실시하게 되었으니, 기존의 초등 4학년 수준이 곧 초등 2학년 수준이 되는 날이 멀지 않았다. 이렇게 되면 공식적으로 습득의 과정을 일찍 마친 학생들이 읽고 쓰는 문제에 있어 구체적인 고민에 직면할 것이다. 그런 점에서 영어에서도 읽기 교육의 문제가 전면적으로 부각될 것이다. 아직 영어로 읽을거리가 많진 않지만, 부모들 입장에서는 영어영역에서도 읽기와 쓰기에 대한 고민을 서둘러야 할 것이다.

3 특목고 확대
[변화 키워드 3]

특목고가 늘고 있다

각 지역 지자체의 지역 브랜드화와 맞물려 외국어 고등학교가 많아지고, 과학고등학교 설립이 늘고 있다. 곳곳에 국제고등학교가 세워지고, 자립형 사립고등학교가 확대되며, 하남의 애니메이션 고등학교와 같은 특성화 학교도 많아진다. 인천시와 서울시만 해도 지역 내에 특목고 신설을 준비하고 있다. 사실 외고의 2/3가 최근 년에 생긴 것들이다. 신설된 외고가 많다 보니 안정을 취하지 못하고 불안한 요소를 갖고 있는 학교도 적지 않다. 인천 외고 사태의 경우처럼 자칫 잘못하면 학교를 다니다가 전학을 간다거나 하는 식의 혼란을 겪을 수도 있다. 특목고에 대한 지나친 기대는 금물이다. 민사고만 해도 10% 학생들이 학교를 떠났다는 통계가 있다.

현재는 6개지만 자사고 자체의 확대와 더불어 다양한 커리큘럼의 고등학교도 등장하고 있다. 혁신형 공영학교, 공고와 상고의 개편은 물론이고 요리고등학교, 애니메이션 고등학교 등의 특성화 고등학교가 등장하는 것까지 생각하면 고등학교의 진화는 계속된다고 볼 수 있다. 청심 국제중학교 이후 서울 명륜동에 국제고등학교가 설립되는 등 다양한 국제 중·고등학교 설립의 움직임도 이러한 변화의 일환이다.

이는 영재 교육 강화 정책과 맞물려 초등 고학년과 중등 학년에서 특목고 대비를 고려하는 학생들의 경쟁을 가속화시킬 것이다. 이미 서울 대치동만 해도 초등학교와 중학교의 한 반에서 아래 1%, 꼭대기 1%를 제외하면 나머지 학생들의 성적이 거의 비슷하다. 그리고 이 학생들 중에서 절반이 넘는 인원이 특목고에 진학하겠다는 포부를 밝히고 있다. 그래서 과연 특목고에 진학하는 것이 아이들의 에너지 소모나 진학 후의 과열 경쟁까지를 고려한 입시 환경에서 타당한 접근인지를 부모들이 다시 한 번 생각할 필요가 있다.

전반적인 평가 시스템의 변화

특목고 입시의 특징은 대입시 변화의 특징, 확대되는 논술 서술 평가 위주의 내신 관리와 맞물려 전반적인 평가 시스템의 변화를 가져오고 있다. 왜냐하면 특목고 입시 내용은 언제나 대입 시험의 변화 내용과 일정하게 유사한 형식을 취해 왔기 때문이다. '입시 시험'이 교과과정에 끼치는 영향은 너무도 크기 때문에 시험 내용의 변화는 곧바로 학생들이 공부해야 할 내용의 변화로 이어지고 만다. 가령 2006년 입시의 경우, 일부 특목고에서 창의 사고력 수학 영역을 줄이고 영어 유창성을 중심으로 학생을 선발하면서 학생들의 희비가 엇갈렸다거나, 일부 학교에서는 국어 능력을 중시했기 때문에 국어 능력이 우수한 학생들에게 유리한 기회로 작용했다는 점들은 그러한 변화들을 판단해볼 만한 새로운 징후들이다. 거기다가 최근 나온 서울시 교육청과 경기 교육청 특목고 입시에서의 수학·과학 배제 원칙은 2008년 특목고 입시부터 변수로 작용할 것이다. 그래도 수학·과학에 재능이 있는 아이들을 선발하고자 하는 학교 측과 이를 말리려는 교육청 사이에서 눈치를 보아야 하는 부모들로서는 좀더 전략적인 고민을 필요로 한다.

　이미 특목고 입시에서도 대학 입시처럼 내신 성적이 중요한 역할을 하고 있지 않기 때문에, 초등학교 고학년과 중학생 중 특목고 입시를 준비하는 학생들은 학교 공부보다도 특목고 시험의 문제 유형에 맞추어 공부하는 경향이 일반적이다. 시험을 중심으로 한 평가 시스템을 갖고 있는 우리 사회의 특징상, 한동안 시험이 학생들의 공부 내용을 디자인하고, 교과과정에 얼룩을 남기는 방향으로 진행될 수밖에 없을 것이다.

교육청은 특목고 입시에서 내신을 강화한다고 하지만, 정권이 바뀌면 상황은 변화될 것이 불을 보듯 뻔한 일이다. 대학 입시의 경우를 보더라도 내신 강화가 시장 상황 때문에 교육부의 뜻대로 되는 것이 아니다.

특목고 입시 평가방식의 변화는 통합형 논술, 창의사고력 방식의 국어와 수학, 면접과 구술로 나타나는 표현능력과 커뮤니케이션 능력, 다양한 입시 전형으로 요약될 수 있다. 즉 교과 이외에도 학생들의 이력관리를 할 필요가 생긴 것이다. 이 변화는 특히 학부모의 부담을 늘리는 측면이 있다. 학교에서 대비해주지 않기 때문이다. 정보의 취득과 자녀 학업 이력의 관리 등 부모가 책임져야 할 내용들이 너무 많아지면서, 특목고 입시에서도 학생들의 학업 이력을 체계적으로 관리해주는 와이즈멘토와 같은 사기업이 늘어날 것이고, 그에 대한 의존도도 높아질 것이다. 이미 아이들의 진학 성패는 부모의 코디네이션 능력에 절반은 의존하고 있다. 중3이 되어 뒤늦게 특목고에 가고자 하는 학생들 중에는 중1 때부터 여러 학업 이력 관리를 해주지 않은 부모를 원망하는 경우, 그리고 이 때문에 뒤늦게 후회하는 부모들을 자주 볼 수 있는데, 바로 이러한 문제의 대표적인 사례다.

★

특목고 대비 단과 중심 학원

특목고 시장이 확대될수록 종합반 위주의 학원들이 타격을 받으며,

단과 중심의 학원에 대한 부모들의 관심은 더욱 확대될 것이다. 기존에 서울 강남권을 중심으로 주로 단과 전문학원이 형성되었다면, 지방의 대도시에서 시작되고 있는 종합반 학원들의 균열은 좀더 확산될 가능성이 높다. 서울 강동만 해도 청산학원이 타격을 받고, 이지어학원 등의 단과 학원들이 부모들의 관심을 받고 있다. 일산만 해도 송수학의 등장이 전통적인 종합반 학원 맹주인 G1230이나 유스트 등에 타격을 주고 있는 것이 현실이다. 종합반 방식으로 공부해서는 각종 입시나 학교 교육 내용에 대한 적응에서 한계를 보일 수밖에 없기 때문이다. 그런 점에서 전통적인 방식으로 교육서비스를 공급하는 업체들의 움직임을 부모들은 눈여겨 봐야 한다. 특목고 입시 시장만 봐도 2005년 입시와 다른 결과를 보인 2006년 입시 이후 많은 학부모들이 믿었던 학원에 충격을 받았고 이는 앞으로도 보다 확산될 수 있는 문제다. 실패한 사례들은 언론 노출이 적어 우리가 잘 모르는 경우가 많은데, 필자가 아는 학부모 중에는 잘못된 전략으로 이끈 학원을 폭파하고 싶다는 심정을 토로하는 경우도 적지 않았다.

4 [변화 키워드 4] 영재교육 확대

영재교육 과정을 위한 치열한 경쟁

우리나라 초중등 영재교육의 현실을 보면, 현재 1만 5천 명 정도가 대학과 교육청 부설의 영재교육원에서 공부를 하고 있다. 이를 2010년까지 1%로 확대하여 8만 명까지 영재교육을 받게 하겠다는 것이 교육부의 방침이라는 점은 앞에서도 언급한 바 있다. 그리고 이에 이어 중장기적으로 보면, 현재의 1% 영재교육에서 장차 5%, 10%까지 영재교육을 한다는 것이 정부의 야심찬 계획이다. 이를 구체화하기 위하여 현재 192개의 영재교육센터와 영재교육원을 2010년까지 250개로 늘린다고 한다. 영재학급이 운영되는 학교의 영재교육 시설도

250개에서 350개로 늘린다는 것이 정부의 방침이다. 여기에 학교에서도 수월성 교육을 통해 우수학생 5%인 40만 명에게 엘리트 교육을 실시한다는 계획이고 보면, 정부 정책을 기준으로 이해할 때 현재 1만 5천 명 영재교육의 시대는 몇 년 가지 않아서 대대적인 엘리트 교육으로 확장될 것이 확실하다. 이렇게 되면 초등학교 3학년부터 시작되는 수월성 교육, 영재교육 과정에 들어가기 위한 학부모들의 경쟁심도 한층 치열해질 것이다. 또한 공부에서 방구 깨나 뀐다는 학생들은 모두 영재교육이나 수월성 교육을 받는 상황이 올 것이다. 영재교육 프로그램에 들지 않고는 특목고 진학이 어려울지도 모를 일이다. 그런 점에서 특목고 입학의 기회는 초등의 영재교육 확대와 맞물려 앞서 언급한 것처럼 그 기회가 확대되면서도 경쟁은 격화될 것이 틀림없다. 특히 과학고 등에서 특전을 주는 영재교육센터 입학은 그 자체로도 경쟁이 과열되겠지만, 센터를 졸업해도 예전보다 좁아진 과학고 진학의 혜택 때문에 영재교육센터 선발 이후에도 그 경쟁은 심화될 것이 분명하다.

그래서 지역할당과 같은 제도에 관심을 기울이는 경우도 있다. 서울의 경우는 유독 영재교육센터의 입학 경쟁이 치열한 편이다. 하지만 경기도만 가도 이런 경쟁은 교육청에 따라 완화된다. 이미 강남권의 부모들은 이런 추세를 염두에 두고 전략적으로 특정지역에 이사를 가기도 한다. 예를 들어 '정보 영재'의 경우 지역할당에 따른 지역편차가 심하다고 할 수 있다. 지방의 시군 지역의 경우 1등을 해도 서울 지역에 오면 상위권에 들어오기 어려운 경우도 많다. 언어 논리 영역에서 소질이 탁월한 학생들은 의외로 정보 영재 영역에서 탁월한 능력을 보이는 학생들이 많으므로, 추상능력이 뛰어난 아이들이 적극적으로 활용하는 영재 교육 영역이다. 전문적인 프로그래밍 능력을 요구하는 수준이 아니기 때문에 이산수학 등의 영역에서 나름의 학습능력을 기르면 좋은 점수를 기대할 수 있기 때문이다.

★

영재교육 정보에 대한 옥석을 가려라

영재교육이 이공계 과목 중심으로 구축되어 있는 상황을 고려할 때 앞으로 수학과 과학 영역의 민간 기업들이 많아질 가능성이 있다. 부모들은 이 대목에서 옥석을 가리기 힘든 정보의 홍수 속에 놓일 가능성이 높다. 공교육에서 영재교육과 수월성 교육이 확장된다 하더라도 교사의 질이나 프로그램의 질이 그만큼의 품질을 유지할 수 없다면, 민간 기업들의 상품은 지금처럼 반복적인 시험 문제풀이와 선행학습의 성격을 띨 가능성이 높다. 서양의 영재교육기관에서 이용하고 있는 전문적인 창의성과 영재성 판별 절차를 갖추지 않고 선행학습 위주로 아이들을 선발한다면, 진정한 의미에서 영재아를 길러낸다기보다는 자칫하면 자기주도 학습능력을 상실하고 판에 박힌 문제풀이 능력만을 지닌 가짜 영재를 양산할 수도 있기 때문이다.

그런 점에서 보다 본질적으로 영재성이 있는 아이들을 조기에 발굴하여 장학 혜택, 각종 학술적인 캠프 참여 기회의 부여, 우수한 상급학교에의 추천을 체계적으로 조직해주는 외국의 영재 센터들에 대해 관심을 보이는 부모들도 늘고 있다. 미국에는 CTY나 EPGY라는 대표적인 영재교육센터가 있다. 이런 센터의 영재교육 판별 검사와 영재교육 프로그램은 이미 캐나다 등의 북미권 국가들, 그리고 싱가포르, 대만, 중국, 일본, 홍콩 등의 동아시아 국가들, 심지어 영국이나 네덜란드 등지의 유럽 국가 학생들이 폭넓게 활용하고 있다. 우리나라에만 국내 사정에 매여서 이와 같은 프로그램의 활용이 더딘 편이다. 그러므로 적극적으로 이와 같은 서양의 영재 프로그램을 활용한다면, 보다 폭넓게 자녀들이 기회를 찾아 영재성을 발굴하도록 도울 수 있다. 이런 프로그램들에 대한 아이들의 기회 확대는 부모들의 몫으로 남아 있다.

특목고 시장의 확대와 맞물린 영재교육의 확대는 교재 출판 영역의 컨텐츠 트렌드를 변화시킬 것이며 새로운 저자 세력들을 배출할 것이다. 부모입장에서는 『70일간의 논리여행』과 같은 책들, 다양한 수준의 퀴즈식 창의 사고력을 다룬 책들에도 관심을 기울일 필요가 있다. 기존하는 대형 학습 출판사보다는 신흥의 젊은 출판사들이 보여주는 의욕적인 기획이 이와 같은 책들을 발굴할 가능성이 많을 것이다. 대형 참고서 출판사 브랜드에 현혹될 것이 아니라 책 하나하나를 꼼꼼히 살피면서 아이들이 공부하거나 읽을 참고서들을 선정할 필요가 있는 것이다. 이미 아이들이 영어로 된 텍스트에 대한 거부감을 별로 가지지 않는 시대에 살고 있다는 것을 인정한다면, 외국에서 나온 영어로 된 교재들을 직접 찾고 공부하도록 돕는 것도 좋은 일이다.

5 영어교육 초등 저학년 확대

[변화 키워드 5]

영어교육 커리큘럼 확대

7차 교육과정의 개정은 초등 영어교육이 1학년부터 시작된다고 예고하고 있다. 초등 저학년으로의 영어교육 확대는 선행학습의 분위기상 영어 유치원의 성장을 가져올 수밖에 없다. 그래서 일부 지역을 중심으로 일반화된 영어 조기교육이 일반 가정에도 확산되고, 보통의 유치원에서도 영어 조기교육이 도입될 가능성이 높다.

일반 유치원을 상대로 한 영어 프랜차이즈 상품이 등장하고 브랜드를 지닌 제품들이 도입되면서, 유아 영어교육의 특성상, 파닉스 관련 제품과 교구를 이용한 프로그램들이 활성화될 것이다. 주로 초등 저학년에 도입되는 영어교육 커리큘럼은 지금 시행되는 3~4학년의 구어 중심 프로그램의 기조를 갖고 있다. 따라서 구어 중심 프로그램이 유치원 프로그램의 주종을 이룰 것이다. 그러나 읽기, 쓰기, 말하기, 듣기라는 4개 영역의 균형적 학습이 전체적인 언어학습의 원리라는 점을 감안하면, 엄마들 입장에서는 읽기용 스토리북에 대해서도 눈여겨 볼 필요가 있다. 또한 제품의 특징을 고려할 때, 아이들이 행하게 될 교실에서의 여러 활동 중에서 쓰기와 관련한 활동들이 어떤 맥락과 범위를 가지고 있는지도 살펴야 할 것이다. 이 점에서는 기존에 읽기와 듣기 중심으로 영어 조기교육의 흐름을 이어온 '엄마표' 학습의 경험들을 참고할 필요가 있다. 쑥쑥닷컴의 서현주 씨나 잠수네 아이들에서 다룬 교재들과 경험들을 참고하는 것은 의미가 있다.

유아를 상대로 한 온라인 영어 교육 프로그램도 부모들의 도움 아래 확대되어 보급될 것이다. 이에 따라 에브리클럽의 노리스쿨처럼 게임 방식으로 마련된 프로그램들이 많아질 것이다. 이때 국내에서 만든 애니메이션이나 게임 학습 프로그램만 찾지 말고 미국과 영국에서 개발된 다양한 멀티미디어 학습 프로그램을 직접 조사하여 참조하는 것도 필요하다. 처음부터 이머전(immersion) 방식으로 만들어진 영미의 멀티미디어 프로그램은 영어만이 아니라 내용적 충실도에서 국내 제품들보다 낫기 때문이다. 국내 제품들은 아직 영어에만 신경을 쓰는 통에 내용의 논리성과 충실도에는 문제가 많다.

초등 저학년으로의 영어 조기교육 도입은 영어 학력을 높이는 결과를 가져와 과거의 중1 학력이 초등 4학년으로 내려온 것과 같은 현상을 불러일으켰다. 그에 따라 앞으로는 초등 2학년이 과거 중1 수준의 영어를 구사하게 되어, 모국어 인지 수준과 영어 인지 수준의 간극이 줄어들 것이다. EFL 환경과 ESL 환경의 격차가 점차 줄어드는 셈이다. 아마도 전문가들의 추정에 따르면 지금의 경우 초등학교일 때 미국의 학생과 한국의 학생 사이에 4년 정도의 읽기 수준 격차가 존재하는데, 앞으로는 2년 정도로 줄어들 것이 예상된다.

★

영어교육, 쓰기가 관건

이러한 현상은 초등 중학년(3~4학년) 시장의 세분화를 가져올 수밖에 없다. 그렇지 않아도 최근 몇 년 사이에 초등 영어교육은 양분화 현상을 가져오고 있었다. 초등 저학년 영어는 유치원 아이들의 영어 공부와 궤를 같이하면서 한데 묶여 진행되고, 초등 고학년 영어는 특목고 관련 입시형 어학원의 흐름과 맞닿아 진행되었던 것이다. 그런데 이것이 제도 변화와 맞물려 다시 분화될 조짐이 보이고 있다. 즉, 읽기와 쓰기가 문제가 되는 '문어로서의 영어(학습언어로서의 영어, 낮은 수준의 Academic English)'가 구체적인 고민으로 다가옴에 따라, 초등 2학년이 되면 읽기와 쓰기를 고민할 수밖에 없게 된 것이다.

6 [변화 키워드 6] 교육기업들이 바뀌고 있다

거대자본의 출현

지금까지 이야기한 국가의 교육정책 변화는 항상 교육기업이나 학원 등과 맞물려 있다. 앞서도 계속 이런 교육기업과 학원의 움직임에 대해 이야기했는데, 이 부분에서는 거대자본의 등장으로 인한 사교육 시장의 상황을 보다 자세히 점검하도록 하겠다.

현재 거대자본의 다양한 등장은 세분화된 시장 안에서 특정 교육 산업의 독점을 강화하고, 1등 브랜드의 시장 장악력을 높이며, 기업 간의 M&A를 강화하고 있다. 이런 독과점 현상은 장점과 단점을 동시에 가지고 있다. 종합적인 서비스를 원스톱으로 받게 된다는 점에서는 장점일 수 있다. 그러나 선택의 폭이 좁아진다는 점에서는 단점으로 작용될 수 있다. 거대 기업이 출현하여 독과점이 강화될수록 부모들은 대기업의 세련된 마케팅 능력, 브랜드 파워에 눌려 자칫 광고와 이미지에 현혹된 구매를 하기가 쉽기 때문이다.

불과 10년도 안 된 시간 동안에 우리나라 사교육업계에는 프랜차이즈 붐이 일고 있다. 그 과정에서 부모들은 점점 더 브랜드를 보고 교육 상품, 특히 학원 상품을 선택하는 경향이 있다. 하지만 교육은 본질적으로 중소기업의 성격을 지니고 있어서, 작은 차이들이 서비스의 질을 달리한다는 점을 생각하면, 섣불리 대기업, 대형 브랜드에 현혹되어 충동구매를 하거나 이미지 구매를 하는 잘못을 범해서는 안 된다. 무엇보다 중요한 것은 우리 아이에게 맞는지의 여부이다. 꼼꼼하게 따지면서 구매하는 태도를 지니지 않는다면 거대자본이 출현하고 독과점이 강화되는 교육산업의 시대에 낭패를 보는 교육 소비 성향을 보일 수도 있다. 이것이 극명하게 뼈저린 결과로 다가오는 것은 고3을 마치고 대학입학 시즌이 다가왔을 때다. 그 때 실감해야 소용이 없다. 미리 현명한 구매를 해야 한다.

거대자본의 확대는 신규 기업들에게 어려운 여건을 제공하고 있다. 학부모 입장에서는 신규로 진입한 기업들의 상품 정보를 찾기가 어렵게 된다. 그러나 스스로 찾아서 정보를 구하고 학습하는 부모들은 의외로 저렴하고 질 좋은 서비스 상품을 찾기도 할 것이다. 결국 교육도 다른 제품의 시장에서 경험한 것과 같은 소비 상황에 봉착하는 것이다. 우리는 백화점에서 판매하는 브랜드 양복과 일반 재래시장에서 판매하는 양복이 가격만큼의 품질 차이가 없다는 것을 매스컴을 통해 들어서 익히 알고 있다. 품질은 유사하다는 것이 시장조사의 결과였다. 하지만 가격 차이는 네 배까지 나기도 했다. 이런 일은 교육 시장에서도 일어난다.

거대자본의 다양화는 소생산에 의존해온 기존의 학원들로 하여금 브랜드 의존도를 높이게 하였으며 그에 따라 각종 가맹 사업은 앞으로도 더욱 활성화할 것이다. 지역의 학원들 대부분이 브랜드 상품의 옷을 입을 가능성이 높아진다. 교육은 무형의 서비스이기 때문에 유난히 품질 확인이 어렵다. 본사와 가맹점의 품질 차이가 날 수 있다. 실제로 같은 브랜드 아래 있어도 교육이라는 무형의 상품이 지닌 특성 때문에 가맹점 별로 서비스 상품의 품질 차이가 나는 경우가 많다. 그래서 가맹점에 방문할 경우, 본점과의 품질 차이가 무엇인지를 따져 보아야 한다. 더구나 가맹점 중에는 직영점 간판을 걸고 가맹점을 하는 경우도 있다. 이와 같은 방법도 마케팅 전략으로 이용하는 것이 교육시장의 현실이다. 그런 점에서 품질 우선의 접근으로 소비를 선택할 필요가 있다.

대교가 인수한 페르마의 경우나 몇몇 지역에서의 청담어학원의 경우는 이런 상황을 보여주는 당장의 사례다. 제공되는 커리큘럼만이 아니라 교사 교육은 어떻게 하는지, 교사를 선발하는 데서는 어떤 품질관리가 이루어지는지를 꼼꼼하게 챙겨볼 필요가 있다. 어떤 점에서는 교재보다도 사람이 중요하기 때문이다. 지금의 교육 영역이 점점 더 우수한 정보를 요구한다는 점에서 대형화된 프랜차이즈 브랜드의 장점이 있는 것은 분명하다. 특목고 입시 정보에서 페르마가 보여주는 발 빠르고 수준 높은 정보제공 능력은 이런 의미에서 장점이 될 것임에 틀림없다. 그러나 가맹점들 사이의 교육 질의 불균형은 부모 입장에서는 심각하게 따져 봐야 할 문제다.

지역에서 형성되는 거대자본은 중앙에서 공급되는 프랜차이즈 제품에 대한 사업 기회를 늘려줄 것이다. 사실 학원들은 모두 하나의 학교, 또는 교육 프로그램을 생산하는 독립적인 공장과 같다. 그래서 지역에 있더라도 질 좋은 프로그램이 생산되는 경우도 적지 않다. 분당의 아발론 어학원처럼 9000명이 넘는 학생들이 다니는 학원은, 서울 외 지역에 있지만 거대자본을 형성하여 이미 기업적 방식의 운영을 하는 경우라 할 것이다. 인천 지역의 대표적인 재수생 전문학원인 정문학원은 전체적으로 학생 수가 1만 명이 넘는 것으로 알려져 있다. 이런 경우도 지역에서 성장한 브랜드로 거대기업의 장점과 단점이 동시에 소비자들에게 영향을 미친다.

거대자본이 들어오면서 자리 잡은 산업문화에 따라 사업의 확대나 신규 투자에 따른 투자자금의 확보가 용이해지고 교육업체들의 M&A가 활성화되고 있다. 어느 날 기존의 교육업체가 다른 기업과 통합되기도 한다. 이 점에서 부모들은 M&A가 진행된 경우, 기존의 품질이 보장되는지, 문제되던 품질이 해결될 실마리를 찾는지에 대해서 따져 소비할 필요가 있다. 에듀조선에서 운영되던 '선수학'이 평촌의 서울학원의 '선수학'으로 바뀌었다. 대한교과서에서 운영하던 수학전문학원인 '제3교실'이 지방업체의 손에 넘어갔다. A 회사의 교재가 몇 달 뒤에 B 회사에 팔려 표지갈이만 된 채 다른 브랜드로 이용되는 경우도 적지 않다. 특히 영어영역에 그런 제품이 많다. 내용을 꼼꼼히 따져서 아이들이 공부할 내용을 선택하는 것이 필요하다.

특정 영역의 경우 거대자본 출현으로 인한 과잉공급이 업체들 사이의 출혈 경쟁을 야기할 것이다. 이런 경우 도산하는 업체도 많이 생긴다. 자칫하면 환불도 못하고 학원비를 날릴지도 모른다. 몇 해 전 대치동의 한 어학원 도산에서 이를 엿볼 수 있다. 6개월 선납된 학원비를 돌려받지 못하고 학부모들은 사기를 당해야 했다. 업체들이 저가경쟁을 하고 서비스 품질 경쟁을 한다면 이는 소비자들에게는 즐거운 일이지만, 경쟁이 격화되면서 서비스를 제공받는 안정성이 떨어진다면 학습일정 속에서 공부하는 아이들 입장에서는 당황스러운 일이 아닐 수 없다.

점점 교육 기업들이 거대화하면서 나타나는 현상 중 대표적인 것이 마케팅 능력의 세련화다. 교육기업들의 경우, 다른 산업 영역과 달리 공정거래 위원회나 소비자보호원 등에서의 규제나 감시 활동이 소홀한 편이다. 아직까지 산업으로 인정받지 못하는 영역이어서 기업윤리에 해당하는 국가적 관리 지침이 거의 없는 것이나 마찬가지이기 때문이다. 이러다 보니 대기업화된 교육기업들이 보여주는 마케팅에 대하여 그 진위를 검증하기란 쉽지 않은 노릇이다. 심지어 대형 학습지 업체 중에는 학교 교과과정이 바뀌었는데 광고 표현만 바꾸고, 이전과 동일한 제품을 내놓는 경우도 있으며, 마찬가지로 이전 제품에서 혁신적으로 업그레이드 하였다고 하는데도 실상은 이전의 교재를 80% 유지하고 20%만 살짝 개편한 제품을 신제품으로 내놓기도 한다. 공정 거래 위원회가 제대로 작동된다면 이런 제품들에 대하여 좀더 합리적인 국가 견제가 있을 것이지만, 그것을 기대할 수 없는 현실에서는 결국 그 선택의 고민은 고스란히 부모의 몫으로 남는다.

★

각종 경영기법의 도입

교육의 산업화는 일반기업에서 도입했던 각종 경영기법의 교육사업 적용을 가져와서 인사, 회계, 생산, 마케팅 관리 등 다양한 경영 영역에서 사업의 현대화가 진행되고 있다. 그에 따라 교육기업을 상대로 한 각종 경영서적이 등장하고 특정분야의 매뉴얼이 출간되기에 이르렀으며, 각종 교육기업 컨설팅이 확대되고, 체계적인 직원교육의 중요성이 부각되었다.

특히 마케팅 기법의 현대화는 짧은 시간 만에 각종 미디어의 협찬사들을 교육기업으로 채우게 했으며, 일간신문 광고 매출의 1/5을 차지할 정도로 교육기업의 홍보 시장의 확대를 가져왔다. '교육 저널리즘' 이란 용어가 나올 정도로 조선, 중앙, 동아 등의 신문지상에서 교육업체들의 지면 경쟁이 치열하다. 신문의 교육 지면에 칼럼을 할애 받기 위하여 교육업체들이 혈안이 되어 있는가 하면, 반대로 언론사가 중앙일보의 JJ클럽처럼 직접 나서서 프로모션을 자처하는 경우도 존재한다.

신문사들 입장에서 보면 교육기업과 손을 잡을 수 밖에 없다. 교육업체들의 광고물이 어느 때부터인가 내수시장에서 주요한 비중을 차지하기 시작했고, 강남 등의 신도시 지역에서는 얼마나 알찬 교육 정보를 제공하는지에 따라 신문 구독률이 결정되기도 하기 때문이다. 이 때문에 '교육 저널리즘'과 교육업체의 이해가 맞아 떨어지면서 다양한 수준의 광고성 기사들이 신문 칼럼을 장식하고 있다. 이런 상황에서 부모들은 옥석을 가리기가 쉽지 않다. 그것이 광고인지도 모르고 사실로 받아들여 읽게 되는 칼럼들도 많기 때문이다.

교육업체들의 경영기법이 세련되어지면서, 교육업체들을 상대로 한 컨설팅, 엔젤 투자, ERP와 같은 IT 기반의 업무 관리 사업도 발달되고 있다. 청담어학원 등의 어학원만 해도 엄마들에게 아이들이 지금 집으로 가는 차를 탔다는 문자메시지를 보낸다. 학원을 방문하지 않아도 인터넷으로 아이들이 공부하는 교실의 모습을 볼 수 있는 학원의 웹 사이트도 있다. 사교육 비용의 상승 뒷면에는 서비스 개선과 아울러 다양한 기술 기반의 투자비용이 고스란히 부모들에게 떠넘겨진 탓이 크다. 하다못해 학원들이 차량을 이용하여 아이들의 통학을 돕는 일도 적지 않은 학원비 상승의 원인이 되었다.

　기업들의 마케팅 능력이 고도화된다는 것은 주의할 점과 참고할 점 두 가지를 다 포함한다. 입에 발린 광고 내용들이 많아진다는 점에서는 주의할 필요가 있다. 세련된 언어로 포장되어 있기 때문이다. 특히 학원들과 교육기업들이 자랑 삼아 입시 실적 발표를 하는 때에는 더더욱 신중한 판단을 요구한다. 어떤 특목고 전문 학원이 발표한 600명 특목고 입시 합격은 진실이지만, 어떤 학원의 광고는 자세히 보면 최근 5년치 합해서 600명인 경우도 있다. 하지만 그것이 5년치라는 것은 자세히 보아야 판단할 수 있는 정보다. 반대로 건전하게 보면 기업의 정보 제공 능력과 의사소통능력이 향상되었기 때문에 부모들이 제품에 대하여 정보를 얻거나 평가하기가 용이해지며, 문제가 발생했을 때에도 해당사와 의사소통을 하기가 용이해진다.

★

교재 제공에서 시설사업으로의 전개

2000년 이후 획일적이고 표준화된 교육내용이 창의적인 사고 중심으로 변하면서, 교육기업의 입장에서는 교재보다 교사에 대한 의존도가 높은 서비스 모델이 발달하고 있다. 이에 따라 2000년대에 들어서 학습지 매출이 줄고, 출판사들이 도산하는 가운데, 중대형 학원사업이 번창하고, 공부방과 같은 시설형 사업이 새로운 서비스 모델로 각광을 받기 시작했다.

그에 따라 학습 교재의 출판도 반복 훈련용 자습 교재 중심에서 교사의 지도에 따른 수업 교재 중심으로 옮겨 가게 되었다. 학원 교재 출판에서 돋보이는 기획능력을 보인 천재교육 출판사가 급성장한 것도 이런 흐름을 반영한다. 학습 교재 출판 시장에서 동일 교재의 대량 복제 효과가 쇠퇴하면서 이익률이 줄기 시작함에 따라 교재 출판 업체들의 시설사업 진출이 두드러진 추세가 된 것도 이 때문이다. 디딤돌 출판사가 디딤돌 넷스쿨 수학 학원 프랜차이즈를 하고, 동아출판사가 초등 영역에서 동아스쿨을, 좋은책 출판사가 학원사업 진출을 위해 직영 학원을 만든 것도 이런 추세를 보여준다.

이에 따라 각종 교과 영역에서 새로운 개념의 교재 출판이 블루오션으로 등장하기도 한다. 창의 사고력을 높이면서 반복 학습의 틀을 벗어나는 교재를 생산하는 능력이 있는 출판사의 기획이 새로운 시대에 걸맞는 교재의 유형으로 각광받을 수 있기 때문이다. 그래서 출판사들의 기획 경쟁도 치열해졌다. 수학만 해도 종전에는 『수학의 정석』이 대표적인 상품이었지만 2002년 이후 1등의 자리를 『개념원리』에 내준 후, 다시 고급 창의력 수학 교재로 『수학거미』가 등장하고, 최근에는 좋은책 출판사에서 나온 『쎈 수학』이 급성장하는 것도 이런 배경 탓이다. 영어에서도 『성문 기본영어』와 같은 종합영어의 시대가 가고, 2002년 능률교육의 『리딩튜터』에 1등 자리를 내주었고, 문법 영역에서는 종전과 전혀 다른 개념의 책으로 『This is

Grammar』와 같은 책이 출시되었다. 일본에서 어린 아이들 문법서로 『Big fat cat』과 같은 책이 도입된 것도 새로운 출판 흐름의 반영이다. 이런 점에서 학생들이나 부모들은 선택의 폭이 다양해졌기 때문에 예전에 엄마 아빠들 시대에 보던 책들만을 고집할 것이 아니라 좀더 다양하게 새로 출시된 책들도 눈여겨 볼만하다.

이렇게 학습 교재를 만들던 출판사들이 시설사업에 뛰어드는 현상 역시 장점과 단점을 동시에 가지고 있다. 학부모 입장에서 생각하면, 아무래도 종합적인 교육서비스를 원스톱으로 받을 수 있다는 장점이 있다. 반면 조심할 점은 한 가지를 잘 한다고 해서 모든 면에서 잘 할 수 없기 때문에, 책을 잘 만드는 회사라 해서 브랜드만 믿고 섣불리 다른 제품에 대해 신뢰를 가져서는 안 된다는 점이다. 그래서 새로운 영역의 제품을 개발하는 데 얼마나 시간을 들이는지를 살펴볼 필요가 있다. 이 점에서 한솔교육의 브레인 스쿨은 모범적인 사례이다. 장기간에 걸쳐 개발하고 서비스 점검을 한 뒤에 대기업임에도 불구하고 직영점을 몇 군데씩 천천히 오픈하여 품질관리를 하면서 지금은 전국적으로 확산한 경우다. 학습지에서 시설사업으로 진행해 간 경우인 셈인데, 충실한 내적 준비과정을 거쳐 서비스를 종합화했다고 할 수 있겠다.

창의력을 중시하는 풍토라고 해서 반드시 출판사의 책 한 권보다 학원의 특정 강사에 대한 의존도를 높이는 일이 잘 하는 일이라고 생각할 수는 없다. 학원은 대개 아직도 반복형 문제풀이가 위주인 곳이 많다. 특히 지방으로 갈수록 이런 현상은 더욱 심하다. 사실 교육 1번지라고 해서 대치동 학원가가 자주 욕을 먹고 있긴 하지만, 다른 한편으로 창의적인 교육 모델이 가장 발달한 곳도 대치동이다. 부모들 입장에서는 새로운 시대의 교육 콘텐츠라 할 수 있는 창의 사고력을 중심 기준으로 삼아 판단하는 것이 바람직할 것이다.

★

사교육 기업, 변화의 중심은 초등 고학년과 중등

2000년 초등생들의 학원 수강 금지 해제, 초등학교 영어의 도입이 도화선이 되어 2000년 이후 가장 크게 변한 교육시장은 초등학교 대상 교육기업에서 나타난다. 속셈학원들이 사라진 것은 이러한 추세 속에서 나타난 현상이다. 뒤에서도 언급할 내용이지만 학습지 업체들이 초등학교 저학년으로 내려간 것도 이러한 흐름 때문이다.

또한 이제는 중등이 변화하고 있다. 특목고 입시, 영재교육원과 경시 등의 바람을 타고 아파트 밀집지역 도시에서는 점점 종합반 위주의 학원들이 밀려나고 있다. 실제로 서울 지역에서도 전통적으로 강세였던 중등 종합반 학원들의 주춤거림이 늘고 있다. 1만 명이 넘는 수강생을 보유하던 서울 강동의 청산학원도 옛날만 못하다. 목동 지역에서 위세를 떨쳤던 목동 종로엠스쿨이 퇴조하는 것도 이런 흐름의 반영이다. 이 때문에 서울 중계동의 토피아 학원도, 일산의

G1230도 새로운 변화를 고민하고 있다. 부모들 중에 해당 지역에 거주하면서 중등 자녀를 위해 아직도 종합반 위주의 소비 패턴의 사고를 하는 경우가 있다면, 왜 이런 일이 벌어지는지를 다시 돌아볼 일이다.

초등과 고등 사이에 끼여 암기식 내신공부만 해온 중등생들에게 7차 교육과정 개정에서의 교과서 검인정화, 교과내용의 다양화 및 선택 폭의 확대는 당장의 중등 교육 시장 변화를 의미한다. 7차 교육과정에서 영어교과서가 13종이 되면서 학원들의 지도가 변화한 것은 이러한 징후를 보여주는 전조였다. 앞으로는 교과개정에 발맞추어 중학생들의 학원 소비 유형이 급격하게 바뀌게 될 것이다. 대구 지역만 해도 종합반 학원들이 쇠퇴하고 김샘학원, KNU 학원 등의 수학 단과 전문 학원이 융성한 점은 눈여겨 볼만한 시류 변화다.

중학생 자녀를 둔 학부모들은 특별히 이 점에 대하여 유념할 필요가 있다. 현재의 중등 과정 사교육 시장은 유난히 구시대의 패턴을 유지하고 있는 경우가 많다. 따라서 현재의 변화 추세를 볼 때 교과과정의 변화 내용이나 입시의 변화 내용과 어울리지 않는 학습과정을 갖고 있는 경우가 적지 않을 것이다. 잘 골라야 한다. 자칫하면 '양(量)치기' 공부는 했지만 질적인 준비는 아닐 수 있다.

★

민간 학원 기업의 마케팅 전략에 대한 부모들의 현명한 대응책

학원의 마케팅 관리는 상담과 홍보, 그리고 이벤트로 구성된다. 상담은 구체적으로 교재와 제도의 학습, 상담 기록, 자료의 개발 및 비치(배포), 웹 게시판 관리 등의 내용을 포함한다. 그리고 홍보는 신문 간지, 지역 광고 잡지, 마을버스 게시물, 아파트 게시 및 투입, 텔레마케팅, 홈페이지 관리 등의 업무를 포함한다. 이벤트 관리에는 초청 강연, 학부모 설명회, 공개 무료 평가, 경시 접수 창구, 체험 프로그램 운영 등이 포함된다. 전체적으로 마케팅 관리는 인바운딩과 아웃바운딩 두 영역 모두에 걸쳐 진행된다.

상담의 기조를 살펴보면 가장 일반적인 형태가 합격자 성과의 홍보다. 자세히 뜯어보지 않으면 분간이 가지 않는 경우도 적지 않다. 상담만 했는데도 명단에 올라 학원 측에 항의하는 경우도 적지 않다. 학생들의 동의를 받지 않고 광고를 하는 것은 사실상 불법이다. 합격한 학생들의 경우 불쾌해 하면서도 대부분 합격 자체에 만족하여 이의를 제기하지 않는다. 또한 이의를 제기한다 하더라도 이미 그 광고는 소기의 목적을 달성한 뒤다. 동의 없이 광고에 나간 경우 끝까지 항의하면 대개 학원은 선물 공세로 위기상황을 넘기는 게 일반적이다. 그래서 합격자 명단 광고를 보고 쉽게 현혹되어서는 안 된다. 아이들 공부란 군중심리로 우르르 몰려다니며 소비할 수 있는 대상이 아니기 때문이다.

　강사들의 이력과 학력이 주어진 입시에서 최적의 강의력을 구성하고 있다는 점도 자주 홍보의 포인트로 이용된다. 강사들이 브랜드를 형성하는 이력 관리 방식은 주로 학벌, 대형학원 근무 경험, 출판 경험, 몇 명을 성공적으로 합격시켰는지 여부, 그리고 '전 타임 마감'의 경우처럼 몇 명이나 수강하는지의 상황 등이다. 이 과정에서 어떤 사회적 검증장치도 없기 때문에 근무 이력은 혼란스럽기 그지없다. '종로학원 근무'라고 하면 재수생 종로학원 본원 근무일 수도 있고, 전국의 종로엠스쿨 근무일 수도 있다. 같은 종로엠스쿨도 목동에서 이천까지 다양하다. 그냥 '종로학원 근무'라고 하면 학부모들이 판단하기 어려운 점이 있다. 어느 지역에서, 언제 근무했는지를 구체적으로 확인해볼 필요가 있는 것이다. '전 타임 마감'이라는 것은 거짓인 경우가 대부분이다. 몇 년 전 다른 지역의 경우라면 확인하기도 불가능하다. 심지어 학력도 논란이 된다. 대치동의 어느 학원 원장의 표현대로라면 전국의 서울대 출신 강사들을 합하면 서울대 출신 전체 졸업자에 육박할 정도로 검증이 안 된다고 한다. 부모들이 꼼꼼하게 따져 보아야 할 것이 한둘이 아니다. 하지만 근본적으로는 강사의 학력이나 이력, 전타임 마감 등의 홍보 문안에 현혹되지 않고 내실 있게 강사의 능력을 판단하는 능력이 갖춰져야 한다.

　학원이 부모들을 대상으로 상담을 할 때 가장 많이 이용하는 것이 '학부모의 초보 심리'다. 학부모들은 언제나 당면 학년, 당면 입시에 대해서는 초보자이기 때문이다. 그래서 부도덕한 학원들의 상담은 학부모들이 초보자임을 최대한 활용한다. 언제나 새로운 교육 상품의 소비자로 학부모가 존재하고, 다년간의 노하우를 축적한 학원의 노련한 설득 메커니즘이 존재한다고 봐야 한다. 학원을 제외하면 신문 기사 정도가 학부모들에게 주어지는 정보와 자료이기 때문에 영원한 초보 학부모에 대한 학원의 설득력은 매우 높은 편이다. 특히 요즘은 돈을 받고 움직이는 일부 학부모들이 마케터로 활동하는 경우도 나타난다. 그렇다고 옆집 아줌마를 함부로 의심할 수는 없는 노릇이지만, 합격생 엄마라고 해서 무조건 믿을 것이 아니라 따져서 살펴야 하는 이유가 여기에 있다.

학원을 위시하여 사교육 기업이 상담을 중시하는 것은 그들이 주로 구전 마케팅을 활용하여 브랜드 관리를 하기 때문이다. 사교육 기업은 이웃집의 경험, 선배들의 입시 성적 결과를 이용한다. 그러면 정보가 부족한 초보 부모는 구전하는 정보에 민감해진다. 바로 이 때문에 입소문에 의존하는 마케팅 전략을 구사하는 것이다. 네이버 지식인 서비스에서 '구전 마케팅'을 검색하면 대표적인 사례로 학원이 나올 정도다. 이를 위해 체계적이고 정기적으로 핵심적인 학부모를 관리하는 것이 일반적인 현상이다. 학부모에 대한 담당 강사의 정기 간담회, 원장이 주도하는 학부모 상대 정기적인 전화 상담 등은 이러한 전략의 하위 항목들이다. 교육 관련 시민단체에서 '이웃집 아줌마를 조심하라'는 경구가 나온 것도 이 때문이지만, 소비자들은 아직도 이웃집 아줌마의 이야기에 귀를 기울이는 형편이다.

그런가 하면 진입 장벽을 만들어 마케팅 전략으로 사용하는 경우도 있다. 일부러 일정 정도의 대기자를 두고 조기 마감을 하는 경우가 이에 해당한다. 또는 사전 테스트를 통해 일정 수준 이상의 학생들만 선발하는 학원도 이런 전략을 구사하는 것으로 볼 수 있다. 대개 진입장벽 전략은 경쟁이 치열한 강남 대치동, 분당 등지에서 자주 구사되는 고도의 영업기술이다. 교육시장이 산업화되면서, 교육기업들의 경쟁이 격화되고, 홍보와 마케팅 전략이 고도화되기 때문에, 부모들 입장에서는 좀더 과학적이고 냉철한 판단이 요구되는 시대다.

교육 변화에 대비하는
부모들의 전략 마인드

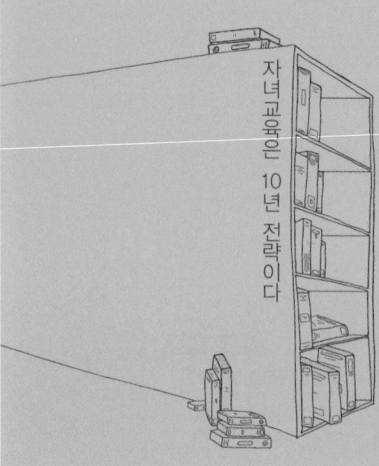

자녀교육은 10년 전략이다

앞 장에서는 교육의 흐름이 어떻게 바뀌고 있는지 소개했다. 그런데도 아직 우리 부모들은 어린 시절 자신이 받았던 교육과 공부했던 방법만을 떠올리면서 아이들에게 공부하라는 잔소리만을 하곤 한다. 아이가 수학에 중점을 둔 단과 학원을 다니고 싶다고 해도, 무조건 종합반 학원에 다니라고 하면서 밀어붙이기도 한다.

이제 우리는 부모로서 내 안의 변하지 않은 것들을 돌아보아야 한다. 교육의 흐름에 발맞춰 아이들에게 전략을 제시하기 위한 자기혁명이 필요하다. 우리 가정에 남은 구시대의 교육 유산들을 털어야 한다.

이 장에서는 변화하는 교육 트렌드에 대비하기 위해서 부모들이 다시 한 번 점검해야 할 마인드를 짚어 보고자 한다. 백전백승하는 전략을 세우기 위해서는 모든 것을 백지화시킨 상태에서 새롭게 시작하는 부모의 열린 자세가 무엇보다도 절실하다.

1

[마인드 1]
우리집 교육 문화 자산 관리: 아빠의 참여

몸과 마음이 따로 노는 무사안일 교육관

아빠들은 사실 직장에서 날마다 세상의 변화를 실감한다. 직업의 위기의식도 거기서 온다. 단지 IMF로 인한 사회 변화 때문만이 아니다. 지식기반 사회를 맞이하여 세상은 얼마나 숨가쁘게 돌아가고 있는가? 집에서 부모가 되어 아이들의 교육을 바라볼 때도 직장의 위기의식은 동일하게 적용되어야 한다. 내 직장의 위기는 우리 아이들 미래의 위기다. 부모의 시대보다 아이들의 시대는 더욱 더 변화하고 진화한 세상일 것이다. 본격적인 지식정보화 사회에 진입할 것이다. 그러므로 지금 일어나고 있는 사회와 산업의 변화에 대응하여, 우리 아이들의 시대를 위해서는 좀더 치밀하고 전략적인 대처가 요구된다. 아빠의 위기의식이 엄마들에게도 충분하게 인식되어야 한다. 아빠가 거들고 엄마들은 새로운 관점으로 아이들 교육에 임하여야 한다.

하지만, 실망스럽게도 우리 부모들은 집에 돌아와 '부모로서 거실에 앉으면' 무사안일한 경우가 다반사다. 직장에서의 위기를 잊어버린다. 직장인으로서의 나는 부모로서의 나와 다르지 않다. 직장에서의 문제의식이 부모가 되어서는 침묵일 때, 우리는 아이들에 대한 교육적 책임을 방기하고 있는 것이다. 변화에 대한 고민은 집에 와서 부모가 되어서도 필요한 것이다.

아빠의 위기의식을 공유하지 못한 엄마들의 무사안일은 더욱 더 심각하다. 남편과 아내가 어떤 이유이든 서로 대화가 부족한 경우, 엄마들은 아빠의 문제의식이나 위기의식을 공유하지 못하는 경우가 많다. 직장생활을 하지 않고 가정에서 주부 역할만 하는 엄마들로서는 더욱 더 남편이라는 안테나가 중요한 구실을 해야 하는데, 대화가 부족하면 그 안테나마저 없으니 세상 물정에 대하여 잘 모르는 것이 당연하다. 8시 반에 시작하는 드라마를 보다가 9시 뉴스가 시작하면 텔레비전을 끄는 엄마들은 반성해야 한다. 변화를 공감하지 못하는 엄마들은 자기들 시대의 경험만으로 아이들을 진단하는 경향이 있다. 새로운 것을 이해하려고 노력한 바 없고, 그러니 자기가 학창시절 공부하거나 경험한 것이 아이들을 키우는 지혜의 핵심 창고 구실을 하는 것이다. 낡은 시대의 경험이 새로운 시대를 살아가고 있는 아이들에게 어떻게 혼란을 야기할지는 고려하지 않는다.

변화를 수용하고 대응하기보다는 변화를 피할 만한 직업을 권하는 부모들은 단적으로 말해 자식들을 '가르치고' 있는 것이 아니다. 능률교육에서 출간한 이완기 교수의 『영어를 그르치는 엄마, 영어를 가르치는 엄마』를 차용하여 써보면, 자식들을 '그르치고' 있는 것이다. 단순히 보호의식으로만 접근해서는 부모의 도리를 다하는 것이 아니다. 변화의 시대에 의사와 공무원과 교사 직업만이 결코 안정적인 직업일 리가 만무하다. 그토록 안정적인 직업이라던 것 중 하나가 의사였지만, 이제는 많은 개업의들이 빚더미에 호소하고, 어떤 개업의들은 이민을 고려하고, 어떤 개업의들은 전공과 상관없이 돈이 되는 성형외과로 바꾸어 개업하고 있다. 좋은 대학 졸업장만 가진다고 해서 결코 아이들의 미래가 보장되지 않는다. 변화의 시대에 많은 명문대 출신의 기성세대들도 헤매고 있는 것은 마찬가지다. 이 글을 쓰는 우리들의 주변에도 소위 명문대 명문학과를 나와서 헤매고 있는 사람들이 적지 않은 편이다.

느닷없이 큰소리만 치는 아빠들의 문제

공부하지 않는 엄마들 못지않게 큰소리만 치는 아빠들의 문제 역시 자녀교육을 망치는 데 일조한다. 대부분의 아빠들은 자녀교육을 엄마들에게 맡겨 놓는다. 그러다가 대개는 가부장의 권위를 앞세워 느닷없이 큰소리만 친다. 가족과의 대화가 부족하여 피상적인 수준밖에 모르면서도 아는 체 하는 경우도 많다. 엄마와의 의사소통 부재로 인해 아이들 교육 상황에 대한 공통된 이해가 없는 경우도 다반사다. 이렇다 보니 교육에 있어서 문화자산으로 기능하는 엄마와 아빠의 역할이 제대로 균형을 이루지 못하고, 반쪽짜리 자산인 엄마 혼자서 허덕이는 경우가 적지 않다.

사실 엄마와 아빠의 관계는 아이들의 학습자산이다. 심지어 아빠의 친척, 아빠의 친구들도 아이들의 학습 자산이다. 아빠의 언어생활, 아빠가 집에서 보는 책이나 신문과 잡지, 음반, 비디오, 컴퓨터의 즐겨찾기 모두가 아이들이 보고 배우는 자산이다. 아빠와 함께 한 여행이나 방문, 작은 놀이도 마찬가지로 아이들에게는 학습자산이다. 이것을 헤아리지 못하는 아빠들이 큰소리만 칠 때, 정작 아이들은 아빠로부터 잘못된 역할 모습을 배우고, 자녀교육은 혼란에 빠진다.

우리 사회에서 가장 극명하게 교육문제의 이해관계가 드러나는 대학 입시를 예로 들어 아빠들의 문제를 살펴보자. 부모의 입장에서 대학 입학은 아이들의 장래를 결정하는 아주 중요한 '일대 사건'이다. 더하고 덜할 망정 이는 어느 나라나 마찬가지인 것 같다. 대학 합격률이 좋은 고등학교를 찾아 '학교 선택의 자유'를 요구하는 미국이나 영국의 경우도 이를 반영한다. 하지만 전형적인 학력사회(meritocracy)인 한국 사회에서는 대학 입학이 더욱 중요한 위상을 차지한다.

그래서인지 대학 입학 원서를 내는 시기가 되면, 아이의 장래 문제를 둘러싸고 온 집안 식구가 너도나도 민감할 수밖에 없다. 심지어 할아버지와 할머니까지 나서서 한마디씩 거드는 것이 소위 한국의 대학 입학이다. 이 대목에서 아빠들이 어떤 행동을 하고 어떤 역할을 하는지는 매우 중요하지만, 대개의 집안에서 대입 지원을 둘러싸고 아빠들이 보여주는 행동들은 많은 문제를 안고 있다. 한 마디로 '느닷없는' 경우가 많다.

아빠들은 사실상 아이들의 교육 상황에 대하여 잘 알지 못한다. 대개 아이들의 교육 문제를 엄마들에게 맡겨 두기 때문이다. 엄마와 아빠 사이의 의사 소통이 드문 경우는 문제가 더욱 심각해진다. 엄마의 전달 방식과 전달 능력이 지닌 특징을 아빠들이 간파하지 못하는 경우에도 문제가 많다. 물론 이 경우도 대개는 엄마와 아빠 사이의 대화가 부족한 데서 비롯된다. 그래서 아빠들은 맥락을 모르고 개입한다. 개입하지 않을 수 없을 만큼 중대한 국면이 찾아왔을 때, 맥락을 모르면서 개입하기 때문에 아빠들의 개입은 대개 도움이 되기보다는 방해가 되는 경우가 많다.

몇 해 전에 한 엄마와 그 집 아들의 대입 상담을 한 적이 있다. 본래 의대 진학을 목표로 하던 아들이 시험을 잘 못 치러 엄마는 약학 전공을, 아이는 유전공학 전공을 선택하려 하여 갈등을 빚는 상황이었다. 직업의 안정성을 생각한 엄마는 약학 전공을 주장했지만, 아들은 약사가 자영업의 성격을 지닌다고 생각하여 자신의 적성에 맞지 않다면서, 의학과 연결되는 유전공학을 공부하겠다고 주장했다. 겨우 타협이 되어 세 개 대학의 원서를 내면서 하나는 약대를, 그리고 하나는 아들의 뜻대로 유전공학과에, 나머지 하나는 다소 무리지만 지방의 의대에 지원해보기로 학교 담임선생님과 의논을 했다. 그런데 원서 접수 시작을 사흘 앞두고 자정 가까운 시간에 귀가한 아빠가 산업공학이 뜨는 곳이라면서 산업공학 전공을 해보라고 뜬금없는 제안을 했다. 엄마나 아들은 금시초문인 학과라 어리둥절한 가운데, 다음날 아침 일찍 출근하던 아빠는 또 다시 산업공학과가 이공계의 경영학과로서 전망이 좋다며 다시 한 번 강력히 자기 의견을 피력했다. 그리고는 출근길에 나섰다.

  그날 낮에 원서 작성을 마무리하러 학교에 가려 했던 엄마와 아들은 당황하기 시작했다. 우선 아빠가 이야기하는 산업공학과가 어떤 곳인지 잘 몰랐다. 그리고 아빠가 왜 산업공학과를 권하는지 구체적으로 알 수 없었다. 아빠가 어디서 산업공학과 이야기를 들었는지도 알 수 없었다. 아빠가 출근하고 나서 마음이 뒤숭숭했던 엄마가 아빠한테 핸드폰 연락을 해보았으나 별반 깊은 이야기를 들을 수는 없었다. 고민하던 엄마는 아이와 함께 필자를 찾아왔다. 필자는 그 날 저녁 그 집 아빠와 통화하면서 왜 그 집 아들이 그토록 사람의 병을 고치는 일과 관련된 일을 하려 하는지에 대하여 아빠가 신중하게 생각하고 있지 않다는 것을 알게 되었다. 그리고 사실 그 아빠도 산업공학에 대하여 많이 알지 못했다. 친구의 친구가 산업공학을 전공하고 직장에서 잘 나가는 마당에, 아들까지 산업공학을 전공시키고 미국으로 경영학 유학을 보냈다는 이야기를 전해들은 정도였던 것이다. 물론 산업공학은 경영학과와 밀접한 관련을 지닌 간학문적(inter-disciplinary) 학과로, 미국의 경우 기업의 경영진 중에 산업공학과 출신들이 유난히 많을 정도로 인기 있는 학과다. 문제는 이 집 아들이 이 공부에 뜻이 있는지, 적성이 맞는지가 문제였다.

사실 그 집 아이의 대입 지원은 행복한 결말로 끝나지 못했다. 유전공학과 대신에 선택한 산업공학과가 하필이면 그 해 그 대학에 집중적으로 몰려서 경쟁률이 매우 높았던 데다가, 엄마가 권한 약대도, 무리하면서 지원한 의대도 모두 실패하고 말았기 때문이다. 그리고 그 집 아들은 재수를 했다. 물론 그걸로 그 집 아들의 인생이 끝나는 것은 아니다.

하지만 긴박한 상황에서 아빠가 맥락 없이 내던진 제안 하나가 아빠로서의 권위를 업고 어떻게 아이의 장래에, 그리고 그 동안 노심초사하면서 아이의 교육 문제를 전담해 온 엄마에게 변수로 작용하는지를 보여준다.

대개는 이런 식이다. 아빠들의 개입은 느닷없다. 맥락이 없다. 하지만 아빠들은 힘이 있다. 소위 가장이다. 그래서 아빠들의 느닷없는 개입은 일대 혼란을 가져다주기 십상이다. 앞의 경우는 차라리 아빠가 침묵을 지키고 엄마와 아들의 협상을 존중하였던 게 나았을지 모르겠다. 최소한 방해와 혼란을 주지는 않았을 테니까.

하지만 침묵이 최선은 아니다. 그 침묵이 실제 입학 결과를 두고도 계속해서 침묵으로 남으리라는 보장도 없다. 불만을 안고 있는 침묵은 나중에 터져 나와서 엄마나 아들에게 원망으로 나타나는 경우가 적지 않기 때문이다. 더구나 중요한 것은 실제로는 엄마도 아이들도 '아빠의 목소리'를 듣고 싶어한다는 것이다. 맥락이 있는 아빠의 목소리는 아이들의 교육에 살이 되고 시금석이 되는 법이다. 그렇다면 어떻게 해야 할까.

이 책에서 집중적으로 다룰 시기 중 하나인 중학교 때가 문제다. 아빠들은 아이들이 중학교에 들어가면서 틈이 생기고 대화가 끊기기 일쑤다. 그래서 나중에도 강조하겠지만 초등학교 고학년 시기부터 중학교 때까지 줄기차게 아이들과 스킨십을 유지하는 것이 중요하다. 이런 집 아이들과 아빠의 친밀함은 아이들이 고등학교에 들어가서도 자연스럽게 이어지며, 이는 한마디로 이웃집 엄마들의 부러움의 대상이 된다. 친밀도를 유지하면 대화가 끊기지 않고 그러면 맥락이 있는 아빠들의 반가운 개입이 가능하다.

★

아이들과 함께 공부하는 아빠

아빠들이 집에 있는 시간에 무엇을 하는가는 아이들에게 매우 중요한 거울이 된다. 우선 아이들은 집에서 보여주는 아버지의 행동에서

'아버지'란 존재의 역할과 위상을 읽는다. 그리고 자신들도 모르게 배운다(일종의 informal learning). 그리고 아이들은 아버지의 행동을 통하여 대부분의 시간을 직장에서 보내는 아버지의 '보이지 않는 부분의 삶'을 추정한다. 아버지의 모습을 통해 아버지가 속한 세계에 대하여 배운다. 매일 늦은 술자리 때문에 자정 가까이 들어오는 아버지, 주말이면 골프채를 들고 나서는 아버지를 보면서 아이들은 직장 생활이란 생산적인 '일' 보다는 로비나 인맥을 통해 이루어진다는 생각을 쉽게 배우기도 한다. 아버지란 존재는 보이지 않는 만큼 아이들에 대한 영향이 적을 것 같기도 하지만, 실은 보이는 만큼의 작은 시간에도 인상적으로 아이들의 머릿속에 영향을 미치게 되는 것이다. 그만큼 아버지의 존재는 집안에서 중요한 위상을 갖고 있기 때문이다.

집에서 텔레비전 채널만 돌리고 틈이 나면 컴퓨터 앞에 앉아 오락만 하는 젊은 아빠들이 있다. 이런 아빠들이 보여주는 모습을 만일 아이들이 그대로 따라한다면 엄마의 잔소리 대상이 될 것이다. 텔레비전을 보는 것이나 오락을 하는 일이 나쁘다는 것이 아니다. 아이들에게는 금지하는 행동들을 본인이 보여준다는 데 문제가 있다. 대개 이런 아버지들일수록 아이들이 비슷한 행동을 할 때 큰소리를 치거나 컴퓨터 오락과 TV 보는 시간을 통제하는 경우가 많다. 어린 아이들조차도 아버지의 모순을 읽는 법이다. 아빠가 직장에 나가고 없을 때 엄마들은 아이들을 통제하기 힘들다. 모순을 읽은 아이들은 아버지처럼 행동하기 때문이다. 오락 금지나 TV보는 시간을 통제하는 것에 대하여 반기를 든다. 가부장적인 아버지 앞에서는 아무 소리를 못한다 하더라도 엄마한테는 논리를 세워 대드는 법이다. 이런 경우 아버지가 아이들에게 논리를 대준 경우다. 아버지는 아이들에게 오락을 하거나 텔레비전을 보게 하는 중요한 근거 사례가 된다.

그렇다고 집에서 아빠들로 하여금 전통적 의미의 공부하는 모습을 보여주라는 것이 아니다. 집에서 책상에 앉아 밑줄을 치며 책을 읽는 모습을 보인다는 것은 아버지에게도, 아이들에게도 낯설 뿐만 아니라 어색한 일이다. 직업적 특성 때문이 아니라면. 아버지들이 보여주어야 할 것들은 오히려 '아이들과 함께 하는 데' 있다.

컴퓨터 오락이라도 괜찮다. 텔레비전 연속극 보기면 어떠랴. 아이들과 함께 하는 것이다. 컴퓨터 오락이라도 아이들과 함께 할 때는 이미 그 자체가 아버지를 매개로 하는 하나의 학습 과정이 된다. 게임 하나에도 세상을 사는 이치가 있고 게임 앞에 임하는 사람들의 심리 파악이 있고, 보드게임이라면 서로 읽고 읽히는 가운데 공유하는 문화가 있는 법이다. 이때 아버지는 게임을 하면서도 아이들에게 새로운 거울이 된다. 연속극도 마찬가지다. 아버지와 함께 보는 연속극에서 논평을 일삼으며 아버지와 아이가 교통하며, 세상의 이야기들이 아버지의 입을 통해 연속극을 매개로 재해석된다. 공유한 것들은 곧장 공유재산이 된다. 함께 본 연속극은 가족의 자산이 되어, 가족들의 대화에 공감대를 제공하며, 가족들 간에 공통된 '이야기'를 가져다준다. 농담을 주고받을 때도, 어떤 문제에 봉착하여 공통적으로 이해될 만한 예시를 제공할 때도, 함께 본 연속극의 주제나 이야기들은 재생되고 재가공되어 그 가족의 문화 중 일부가 되게 마련이다. 아빠는 그 속에서 의식하든 그렇지 않든 중요한 배우 중 한 사람이다.

집에서 아빠가 공부하는 모습을 보인다는 것은 단순하게 말하면 '아이들과 함께 하는 것'이다. 학교의 교사와 학생처럼, 혹은 학교에서 이루어졌던 좁은 의미의 '공부'처럼 무슨 공식적인 행위로서 나타나는 것이 아니다. 이미 아버지는 아이들에게 보이지 않는 교사의 지위를 갖는다. 가정은 이미 그 두 개 이상의 세대가 만나는 장소이기 때문에, 그 자체로 교육의 구조적 형식을 지니게 된다. 함께하라. 그러면 배우고 익히는 과정이 그 속에서 자연스럽게 이루어진다.

★

우리 아이의 적성에 대한 아빠들의 관심

몇 해 전에 모 대기업의 부장 아빠를 상담했을 때다. 고등학교 2학년이 다 끝나가는 때에 그 집 딸은 미술을 전공하겠다고 선언하면서 엄마 아빠와 갈등을 빚게 되었다. 대개의 경우처럼 엄마는 특별히 가부장적인 아빠의 위압과 심각하게 갈등하는 딸을 보다 못해 먼저 딸 편으로 은근히 돌아섰다. 문제는 그 집 아빠였다.

필자를 처음 만나서부터 마누라까지 한 편이 되어 자신의 말을 들어먹질 않는다고 딸과 부인의 선택에 대하여 불만을 늘어놓았다. 그

동안 소위 명문 여자 고등학교에 진학하기까지 잘 나가다가 정신 나간 방향 선회를 하게 되었다는 것이다. 아빠의 기대는 딸이 그대로 문과 공부를 하여 적당히 서울에 있는 좋은 대학 가서 그 이력으로 좋은 배필 만나 잘 살면 그만이라는 것이었다. 여자에겐 직업이라는 것이 별 의미 없으며 시집 가서 잘 살면 된다는 보수적인 사고를 지닌 것이다.

필자는 그 집 엄마와 딸을 만나보고 싶다고 했고, 만남이 이루어진 첫 자리에서 필자는 어릴 적부터 그 집 딸이 미술에 재능이 있었으며, 아버지의 반대에도 불구하고 몇 차례 미술 쪽으로 진로를 정해보려고 노력했다는 것을 알았다. 딸의 희망과 바람을 수차례 들으면서 엄마는 딸이 좋아하는 일이라면 재수를 하게 되더라도 해보고 싶은 대로 한 번 밀어주는 게 낫다고 생각하게 되었다는 것이다. 하지만 말만 꺼내면 아빠는 역정부터 내는 터라 변변한 이야기도 못해 보고 아빠와 갈등을 빚으며 고3을 맞이하고 있다는 것이었다. 심지어 아빠의 엄격한 가계부 통제에도 불구하고 엄마의 은밀한 지원 아래 그 집 딸은 이미 2달 전부터 미술계 입학을 염두에 두고 미술 학원에 다니고 있었다.

상황의 앞뒤를 파악한 후 나는 거꾸로 그 집 아빠를 설득하게 되었다. 미술 공부가 때로는 왜 실용적인 영역에서 다양한 인력을 요구하는지, 만화부터 공업 디자인까지 다양한 이야기를 통해 아버지의 '미술쟁이'에 대한 편견을 극복시키려 노력했었다. 그 집 아빠는 자수성가한 사람들이 흔히 그런 것처럼 부지런한 사람이었다. 자기편이 되어 줄 줄 알았던 필자마저 반대로 돌아서게 되니, 딸아이의 중학교 때 담임도 만나보고, 동네 미술 학원에 불쑥 찾아가 원장을 만나 미술계 진학의 동향이나 진로 전망, 딸의 소질에 대한 평가 등에 대하여 여러 가지 정보를 직접 챙겼다. 그리고 딸아이가 미술에 독특한 재능이 있다는 것이 중학 시절부터 인지되고 있었으며, 미술계 진학이 나쁘지만은 않다는 것도 알게 되었다. 그는 폼이나 잡고 술에 절거나 담배나 피우며 허황되게 생활한다는 미술 대학생에 대한 본인의 편견을 수정하게 되었던 것이다.

그리고 아버지가 생각을 바꾸면서 아버지의 지원 아래 그 집 딸아이는 1년 동안 열심히 공부한 모양이었다. 1년 뒤 대학 입시가 끝나고 나는 상담에 고맙다는 그 집 아빠의 이메일을 받았었다. 그 집 딸이 유수의 H대 응용 미술과에 합격한 것이다. 이런 사례는 참으로 많다.

심지어는 모 고등학교 수학교사인 아버지가 수학에 탁월한 재능을 지닌 아들이 '수학과에 진학하면 결국 수학선생질밖에 할 수 없다' 는 자조감으로 아들의 진로를 막고 선 경우도 있었다. 수학교사의 눈으로 아들을 날마다 집에서 보는 데도 아들의 재능에 대하여 좀처럼 이해하고 있지 않았다. 사실상 그 아들은 수학 말고는 다른 과목은 내세울 것도 없었는데도 말이다. 그 아빠에 대한 필자의 끈질긴 설득으로 그 아들은 결국 모 대학의 수학과에 진학하였고 조기졸업이라는 영예 속에 지금은 미국에 국비 유학 중이다. 수학을 기초학문으로 다루는 하드웨어 분야의 컴퓨터 공학 공부를 하고 있는 그 교사 아빠의 아들은 사실 장래가 촉망 받는 학생이다. 아직 공부를 하고 있는 현재에도 미국의 유수한 기업들로부터 입도선매의 스카우트 제안을 받고 있기 때문이다. 이 경우는 행복한 결말로 이어졌지만, 대체적으로 아빠가 엄마보다 자녀들의 진로 문제에서 보여주는 태도와 목소리 크기는 남달라서, 파행을 거듭하는 사례가 적지 않은 것이 현실이다.

이런 식으로 아빠들은 아이들을 들여다 볼 시간적 여유가 상대적으로 적어서, 아이들과 대화할 시간이 적어서, 자신의 경험과 직장생활에서의 경험에 지나치게 매이면서 아이들의 적성이나 특성을 제대로 파악하고 있지 못한 경우가 많다. 그렇다고 완전하게 엄마들에게 교육문제를 맡겨 두는 것도 아니어서 참견이나 의견 개진이 곧장 집안의 큰 갈등으로 비화되거나, 심하게는 아이들로 하여금 방황하게 하고 젊은 날 재수나 삼수와 같은 방식으로 시간을 낭비하게 하는 경우가 많다.

사실 아이들과의 대화도 많이 하고, 아이들의 특성과 적성에 대하여 아빠들이 관심을 가지기 시작하면 아빠들이 보여줄 수 있는 내용은 엄마들과는 달리 무궁무진할 수도 있다. 어쩔 수 없이 한국사회에서 엄마들보다 사회적 관계가 넓고 자유로운 아빠들은 그들 자신이 겪은 일, 그들이 만나는 사람들, 직장에서 보고 들은 경험으로부터 아이들에게 많은 정보를 제공하고 참고가 될 만한 이야기를 전할 수 있는 위치에 있다. 사실은 엄마들이나 아이들은 그 점에서 아빠들의 '참여'를 기다린다. 보다 넓은 시야를 제공하면서 아이들이 제 인생에 대하여 고민하게 하는 일에 아빠들은 나름의 과제와 역할이 있는 것이다. 당장 아빠 자신이 하는 일만 해도 아이들에겐 중요한 사례 연구 대상일 수 있다. 하나를 통해 여럿을 볼 수 있다는 것을 인정한다면, 아버지의 직업이라는 하나의 사례 연구를 통해 아이들은 그와 연관된 다른 직업이나 일들에 대해서도 안목을 가질 수 있다. 필요하다면 아이들이 관심을 가지게 되는 다른 영역에 대한 이해를 돕기 위하여 친구를 집으로 초빙하여 아이들과 대화를 나누는 방법도 취할 수 있다. 아빠들이 가진 사회적 관계의 자산들은 아이들에게도 공유되고 이용되어야 한다. 이것은 아빠가 아이들의 진로와 적성, 특성을 이해하고 돕는 것일 뿐 아니라 넓게는 아이들이 아빠의 직업과 인생을 이해하는 데도 도움을 주는 일이다. 꿩 먹고 알도 먹는 일인 것이다. 아버지의 고뇌를 이해하는 아이들이라면 아버지에 대한 존중의식도 당연히 가지기 마련이다.

2 [마인드 2]
우리집 교육 문화 자산 관리: 독서 문화 자산

독서가 왕도

지식 정보화 시대의 도래는 독서하는 인재상을 요구한다. 독서의 중요성은 이미 386세대 학부모들로부터 부분적으로 시작되었다. 특목고 입시도, 대학 입시도 독서가 수험 성적의 기초체력을 만드는 시대가 되었다. 아이들을 위한 교육용 도서들의 출판이 많아지고 있다. 부모들은 이제 자녀들이 효과적으로 독서 습관을 물려받을 수 있도록 지도하여야 한다. 부모 자신도 책과 친해져야 함은 물론이다. 책 읽기 방법에 대하여 공부하고, 어떤 책들이 있는지를 공부하여야 한다. 자녀들의 독서를 위하여 이제 부모들이 나서서 독서에 대하여 공부하여야 하는 시대다.

지식 정보화 시대에 오면서 지식이 경제를 결정하고 지식이 부가 되는 시대가 되었다. 여기에 지식정보화 시대 다음의 문제는 상상력이 근간을 이룰 것이라는 논의도 제기되고 있다. 이런 상황에서는 부모의 지식 문화 자산이 당장의 경제적 자산보다 중요한 가치를 지닌다. 이것을 프랑스의 학자들은 '상징자본'이라는 이름으로 불러왔다. 부모가 만드는 문화적 자산은 이전 시대의 교육과정에서도 여러 연구를 통해 자녀들의 교육 편차를 만드는 원인으로 확인되었다. 학교 교육에서 아무리 기회의 평등이 제공된다 하더라도 근본적으로 학교 밖, 즉 가정의 차이가 교육 성과의 차이를 가져온다는 연구 결과가 있었던 것이다. 그만큼 문화 자산, 즉 가정마다의 상징자산은 아이들 교육의 품질을 결정하는 중요한 요인이다. 이런 점에서 이 시대 부모들은 우리 가정의 문화적 자산의 현황을 파악하고 부부가 만들어내는 지식 문화적 자산이 어떤 모습을 갖고 있는지 돌아볼 필요가 있다.

이와 관련하여 우리가 주목해볼 만한 우리 사회의 변화상이 있다. 1960년대에 태어나고 1980년대에 대학 생활을 경험한 386세대가 부모가 되면서 우리 사회의 학부모들의 문화 자산 지형에 변화가 왔다. 386세대는 독서와 토론을 통하여 사회의식을 키워온 경우가 많았다. 그 때문에 문화적으로 '참여하는 공부 방법'으로서의 독서와 토론, 글쓰기에 상대적으로 익숙하다. 이들의 청년기 생활에서의 문화적 특징은 그대로 그들의 가정생활로 이전되어 왔다. 그 결과, 책 읽기에 익숙한 386세대의 어린 자녀들도 유아시절부터 책 읽기에 익숙해지면서 우리 사회에는 새로운 의미의 출판 고객층이 형성되었다.

1990년대에 아동도서 시장의 발달을 주도한 386세대 학부모의 등장은 지속적으로 아동 청소년 독서 시장을 확대 재생산하고 있다. 90년대에는 유아 독서 시장이 활기를 찾았다. 각종 동화책이 세계적인 수준으로 번역되고 디자인도 고급화되었다. 가령 영국 존 버닝햄의 『야, 우리 기차에서 내려』, 『지각대장 존』 등도 이 시기에 국내에 들어왔다. 아이들 책의 판형이 다양해지고, 디자인 색상도 화려해졌다. 이때부터 한국의 출판 시장은 386세대와 그 자녀들이 읽는 책이 80%라는 평가가 나올 정도로 386세대 부모들의 독서 중시 경향이 자녀들의 독서 시장에 영향을 미쳤다.

386세대 자녀들이 초등학교에 들어가고 중학교에 이르면서 초등학교에서 중학교 저학년에 이르는 독서 시장도 활발해졌다. 더구나 2006년부터 초중등 학생들의 학교 시험이 주관식 서술형 평가를 50%까지 확대하고, 독서교육을 강조하게 되면서, 상위학년의 독서 시장은 외연이 확장되었다. 그래서 이제는 국내 창작 작품만이 아니라 세계적으로 베스트셀러가 되는 책들이 1년도 안 되어 국내에 바로 바로 소개되기에 이르렀다. 상대적으로 국내 창작 작품 영역이 왜소하여, 외국 서적에 대한 의존도가 높아져서 우려의 목소리가 없는 것은 아니지만, 장차 국제화 사회에서 살아갈 아이들 입장에서는 다른 나라 아이들과도 어린 시절부터 공유하는 문화적 자원이 있다는 것이 새로운 트렌드가 되고 있다는 점에서는 의심의 여지가 없을 것이다. 『꼬마 니꼴라』 같은 책을 유럽의 아이들처럼 읽고 자란 아이들이 나중에 어른이 되어 국제무대에서 활동하다가 유럽인들을 만난다면, 차 한 잔을 하면서도 니꼴라의 개구쟁이 학교생활을 화제에 올려놓고 담소를 즐길 수도 있기 때문이다.

독서를 중시하는 풍토에 따라 새로운 세대 아동들의 인지 발달 수준과 교양 수준도 매우 높아지고 있다. 이야기책만이 아니라 다양한 인문, 사회, 과학 교양서적들을 읽을 수 있는 기회도 많아졌다. 2000년대 이후 전국적으로 도서관 확충도 배가되어, 책을 읽고 책을 경험할 수 있는 기회가 많아졌다. 시험공부 하던 대학생이나 중고등학생이 주 고객이었던 도서관이 아이 손을 잡은 엄마들로 붐비기 시작한 것도 이런 흐름을 반영한다.

하지만 이런 와중에도 아이들을 학원에만 맡기고, 동네 도서관이 어디에 있는지 모르며, 아이들 손을 잡고 서점에 나가 본 적이 없는 부모들이 적지 않다. 이에 따라 이제 아이들은 가정의 경제적인 차이에 의해 교육 기회의 차이를 겪기만 하는 것이 아니라 부모들에 의해서 만들어지는 문화적 차이에 의해서도 더 크게 교육 기회의 차이를 겪게 된다. 독서에 대한 태도에서 부모들이 제공하는 문화 자산의 차이가 발생하는 것이다. 초등학교 저학년 때까지는 그럭저럭 책도 읽고 지냈지만, 초등 4학년 전후에 다가오는 독서교육의 지체가 지속적인 독서능력을 지닌 아동과 그렇지 않은 경우를 크게 갈라놓기도 한다. 다음 장에서 다루겠지만 부모들에겐 초등학교 4학년 이후에도 독서를 지속적으로 열어줄 수 있는 능력이 아이에게 맞는 학원을 고르는 것보다도 더욱 중요한 역할이다.

논술 열기와 맞물려 상대적으로 공급이 부족한 비문학 영역의 도서 출판 시장도 성장하고 있다. 이전에는 지식이나 정보의 소개나 요약 수준의 내용이 위주였다면, 이제는 여러 가지 학습활동을 할 수 있는 참여학습형 도서들이 많아지고 있다. 그런 점에서 학생들은 다양한 책을 참조할 수 있는 기회가 많아졌다. 이러한 추세는 곧 책을 보아야만 제대로 공부할 수 있는 시대가 되었다는 것의 반증이기도 하다. 피터 드러커라는 경제학자의 표현에 따르면 사회문제가 있는 곳에 비즈니스가 있고, 그래서 비즈니스의 정의는 사회문제의 해결 과정이라고 한다. 그렇다면 교육 출판업체들의 도산이나 교육기업체들의 변신에는 사회문제로서의 교육 문제의 변화가 내재되어 있다고 볼 수 있다. 그래서 새로운 비문학 도서들의 다양한 생산은 그것이 새롭게 제기된 교육 영역의 문제를 해결하기 위한 방법일 수 있다는 것을 반증하는 것이다. 학부모들은 그런 점에서 기업들의 움직임을 들여다보거나 주변의 학부모들이 보여주는 경향을 통해서 어떤 교육 문제에 직면했는지를 참고할 수도 있다. 그냥 따라 하기 유행이 아니기만 하다면.

독서를 중시하는 흐름에 막연하게 발을 걸친 학부모들도 있다. 어렴풋이 논술이 중요하다니 아이들의 독서를 권장하여야겠다는 생각을 하는 경우다. 그래서 대개 공부방이나 학원에 보내서 거기서 시험 용도의 책을 읽고 틀에 박힌 독후감을 쓰는 활동을 하는 데 만족하는 것이다. 또는 어린 연령의 경우 너무 쉽게 전집에 손을 뻗쳐 실제로 아이들이 읽지도 않는 책들이 집안에 넘쳐나는 경우도 있다. 이런 부모들은 아이들의 책 읽기를 '의무감'으로만 받아들인다. 하지만 책 읽기는 대표적인 '참여형 공부 방식'이다. 억지로 시킨다고 이루어지는 것이 아니다. 아이들로 하여금 자기 동력으로 책과 친해지도록 하는 것이 중요하다.

★

'체험' 하고 '참여' 하는 공부

직접 체험하고 스스로 참여하는 학습방식은 교육이론으로 치면 '구성주의'와 관련이 있다. 앞서도 잠시 얘기한 바 있지만, 구성주의는 우리나라 학교의 5차 교과과정 이후 줄곧 근거가 된 학습이론이다. 하지만 본격적으로 구성주의 원리로 교과를 구성한 것은 7차 교육과정이다. 서양의 경우 이미 1970년대부터 논의를 시작하여 1980년대부터 구성주의 원리가 교과에 반영되었으니 이미 20년이 넘은 역사를 가지고 있지만, 우리로서는 2000년대 들어선 뒤에야 본격적인 논의를 시작했으니 늦어도 한참 늦었다고 할 것이다. 지금 아이들이 학교에서 공부하고 있는 7차 교과과정은 구성주의 원리에 맞는 교과서를 제대로 만들었다는 자체 평가 속에 나온 교과과정이다.

구성주의는 학습자인 학생들이 스스로 학습해야 할 지식의 내용을 스스로 구성한다는 것, 즉 지식을 스스로 만들고 형성한다는 취지의 이론이다. 물론 구성주의 이론에는 여러 가지 갈래들이 있다. 가령 학생들마다 각기 다른 내용을 구성한다는 생각, 그런 게 아니고 누구나 유사한 내용을 방법적으로 다른 경로로 구성한다는 생각이 존재한다. 그런가 하면 철저하게 개인들이 지식의 내용을 구성한다는 견해가 있는가 하면, 학생들이 몸담고 있는 사회 집단에 따라 구성 내용이 달라진다는 사회적 구성주의의 견해도 존재한다. 그런 갈래야 어떻든, 구성주의는 학습의 주체가 교사가 아니라 학생이라는 관점을 갖고 있다는 점에서 이전 시대의 교육과는 달리 아주 혁명적일 정도의 변화를 가져오게 된 교육이론이다. 이 관점에 서면 교사는 지식의 전달자가 아니라 지식 형성의 도우미가 되며, 학교의 주인이 교사가 아니라 학생이기 때문에 학교 운영에도 학생들이 참여하는 것이 당연하게 이해된다. 우리나라는 그런 점에서 교과서만 구성주의로 만들어졌지, 실제 운영에 들어가서는 구성주의의 핵심이 반영되지 않는 것이 현실이다. 교사는 강단에 서서 일방적으로 자신이 이해하는 방식으로 지식을 전달하고 있으며 학교의 운영 면에서도 주인은 여전히 교사다. 수행평가를 하라고 하면 수업시간 내에서 하는 것이 아니라 숙제만 많아지고, 교무실 청소를 아직도 아이들에게 시키는 것이 우리나라 학교이기 때문이다.

구성주의 방식으로 만들어진 교과과정에서 학생들은 스스로 공부하고 스스로 조사하고 스스로 지식을 구성하여야 한다. 송인섭 교수의 『공부는 전략이다』라는 책도 이런 점들을 강조하고 있다. 교사가 요약하고 암기시키고 정리해주고 주입하는 것이 아니다. 내 공부는 나의 것이고, 나만의 방법을 내가 찾아야 하며, 내 방식으로 지식을 요약하고 정리하는 것이다. 그래서 구성주의 방식으로 공부하려면 학생들은 능동적이고 주체적이어야 한다. 가만히 앉아서 교사가 주는 것을 받아먹는 것이 아니라 자기 손으로 공부 내용을 소화해야 하는 것이다. 곧 공부의 주인이 학생 자신이다.

하지만 미국 사람들이 동아시아의 방식이라고 부르는 '강의 위주의 공부'가 우리나라 학교 교육에는 뿌리 깊게 남아 있다. '교육공학'이 발달한 미국의 교육 방식마저도 유럽의 교육자들은 '강의 위주의 공부'에 가깝기 때문에 한계가 있다고 선을 긋기도 한다. 아무튼 우리의 교육 전통이 구시대 일본식의 강의 방식이기 때문에 창의력을 살리고 자기주도 방식(Self-directed Learning, SDL)의 구성주의 원리로 공부를 하여야 할 아이들에게는 걸림돌이 되는 것은 사실이다.

교육학자들은 창의적으로 사고하려면 직접 몰입(Flow) 체험을 갖는 것이 중요하다고 말한다. 그래서 교육학자들 사이에서는 요즘 '몰입'이라는 단어가 유행이다. 몰입하려면 직접 겪고 참여하여야 한다. 독서, 토론, 글쓰기, 실험 등은 대표적인 직접 체험과 참여 방식의 학습 수단이다. 여행, 검색, 자료수집, 캠프, 공연, 발표, 연설, 클럽 활동 등도 직접 체험하고 참여하는 학습 수단들이다. 하나 같이 아직까지 우리나라에서 학습 인프라가 제대로 갖추어지지 않은 영역들이다.

이 중에 어느 과목이나 공통적으로 이용되는 것이 독서와 토론, 글쓰기다. 논술이 강조되는 것도 이 때문이다. 공부를 하는 과정에서뿐만 아니라 학생들의 실력을 평가하고 시험을 치르는 데서도 적극적으로 반영되는 방법들이다. 특수 목적 고등학교에 진학하든, 대학에 진학하든 면접시험이 많아지는 것도 이 때문이다. 국제 청심 중학교, 그리고 분당의 이우중학교 등에서 학생들을 선발하기 위하여 캠프를 이용하는 것도 이런 이유일 것이다. 참여활동 자체를 평가하는 것이 좀더 공정하고 객관적인 방식으로 학생들을 평가할 수 있다고 보는 것이다.

참여해야 몰입 체험이 가능하다. 몰입할 때 창의력이 생긴다. 한 번의 몰입 체험은 스스로 그 공부에 흥미를 느끼게 만든다. 반 고흐가 사랑하는 여인과 헤어지고 목사관에서 미친 듯이 몰입하여 그림을 그릴 때, 그의 그림에서는 전에 없는 창의성이 반영되어 '감자 먹는 사람들(1885)' 과 같은 대작이 탄생할 수 있었다. 어린 시절 한번 몰입하여 몸에 붙은 문화들은 평생 동안의 문화적 자산으로 남아 어떤 일을 하는 데 있어서 창의적인 사고의 원천으로 작용하게 된다. 반

고흐가 자연과 농촌 풍경에서 훌륭한 그림을 그리게 된 배경에는 그의 어린 시절 그가 몰입하여 즐겼던 고향의 자연 환경이 창의성의 원천으로 자리 잡고 있다. 색감, 이미지, 풍경에 대한 감수성 등이 이미 문화적 자산으로 반 고흐의 정신세계 속에 깊이 남아 있었던 것이다. 어린 시절 아이들의 마음속으로 들어간 세상의 모습은 그냥 사라지지 않는다. 아이들의 정신세계 속에서 아이들이 자라면서 함께 성장한다. 어린 시절의 다양한 체험, 그것도 직접 경험하고 참여한 활동들이 아이들의 정신적 자양분이 되는 것은 이 때문이다.

그래서 이제 학생이 주인이 되어 스스로 참여하고 체험하는 공부 과정에서는 '교사'가 지식과 정보, 지혜의 전달자라는 전통적인 관념 속의 교사가 아니다. 그래서 핀란드에서는 '교사'라는 말을 없애버렸다. 그리고 도우미나 안내자(코디네이터, 인스트럭터, 길잡이, 보조자(facilitator), 조력자) 개념을 '교사'라는 말 대신 사용한다. 이것은 'Scaffolding'이라는 구성주의에서의 주요한 용어와 관련이 있다. 우리가 건물을 지을 때 발판으로 건물 지을 곳 옆에 세우는 '비계'라는 구조물이 있다. 이것이 Scaffolding이다. 학생들이 스스로 지식을 찾고 참여하여 구성할 수 있도록, 즉 지식의 건축물을 세울 수 있도록 돕는 것이 교사의 몫, 즉 Scaffolding이라는 것이다. 철저하게 도우미라는 의미이다.

핀란드의 이와 같은 교육 접근은 놀랍고도 새로운 시도로 이어지기도 했다. 핀란드 정부는 5000명의 N세대 학생들을 선발하여 학생들에게 새롭고 유익한 정보 지식을 익히게 하고, 역으로 이들이 교사들을 가르치게 했다. 교사들의 컴퓨터 교육을 학생들의 손으로 진행시킨 것이다. 역발상이다. 교사가 지식과 정보를 독점하던 권위의 울타리를 과감하게 깬 것이다. 학생들 입장에서는 누군가를 가르치는 행위를 통하여 많은 것을 새로운 차원에서 배우기도 한다. 『빨간 머리 앤』의 후속편인 소설 『에이번 리의 앤』을 읽다보면 아직 스물이 아니 된 나이에 모교의 교사가 된 앤이 어떻게 정신적으로 성숙하는지가 잘 드러난다. 아이들도 가르치면서 더 깊이 배운다.

그럼에도 불구하고 부모된 우리는 우리 아이들의 교육을 생각할 때 아직도 어떤 탁월한 능력을 지닌 전지전능한 강사나 교사를 찾고 생각하는 경향이 있다. 그런 학원은 좋은 학원이 아니다. 대학 입학 전에 반짝 집중하여 정리할 때나 필요한 강사다. 오히려 아이들 스스로 공부하고 참여하는 것을 도와줄 수 있는 도우미 선생님과 시설, 프로그램을 갖추고 있는 곳이 좋은 학교요, 학원인 것이다. 지식을 맛깔스럽게 잘 다듬어 우리 아이들에게 전달하는 재주가 뛰어난 교사나 강사들은 자칫 우리 아이들이 스스로 찾고 몰입하는 참여 학습 기회를 잃게 하고 결국에는 창의력을 기를 수 있는 자기주도 방식의 학습 습관 자체를 상실하게 만들 수 있다. 얻는 것 뒤에서 잃는 것에 대해 헤아리는 부모가 현명한 부모일 것이다.

참여하는 공부 방식, 구성주의적 공부 방식, 창의력을 위한 공부 방식, 몰입 체험을 주는 공부 방식, 독서하고 토론하고 글을 쓰고 실험하고 발표하고 그룹활동을 하는 공부 방식을 제공하는 곳이 어디

인지 돌아보아야 할 때다. 자기주도 학습을 캐치프레이즈로 내세우지만 결국은 관리 위주의 한계를 보이는 장미디어의 자기주도 학습관이나 에듀플렉스의 학습관 등은 새로운 시도이긴 하지만 안타깝게도 문제풀이 혹은 시험대비라는 한계를 벗어나지 못했다 할 수 있다. 자기주도 방식의 개념 활동이라기보다는 문제풀이를 반복함으로써 목표관리 기술을 가르쳐주는 학원 시설 형태가 되었기 때문이다. 차라리 과학실험을 제대로 챙겨주는 한국생명과학연구소 ('한생연', http://www.123rere.com), 수학 공부를 실험과 참여 활동으로 이끄는 아담리즈(한솔교육, 유아 http://www.mathplay.co.kr), C-math(오메가포인트, 초등 저학년 http://www.cmath.co.kr), 뉴스터디 학원(서울 중계동, 초등 고학년과 중등 http://www.newstudy.net) 등이 추천할 만하다. 영어도 닥터정이 클래스처럼 스스로 독서하고 듣도록 하는 프로그램이 좋다.

국어 독서나 논술이나 영어 독서클럽처럼 제목 자체가 참여 형식의 공부를 할 것 같은 사교육 업체들에 대해서도 의외로 조심하여야 할 대목이 있다. 책 읽기와 논술을 참여 방식이 아니라 암기식으로 가르치는 곳이 수도 없이 많기 때문이다. 고등학교 사탐으로 유명한 C모 씨가 운영하는 논술 학원 프랜차이즈만 하더라도 그렇다. 일부 연구원들을 동원하여 학생들이 읽어야 할 고전 도서의 내용을 다이제스트로 요약한 것을 아이들에게 제공한다. 물론 상당한 책들은 연구원들도 읽은 적이 없다고 한다. 논술이라는 비판적인 글쓰기가 암기과목으로 변하여 학생 주도가 아니라 강사 주도의 공부가 되게 만드는 경우다. 앞서의 경우 못지않게 강남에서 대표적인 논술 브랜드로 알려진 대치동 E 학원의 C모 강사의 경우도 대표적인 암기 논술 강사다. 흥미로운 것은 이름난 강사들 본인은 자기주도 학습으로 공부하는 능력이 탁월한 분들이 많다는 점이다. 그래서 일가견을 구성하기가 쉽고 대강사의 반열에 오르는 것이다.

 영어 독서클럽도 마찬가지다. 영어에서도 독서는 자기주도 학습의 중요한 수단이다. 습득의 단계를 넘어 학습의 과정에 들어서면 아이들은 영어에서도 책을 읽고 글을 쓰는 활동이 중요하다. 하지만 영어 독서 프로그램을 포함한다는 대부분의 학원들은 그 책을 억지로 읽게 하고 그 책으로부터 '어휘'와 '구문', 관용구'를 떼내어 암기하게 한다. 몰입은 고사하고 영어 책 읽기에 대해 아이들이 흥미를 느낄 리가 만무하다. 오히려 영어로 책 읽기를 하는 것은 오직 언어적 요소(linguistics)만을 위한 의무적인 독서 행위로 전락하고 마는 것이다. 차라리 쑥쑥닷컴 등에서 날카로운 글 솜씨를 보였던 '깔깔마녀' 씨의 홈페이지(http://asak.co.kr)를 보라. 그 집 아이처럼 그냥 책 읽기에 몰입하도록 부모가 돕는 것이 최선일 수도 있다. 그것을 오직 언어학적으로만 해체하여 암기하게 하는 것은 참여 방식의 독서 공부라고 할 수가 없다.

> **학습의 성장과정**

공부든 연애든 학습하고 깊어지는 과정이 있다. 그 과정을 교사나 연애 한쪽 주체의 입장에서 정리해보자. 실은 부모도 교사의 지위를 지닌다고 할 수 있기 때문이다. 그 과정의 진행 단계란 이렇다.

1. 먼저 호기심과 관심

이를 위해서는 유혹의 시간이 필요하다. 그리고 매력의 어떤 속성들이 준비되어야 한다. 매력이란 끌어당기는 힘이고, 끌어당기는 힘은 기본적으로 대상으로부터의 출발이다. 낮은 데로 임하라. 아이들의 눈높이로 가라. 연인이 되고 싶은 그 남자 혹은 그 여인의 마음 상태로 가라.

이 호기심과 관심을 위한 학생과 대상 연인(아직은 아무것도 아닌 그 남자 혹은 그녀이겠지만)의 내적 조건은 관심의 영어표현 즉 interest에서 찾을 수 있다. 곧 이해관계이다. 어떤 식으로든 자신의 이해관계가 결부되어야 한다. 이 때의 이해관계란 금전적인 계산을 뛰어넘는다는 것을 유념하시라. 나와 결부시키기 시작하고 나와 관련된다고 믿기 시작하는 것이다.

그렇다면 교사와 연애 당사자 주체는 상대방의 이해관계가 평상시에 어떤 지형지도 속에 있는지를 알아야 한다. 대상에 대한 객관적 이해의 전제 없이는 대상을 견인할 그 어떤 조치들도 무력한 것이다. 이를 위해서는 관찰, 탐문, 숙고, 때로는 실험 등이 필요하다.

유혹의 조건을 구비하고, 대상에 대한 이해관계의 맥락을 확인하고 나면, 남는 문제는 연출이다. 그것들을 어떻게 연관 지어 하나의 행동으로 보여줄 것인가. 이것은 그 어떤 목적을 향한 연기요, 그 연기의 연출자는 공교롭게도 자기 자신이다.

2. 다음으로 즐기기

이것은 놀이다. 공부가 놀이가 되고 연애가 놀이가 되는 단계다. 모든 인간은 유희적 동물이다. 유희적 시간 속에서 인간의 엔돌핀은 그의 삶에 충만한 에너지가 된다. 유희는 자신을 풀어놓는 과정이다. 일말의 긴장이나 조심스러움도 내놓는 과정이다. 경계심을 풀어가는 그 과정은 이제 공부와 연애 대상에 대하여 벽이 무너지는 과정이다. 인간은 누구나 사람이든 사물 대상이든 그 맨 처음에서 경계하는 법이다. 철학적으로 자아와 대상 사이의 이 영원한 소외의식을 무너뜨릴 수 있는 어떤 과정이 필요하며 그것이 즐기기의 단계다.

아이들은 이 때 무의식적으로 학습한다. 그 남자 혹은 그녀는 이 시간에 무의식적으로 나에게 동화되어 온다. 왜냐하면 생각만 하여도 즐겁기 때문이다. 각종 놀이의 양식들이 필요한 것은 이 때문이다. 게임, 유머, 역할극, 퀴즈, 야외 활동 등이 그러한 놀이 양식의 한 예들이다.

이 시기 교사와 연애 주체는 쉴 새 없이 새로운 놀이양식을 개발하여야 한다. 그리고 그 놀이 속에서 자신도 몰입하여 같이 놀 수 있도록 자신을 연출하지 않으면 안 된다. 잘 노는 교사가 이 때의 아이들에게 가장 좋은 교사다. 같이 땀 흘리고 같이 궁리하고 같이 웃고 같이 즐겨야 한다. 영화 〈사운드 오브 뮤직〉은 그러한 과정을 잘 보여준다. 군인 가장의 집안에 드리운 무겁고 엄숙한 문화, 그것을 음악 즐기기를 통하여 서서히 깨뜨려 가는 그 과정은 그 자체로 신비하고 놀라운 재미를 준다.

3. 세 번째 단계는 몰입

몰입은 단순하게 말하면 중독이다. 상황과 그 속의 인간이 하나가 되는 과정이다. 그 상황 속에서 그 인간은 형용할 수 없는 방식으로 분해되고 사라진다. 그 상황 자체만 남는다. 이 단계에 들어서면 학생은 교사에 대하여, 연애 상대는 그 연애를 주도한 사람에 대하여 열렬한 지지에 들어간다. 감성적인 일치는 물론이요, 그의 실루엣과 그의 언동 부스러기마저 지지의 대상이 된다. 이 때 교사와 연애 주체는 대상의 몰입을 깨는 좌편향적 돌출행동을 자제하면서도 대상을 한 차원 깊숙이 끌어들이는 주도성이 필요하다. 분열과 단절을 전제로 하는 지도보다는 함께 하는 분위기 속에서 자연스럽게 반 발만 앞서는 주도성이 필요한 시기가 이 때다.

4. 넷째 단계는 가치 부여의 단계

학습이든 연애든 그 과정에 있던 학생과 연애 상대는 이제 그 과정 속에서 인생의 의미를 부여하고 의미를 찾고 생의 전망을 연다. 이제부터는 학생과 교사가 같은 길을 가는 동료다. 선후배 관계가 되는 것이다. 이제부터는 사랑하는 연인은 적극적으로 결혼 생활을 꿈꾼다. 영원히 함께 하는 삶을 꿈꾼다. 이제부터는 상호간에 교사요, 상호간에 의지하고 가는 동지적 관계가 된다. 함께 인생의 미래를 탐색하고 함께 공유하는 가치 속에서 네 개의 눈알이 한 곳을 보기 시작한다.

★

질문과 대화, 토론

토론이 지니는 가치는 지금 논술이 강조되는 교육 풍토에서 가장 중요한 물밑 이슈 중의 하나이다. 하지만 학교나 학원에서만 토론이 이루어진다고 생각하면 오산이다. 형식을 갖춘 토론은 전통적으로 의회 방식 토론이나 찬반 토론이 고려되지만, 오히려 일상적으로 부모와의 관계에서 이루어지는 토론, 대회나 격식 바깥의 일상적인 학습에서의 토론도 중요한 역할을 한다.

지금 우리나라에서 논의되는 토론이나 학생들의 토론 활동은 아직은 걸음마 수준이다. 토론 학습을 연구하는 초등학교 교사 모임에 따르면 우리나라는 100년 이상 서구 사회에 비하여 토론 학습이 늦다고 한다. 조선시대의 그 지난한 당파 논쟁 토론을 생각하면 우리나라 역사에서 토론은 사실상 학습의 중요한 방식이었음에도 불구하고, 토론 학습의 전통이 맥을 잇지 못한 것이다.

몇 년 전 포항공대 김병원 교수의 연구 조사에 따르면 토론이 가져오는 학습 효과는 매우 높은 것으로 나타났었다. 그 연구는 초등학교 6학년을 대상으로 한 연구였는데 토론 수업을 한 결과, 토론 수업을 1주일에 2시간씩 2개월 동안 한 이후에 아이들의 어휘력이 매우 좋아져서 연구 대상이 된 학생들이 구사한 단어 수가 127개에서 178개로 140% 가량 발전하였고, 생각을 추상화해 표현하는 능력도 27.5%에서 77.5%로 282%나 발전하였다는 것이다. 불과 1주일에 두 시간의 토론 학습이 이 정도의 참여 효과를 가져온다는 것을 생각한다면, 가정에서의 부모가 일상적으로 함께 하는 토론을 통해서 아이들이 얻게 되는 토론 문화 자산의 효과는 엄청나다고 판단할 수가 있다.

하지만 지금 우리나라의 토론 논의는 걸음마 수준이어서 대회 중심, 그리고 논술이라는 시험 형식과 결부되어, 청소년 의회의 구성과 같이 일부 실험적인 수준에서 일고 있는 움직임이다. 학교 교육에서 전면적으로 토론 방식을 채택할 수 있으면 좋겠지만, 그렇게 되는 데는 교사들의 훈련을 포함하여 한 세대가 지나야 가능하다고 할 정도로 요원한 문제일 수 있다. 더구나 그나마 참여 지향적인 교과과정이었던 7차 교과과정의 도입이 학교 교육에서 교사들의 실행능력과 맞물려 거의 실패로 끝나가고 있다는 평가가 나오는 이즈음에는 더욱더 공교육 현실에서 토론 교육을 기대하기란 쉬운 일이 아니다.

토론 방식을 통한 학습과 공부의 문제는 영어교육에서도 화두가 되고 있다. 이미 외고 입시에서 면접시험들이 토론 방식의 주제들을 포함하면서 영어 토론 학습을 한 학생들의 특목고 입시 성적이 좋았기 때문이다. 인천 부천의 G1230에서 보여준 영어 토론대회, 중앙일보가 몇 개의 학원과 손을 잡고 진행한 영어 프리젠테이션 대회 등은 그러한 시도의 하나였다고 볼 수 있다. 분당의 아발론 학원도 이 점에서는 고급반 '녹지원' 학생들의 수업을 운영하면서 토론 대회를 종종 개최하는 것으로 알려져 있다. 대치동에도 토론 방식으로 수업을 하는 영어 학원들이 나타나고 있다.

3 [마인드 3] 우리집 교육 문화 자산 관리: 적성 관리

진로 적성에 대한 이해

고등학교, 대학교 자녀들을 둔 기성세대 학부모들의 성향과 다르게 초중등에 걸친 386 세대 학부모들의 성향은 학벌보다는 진로 적성대로 지도하겠다는 태도가 강하다고 할 수 있다. 하지만 애석하게도 우리나라의 현실에서는 진로교육과 관련하여 아이들과 부모들이 진로 탐색을 제대로 해 볼만한 프로그램들이 별로 없다. 그래서 부모들은 진로 탐색과 관련하여 아직은 다양하게 실험적이고 경험적인 시도를 하고 있다고 볼 수 있다.

진로 적성 서비스 상품의 공급이 부족한 결과, 우리나라 학생들은 주로 고등학교 2학년에 올라갈 때와 대입을 앞둔 진학의 시점에 진로 적성 문제의 분출을 경험하고 있다. 이미 대학에 진학한 경우에도 진로에 대한 혼란과 문제가 전과, 편입 학생의 증가로 나타나고 있다. 이것은 대학 입학할 때의 문제가 연장된 것이다. 또한 진로탐색이 적기에 이루어지지 못하면서 입시철에 겪는 혼란은 안타깝기 그지없는 일들이다.

하지만 진로 적성이 가중 중요한 경쟁력인 시대가 도래했다. 노력해서 공부를 잘 하는 아이보다 적성을 찾아 공부하는 아이들의 미래가 밝다. 노력하는 아이는 의무감이나 의지를 불태워 공부하지만, 적성이 맞는 아이들은 그 공부에 타고난 열정을 가지고 있다. 몰입할 수 있는 힘과 능력이 다르다. 대표적인 언론인 손석희 아나운서도, 대표적인 벤처 사업가 안철수도 그들의 진로와 적성의 발굴에 노력이 보태져서 인생 성공을 이룰 수 있었다. 대입 시험도 잘 하는 과목을 골라 가는 시대다. 적성을 살리면 공부가 군살 없이 좀더 효율적으로 조직될 수 있다.

비록 아직은 낮은 수준이지만 시장에서도 진로 적성 컨설팅을 다루는 업체들이나 개인들이 속속 등장한다. 와이즈멘토는 그 회사만의 독자적인 진로 적성 학습유형 진단지를 개발하고, 동아일보사에서 직업 유형에 대한 책을 내기도 하였다. 대구의 박노열 계명대 교수는 독자적으로 진로진단 프로그램을 개발하고 직접 사업에 나서기도 하였다. 하지만 아직도 부모들로선 진로 적성에 대한 탐색 프로그램의 부족을 느끼는 것이 현실이다. 이 영역의 시장 가능성을 놓고 인터넷 교육 업체들의 행보가 시작되었다는 신문기사가 최근 있었다. 업체들이 이렇게 나서는 것도 결국 학부모들과 학생들의 교육 설계나 학습 설계가 중요하게 부각되는 시대가 왔기 때문이다.

진로 적성을 고려하여 자녀들의 교육 설계와 학습 설계에 나선다는 것은 다음의 내용을 기본적으로 포함한다.

첫째, 자녀가 개인적으로 자신을 성찰하고 이해하도록 해야 한다. 누구나 본인이 잘 하는 것, 익숙하지 못한 것, 하고 싶은 것, 하기 싫은 것, 해야 할 것에 대한 욕망과 능력의 지형이 있다. 스스로 자신의 마음과 생활을 돌아보며 그것을 이해하는 것이 진로 설계의 출발이다. 성격상의 장점과 단점을 파악해야 한다. 사람에 관심을 두는지, 사물에 관심을 두는지, 정보에 관심을 두는지 등이 이해되고 검토될 것이다. 자녀가 인지적으로 우수한 성적을 보이는 영역과 그렇지 않은 영역을 이해하여야 한다. 이것은 한 순간에 모두 이해되는 것이 아니다. 우리의 마음과 생활도 변한다. 그러므로 내가 나를 가장 잘 알 것 같지만 쉬운 일이 아니다. 부모 입장에서 생각해도 마찬가지다. 날마다 집에서 같이 부대끼는 자녀들이지만 실제로 분석하여 자녀들의 희망과 욕망을 이해하기란 쉬운 일이 아니다. 나이에 따라 변화하는 흐름을 따라 정기적으로 자녀들의 인성이나 진로 적성을 검사해보고 상담을 받아볼 필요가 있다.

필자가 상담해 온 한 여대생은 중학생 시절부터 진로 상담을 해왔는데, 바이올린에 재능이 있어 중학교는 예술중학교에 진학했다가, 다시 수학공부에 빠져 과학고에 진학했지만, 다시 일반고로 전학을 가서 모 대학 경영학과에 다니고 있다. 그녀는 변화가 많은 청소년기를 보냈지만 그녀의 진로에 대한 탐색과정은 부모의 적극적인 협조 아래 치열하고 진지하게 진행되었다. 결과적으로 그녀는 경영학을 택했지만, 그녀가 대학을 졸업하고 사회에 진출하게 될 때, 바이올린 공부나 과학고의 공부 등은 그녀의 직업 선택에서 어떤 식으로든 반영될 가능성이 높다. 이제는 한 인간이 살아가면서 평생 한 가지 일만 하게 되는 것이 아니라 여러 개의 직업을 바꾸어 가지게 될 것이라는 예상을 한다면, 청소년기의 다채로운 경험은 진로 폭을 넓혀줄 것이다. 청소년기부터 치열할수록 진로 선택의 폭과 깊이가 달라진다.

자녀의 적성을 정확하게 이해하고 잘 찾는 방법은 자녀로 하여금 '움직이게' 하는 것이다. 경찰들도 범인을 잡기 위한 방법으로 범인이 '움직이도록' 자극하는 작전을 쓴다. 마찬가지다. 여러 가지 활동을 해보게 해야 특징적인 내용들이 발견되는 법이다. 단조롭게 초등학교 시절부터 학원만 다니면서 학과 공부만 해서는 특징을 발견하기가 쉽지 않다. 더구나 우리나라의 경우 학교 공부도 대개의 학원 공부도 활동적이기보다는 앉아서 수업을 듣는 방식이다. 그러기 때문에 아이들로 하여금 여러 가지 활동을 하게 하는 것은 부모의 몫과 배려로 남는다. 아이가 무엇인가를 하고자 하는 바람을 보일 때, 그

일을 해보도록 길을 열고 연결해주는 것이 필요하다. 하다못해 컴퓨터에 관심을 가지면 주변에서 컴퓨터 관련 사업을 하는 사람이나 컴퓨터 프로그램을 다루는 사람을 찾아 만나게 해줄 수도 있다. 필자가 상담한 엄마 중에는 유치원 교사가 되고 싶어 하는 중학생 딸아이를 위해 집 근처의 어린이집을 찾아 3일 동안 도우미 교사로 일하도록 주선한 경우가 있었다. 서울 근교의 어느 대학에서 교수를 하는 엄마 입장에서는 하나밖에 없는 딸아이의 희망이 보잘것없다고 생각할 수도 있으련만, 그 어머니는 딸아이의 활동경험이 그 아이의 적성을 찾는 데 좋은 계기일 수 있다고 판단한 것이다. 언제나 바쁜 엄마였지만, 이 경우는 아주 좋은 엄마의 모습을 보여준 경우라 할 것이다.

자녀들의 진로 설계를 위해서는 둘째, 앞으로 선택하게 될 직업에 대한 정보를 지속적으로 찾고 검토할 필요가 있다. 이를 위해서는 자녀가 살아갈 시대, 즉 미래 사회에 대한 논의에 지속적으로 관심을 기울여야 한다. 그리고 직업의 세계는 계속적으로 변하기 때문에 미래 사회의 변화 속에서 직업에 대한 정보를 계속 추적해야 한다. 가능성이 있다고 생각한 직업 정보는 자녀들의 욕망이나 바람이 달라지면 역시 대상이 달라질 것이다.

셋째, 직업에 대한 정보 이해로부터 역으로 계산하여 대학의 학과나 담당 교수들, 공부 내용에 대하여 이해하고 조사해야 한다. 이를 위해서는 '교수신문'과 같은 대학정보가 담긴 웹사이트 등을 참고할 수 있다. 대학보다도 원하는 공부를 할 수 있는 어떤 특정한 교수를 찾아 검색하는 것이 중요하다.

넷째, 가급적이면 직접적으로 그 직업 가까이의 인턴 체험을 가질 필요가 있다. 직접 겪고 경험하면서 느끼는 것만큼 훌륭한 학습효과는 없다. 간호사가 되고 싶다면 봉사활동의 시간을 병원에 가서 할애해볼 필요가 있다. 주변에서 유사한 직업을 가진 어른이 있다면 일부러 만나볼 수 있도록 부모가 주선해줄 수도 있을 것이다. 한의사가 되고 싶다면 방학을 이용하여 민간의 평생교육원에서 수지침이라도 배워볼 수 있다. 실제적인 체험을 통해 초보 수준이긴 하지만 경험하고 느끼면서 그 직업의 장단점을 다시 생각할 수 있게 될 것이다. 직접 체험이 가장 좋기는 하지만 한편으로는 간접 체험으로 해당 분야의 책을 찾아 지속적으로 읽는 것도 필요할 것이다.

아래에 우리 아이들이 참고할 만한 인성 적성 탐색 프로그램 중 하나인 MBTI를 소개한다. 덧붙여 학습 성향도 함께 살펴 볼 수 있는 오행학습법도 소개한다.

오행학습법

오행& 학습진로	목형	화형	토형	금형	수형
학습지도	우선 순위에 따라 행동하는 습관 길러주라｜칭찬을 자주 하라｜건강한 좌절감은 약이 된다｜기억하게 하지 말고 기록하게 하라｜일관성 있게 지도하라｜한 꺼번에 많이 사주지마라｜내면의 좌절에 귀기울여라	1등주의를 벗어나게 하라｜자존심 상하게 하는 말을 하지 마라｜따뜻한 리더십 길러주라｜나눔의 미덕을 보여주라｜엇길로빠지는 것 조심하라	잠재력에 주의 하라｜재기발랄한 친구를 사귀게 하라｜조금씩 개선하게 하라｜함께 놀아주라｜발전의지를 계속 유지하게 하라｜꿈의 단계를 자연스럽게 높여주라	그릇의 크기를 넓혀주라｜할 수 있다는 자신감을 주라｜실패에 대한 내성을 길러주라｜적극성을 주라｜심리적 강박이 있는지 살펴라｜창의적인 면을 보충해라	올바른 가치관 길러주라｜부모가 먼저 모범을 보여라｜진정을 담아 대화하라｜진로결정에서부모가양보하라｜스스로 깨달아서 고치게 하라
대표인물	빌게이츠, 스필버그	허재	잭웰치	벤저민 프랭클린	서태지,손정의,히틀러
진로적성	창조적인 일｜기획｜사람 만나는 일｜마케팅｜예술｜디자인｜광고｜엔터테이너｜반드시 적성에 맞는 일을 찾아야 한다｜사업 할 때 동업자로 금형이나 토형을｜바람둥이 가능성｜직장 자주 옮겨 경력 관리 한계	리더역할｜포용하는 능력 길러야｜추진력과 카리스마 있는 일｜성공한 기업가｜연예인｜같은 화형 부모와 상충가능성이 크므로 절충자 있어야｜부모 협조 있어야 성공	교사,카운슬러,종교지도자,정신과의사｜전문가직종｜그 분야의 대가가 될 가능성	관리,교육분야｜공직자｜원칙적인 일｜책임감 강한 일｜광고 회사등은 어렵다	관습적인 일 부적절｜명분 있는 일이어야｜정치가,시민운동가,예술가
건강관리	짜증과 울화 다스리기｜신경성두통	스트레스｜명상 체조, 허브 필요｜혈관질환｜아토피	우울증관리｜비만주의｜찹차 녹차｜중풍주의｜운동해라	기혈부족｜신경성장애조심｜심리적 스트레스 조심｜건강관리 특별히 신경 써야	잔병 없음｜과음 과로주의｜핵심은 절제와 융통성 필요

● 이 내용은 김영사에서 출간한 『오행학습법』의 내용을 한눈에 볼 수 있도록 재정리한 것입니다.

오행&학습진로	목형	화형	토형	금형	수형
장점	호기심｜아이디어｜쾌활함｜모험심｜순발력｜적응력｜빠른 몸놀림｜(유)아이다움	적극적｜강한 승부근성｜빠른 일처리｜화끈함｜자신감｜뒤끝 없음	은근함｜끈기｜인정｜배려심｜우직함｜신뢰｜양보	자기관리가 확실함｜깔끔한 처리｜체계적인 사무｜우선순위｜(유)범생이	자기주관｜신념이 강함｜조숙｜남다른 견해｜속을 안보임
단점	산만함｜마무리가 허술｜신중치 않음｜서두름	조급함｜자기주장이 강함｜명예욕이 강함｜(유)골목대장	느긋함｜게으름｜언행이 느림｜답답함｜자기주장 약함｜결단력 부족｜(유)애늙은이	자기중심적｜배려 부족｜친구 부족｜안전제일｜창의력 부족｜모험심 부족	지나친 주관｜고집｜현실성 부족｜융통성 부족｜(유)감당이 힘듦
성격	가볍고 발랄｜활기차고 낙관적｜이것저것 관심 많다｜생각과 동시에 행동한다｜하고 싶은 일만 한다｜머리회전이 빠르다｜칭찬에 민감하다｜좌절에 약하다	뜨겁고 화끈함｜마음이 여린 다혈질｜자존심 강함｜감정표현이 적극적｜거침없이행동｜뒤끝 없음｜적극적 신속｜약속 안 지키는 사람을 참지 못함｜앞에 나서는 상황 즐김｜승부근성｜겉모습 신경｜리더 아니면 왕따	마음먹은 일은 꾸준히｜시작하기가 힘들다｜표현이불분명하다｜매사 행동이 느리다｜양보 잘한다｜상황에 휘둘린다｜이미 끝난 일에 연연해하지 않는다	성실하게 주어진 일을 해낸다｜체계적으로 일을 처리한다｜신중하나 갇혀있다｜키우기 쉽다｜스트레스에 약하다｜너와 나 경계가 분명하다｜잘 아는 사람들에게만 친절하다｜실패를 두려워한다	자기주관이 강하다｜속을 짐작하기 어렵다｜명분을 중시한다｜또래에 비해 조숙한 편이다｜자존심이 강하다｜자질구레한 일은 잘 안한다
공부성향	조몰락조몰락	아자아자	진득진득	사부작사부작	보든 말든
학습성향	초기학습속도가 빠르다｜새로운 것을 배운다｜과제를 잊는다｜공부 마무리를 못한다｜쉬운 문제를 틀린다	결과중심공부｜시험후유증이 크다｜발표를 두려워하지 않는다｜과목에 대한 편애가 심하다	일단하면 진득｜하면 해낸다｜양보다질중심 공부｜하나를 배워도오래 배운다｜갈수록성적이 좋아질 수 있다	정형화된 모범생이 많다｜창의성이부족하다｜꼼꼼하게 공부한다｜배려가 부족하다｜자꾸틀리는 문제를 회피하려 한다	혼자하는 공부를 즐긴다｜권위만으로 설득당하지 않는다｜통찰력이 강한 편이다｜여러 방면에 박식하다

MBTI

ISTJ 체계적, 근면, 철저하게 일하는 경향 | 일과 일의 일정과 기존질서를 준수한다 | 믿음직스러우며 솔직하고 안정적이다 | **세상의 소금**	**ISFJ** 공감하고, 사려 깊고, 자상하다 | 명확한 규칙이 있고 봉사적인 일에 가치 두고 책임감을 느낀다 | 각인의 행복에 관심이 높다 | 필요하면 관심 갖고 조직한다 | **배후 조력자**
NFJ 통찰력이 풍부하고 이해심이 있으며 미래지향적이다 | 창조적이고 독립적인 방법으로 복잡한 문제 다루기를 즐긴다 | 내면적 이념을 중시하며 일관성이 있다 | **예언자**	**INTJ** 사물을 보는 새로운 시각과 방법을 추구하는 개인주의자다 | 주지적이고 개념적이다 | 미래를 내다보며, 새로운 패러다임을 만드는 사람들이다 | **미래의 설계자**
ISTP 논리적으로 일의 효과적인 실행방법을 발견하는 실용주의자들이다 | 생각의 명확함을 중시하고 주로 배후에서 조용히 일한다 | 구조적인 일에 능한 해결사다 | **워킹 백과사전**	**ISFP** 온화, 인정, 배려 | 겸손하게 봉사하며 표면에 나서지 않는다 | 협력과 조화를 중시하며 따뜻한 분위기의 일터, 가정을 추구한다 | 소외된 사람들, 생물들에게 정감을 보낸다 | **성자**
INFP 호기심 강하고 관대하며 창조적이다 | 공동선에 관심 많고 이상을 헌신적으로 추구하며 진지하다 | 삶의 가치를 중시하여 통속적인 사람들과 갈등한다 | **잔다르크**	**INTP** 우주 진리와 원칙들을 명료하게 정리하고 조사하며 질문을 던진다 | 사고의 논리적 순수성을 중시한다 | 독립적이며 정신적 삶을 추구한다 | **이념의 설계사**
ESTP 행동지향적이며 사교성이 높고 실용주의적이며 기지가 있다 | 요령이 있고 활기가 있고 능률을 안다 | 매일의 생활을 즐긴다 | **바로 행하는 사람**	**ESFP** 남 웃기는 것을 좋아하고 친절하며 사교성이 높다 | 생기가 넘치며 관계지향적이어서 사람들을 편안하게 한다 | 시간과 돈에 너그럽다 | 함께 즐긴다 | **모든 이의 친구**
ENFP 열광적이며 활기차며 사람들의 가치를 존중하며 미래 지향적이다 | 카리스마가 있다 | 사람들이 무엇을 원하는지 잘 알고 변화를 즐기며 이끌어간다 | **점화장치**	**ENTP** 고도로 독립된 개혁자들이며 즉흥시인이며 변화에 능하다 | 표현의 독창성을 중시하고 이념과 규칙에 도전하며 전략을 세울 줄 안다 | 모험적이며 자유롭다 | **기업가 전형**
ESTJ 일의 완성에 가치를 둔다 | 강력하고 직접적이며 실제적이다 | 행동을 지도하는 데 논리적 분석을 사용한다 | 책임 있게 가르치고 구조화한다 | 단호하다 | **책임감 있는 지도자**	**ESFJ** 사람들의 일상욕구를 수긍하고 목표를 향해 조직적이며 구조적이며 책임 있게 접근한다 | 근면하고 때맞춰 일을 마치며 다른 사람들과의 유대를 즐긴다 | **성실한 봉사자**
ENFJ 활기차고 봉사하길 즐기며 다른 사람들을 고무시키는 데 열정이 있다 | 따뜻하고 이야기를 즐기며 배려심이 깊다 | 함께 일하며 사람들을 대변한다 | **가치의 대변인**	**ENTJ** 과정, 사람, 계획에 대해 능동적이며 직접적 조직자 역할을 한다 | 큰 목표 지향적이며 복잡한 문제의 해결사이다 | 현재의 체계를 고쳐 새 전략을 설계한다 | **큰 조직가**

● 이 표는 한국 심리 검사 연구소(www.kpti.com)의 자료를 한눈에 볼 수 있도록 재정리한 것입니다.

진로 교육의 부재와 사교육비의 증가

진로 교육이 제대로 이루어지지 않는 것은 사교육비를 증가시키는 중요한 요인이다. 진로 탐색에 대한 부재는 초등에서 중등으로, 중등에서 고등으로, 그리고 대학 입학에서, 나아가 취업 준비에서도 사회적으로 낭비가 큰 교육 소비를 야기하고 있다. 필자가 만나본 진로 상담사들의 증언에 따르면 실제로 진로 상담을 하게 되면 진로 문제에 대한 잘못된 인식, 진로 문제에 대한 문제의식의 협소함이 초등학교에서 대학에 이르기까지의 학교 선택과 사교육 상품 구매에 엄청난 영향을 끼치고 있다고 한다.

예를 들어보자. 진로 탐색이 전제되지 않은 상태에서 우리나라의 초등학교 5학년 학생들의 상당수는 특목고 진학과 SKY 대학 진학을 꿈꾸고 준비한다. 2007학년도 기준으로 특목고 입학 정원은 1만 5천 명 내외지만 그 경쟁률은 평균 5대1이 넘었기 때문에 적어도 15만 명의 중학교 3학년 학생들이 특목고 입학 시험을 치렀다. 성남시 분당구의 경우 17개 중학교 학생이 3만여 명인데, 특목고 전문 영어 학원은 그 수가 헤아릴 수 없이 많다. 지역에서 가장 큰 특목고 입시 영어 학원의 중학교 학생 수는 3천명이 넘는다. 10%가 넘는 이 지역 중학생들이 특목고 준비를 위해 이 학원에 다니는 셈이다. 이 지역에는 이 학원 외에도 1천 명 내외 규모의 특목고 전문 영어 학원이 즐비하다. 그렇다면 실제 특목고에 진학할 만한 학생들 외에 너무나 많은 중학생들이 자신의 진로에 대한 정확한 고려 없이 특목고 입시에 매달려 사교육을 받고 있다고 추정할 수 있다. 중3보다 아래 학년으로 내려갈수록, 피라미드 구조라고 추론해볼 때, 초등학교 고학년에 이르러서는 20%가 넘는 학생들이 특목고 입시 준비를 하고 있다고 볼 수 있다.

이는 기본적으로 진로 교육의 부재가 가져온 기현상이다. 진학설계의 획일화 속에는 진로 교육의 한계가 반영되어 있다. 실제로 특목고에 진학하는 학생들은 수적으로 제한되어 있다. 많은 학생들이 진로 교육의 부족과 협소한 진로 인식으로 어린 나이일 때부터 특목고 입시에 매여 있는 셈이다. 설령 특목고에 진학하였다고 하더라도 진로에 대한 이해의 부족으로 방황하는 경우를 고려하면 진로 교육의 부재가 가져오는 교육 과소비 문제는 사교육비의 과다 부담 문제의 한 축으로 자리 잡고 있는 것이다. 이는 고등학교 학생들의 경우도 마찬가지다. 우리가 아는 바에 따르면 SKY 등의 주요 대학에서 논술 시험을 치르고, 논술이 확대된다는 2008년 이후의 입시에서도 논술 시험을 치르는 대학은 전체 대학의 10%가 되지 않는다. 하지만 많은 학생들이 초등학교에서부터 논술 학원을 다니고 논술 학습지를 구독한다. 진로에 대한 고민 없이 상위권 대학만을 고려하여 초·중·고 때 공부를 하다가 점수에 맞추어 대학을 간다. 그 과정에 사실상 필요하지 않았던 학원 수강, 학습 참고서의 구입 등이 사교육비로 지출되었다.

재수생이 양산되고 재수생 학원이 호황을 누리는 사교육 시장의 상황도 진로 교육의 부재를 한 원인으로 하여 나타나는 사교육 현상이라 할 수 있다. 언론인을 직업적 미래로 꿈꾸는 학생이 상대적으로 대학 입학 성적 커트라인이 높은 신문방송 관련 학과에 지원했다가 재수를 했다. 이 학생은 실제로 언론인들 중에는 어문학이나 인문학 전공자가 많다는 점을 잘 모르기 때문에 본인이 입학할 수 있었던 어문 계열 지원을 고려하지 않아 재수생 학원에서 다시 1년 동안 수험 공부를 하게 되는 경우다. 사실 다시 같은 문제를 반복하여 이듬해 진학 설계 때 또다시 오류를 보이지 않으리라는 보장도 없다. 언론인 직업의 특성에 대한 이해, 어문이나 인문학 공부에 대한 특성 이해 등이 선행했다면 사교육 시장에서 다시 1년간의 비용을 쓰는 일은 줄일 수 있었을 것이다. 반수생의 증가나 장수생의 증가도 이와 궤를 같이 한다.

이처럼 진로에 대한 이해와 학습이 전제된다면 사교육비를 줄일 수 있는 경우가 적지 않다. 진로 교육의 성격상 일찍부터 적기에 진로 교육이 이루어진다면, 진로 선택 과정에서, 진학 학교 선택 과정에서 학생들이 방황하고 동요하면서 낭비하는 사교육비를 줄일 수 있다. 당연히 초중고 학생들의 경우에는 진로 교육이 진학 설계와 맞물려야 할 것이다. 진로 교육을 통한 마인드 교육의 내용이 진학 설계라는 현실적인 의사결정의 문제를 풀어가는 지렛대로 작용할 것이기 때문이다.

★

다양성에 기반한 학습

아이들이 살아갈 사회는 다인종 다문화 사회다. 국제 사회에서 살아가야 하기 때문에 그렇다. 그러나 이미 우리나라 안에서도 다인종 다문화의 문제가 제기되고 있다. 전라도의 어느 읍내 초등학교에 가면, 30%의 학생이 혼혈아다. 서울의 코엑스나 대학로에 가면 우리는 일상적으로 외국인들과 마주 걷는다. 인종만의 문제가 아니다. 이미 우리는 한 나라에 살면서도 성격도 다르고 기호가 다른 사람들과 살아간다. 문화적인 배경이 다른 사람들이 한데 살아가는 것이다.

이럼에도 불구하고 한 가정 내에서도 다양성을 인정하지 않는 부모들이 있다. 필자는 서울의 어느 명문 초등학교에 진로 상담을 하러 간 적이 있다. 5학년 두 반 학생들의 진로 상담을 하게 되었는데, 그때 만난 학부모 중에 유독 기억에 남는 엄마가 있다. 그 엄마는 모 명문대학의 심리학과 석사 출신이었다. 그 엄마의 딸아이는 MBTI 성격 검사로 치면 엄마와는 달리 활동적이고 외향적이며 대범한 아이였다. 대신에 그 아이는 집안 정리에 익숙하지 않으며, 계획적으로 어떤 일을 하는 데 서툴렀다. 하지만 그 엄마는 치밀하고 규칙적인 일에 강하고 집안정리가 단정하며 아이들을 기숙사 사감처럼 엄격하게 다루었다.

첫 번째 대면부터 그 집 딸아이가 엄마의 통제에 눌려 하고 싶은 것도, 꿈꾸는 것도 다 억누른 채 쥐 죽은 듯이 살아가는 모습이 눈에 들어왔다. 엄마는 이미 심리학과 석사 출신으로서 성격 유형에 대해서도 잘 알고 있었다. 하지만 엄마는 그것과는 별도로 자신이 정해놓은 틀에 아이를 집어넣고 거기서 벗어나는 듯한 아이의 행동거지에 대해서 단호하게 매로 다스렸다. 그 집 딸아이는 논리적이고 합리적인 성향이 강하여 매보다 논리적인 설득이 더욱 효과적인 아이였다. 거기다가 그 엄마는 엄마 스타일의 고분고분한 둘째 딸아이에 대해서만 유독 편애하였다. 한 집에 살아도 첫째 아이는 획일화된 가정문화 속에서 소외된 삶을 살고 있었던 것이다.

 아이들은 누구나 같은 엄마의 뱃속에서 나고 자란다 하더라도 다른 지능과 성격을 타고 난다. 그리고 어떤 아이들은 다른 가족 구성원들의 일반적인 공통점과는 다른 특징을 지니고 있기도 하다. 다르다는 것은 새로운 문화적 가능성을 우리 가정에 가져올 수 있는 힘이다. 거세하여야 할 일탈이 아니다. 삐쳐 나와서 불편하고 쳐내고 싶은 무엇이 아니다. 아이는 아이가 나고 자란 결대로 제 재능을 키워 성장하는 것이 원칙이다. 엄마와 다른 삶을 살 수 있는 것은 당연한 일이다. 어떤 성격의 아이들만 이 세상에서 잘 사는 것이 아니다. 더구나 그 집 딸아이의 대범함과 활기는 오히려 엄마의 성격보다도 지금처럼 변화하는 시대에 더 잘 맞을 수 있다. 그 집 딸아이는 덜렁대는 것 같지만, 그녀의 합리적이고 논리적인 특징은 지식 정보화 사회에서 잘 발양된다면, 오히려 탐구와 학습의 능력으로 길러질 수도 있다.

이처럼 다양성의 억압은 가정에서도 나타난다. 기업조직에서도 이런 일은 나타난다. 오죽하면 기업경영이론의 대가인 톰 피터스는 대기업 간부들을 교육하면서 "간부들이여 '괴짜 직원'의 수호자가 돼라(조선일보, 2006년 9월 16일자)"고 주문하였겠는가? 부모 입장에서 특히 엄마 입장에서 가족 성원의 다양한 성격과 문화를 인정하여야 한다. 그리고 그 다양성이 종합적인 힘이 될 수 있도록 수완을 발휘하여야 한다.

우리가 미래 사회의 인재를 논할 때 중요한 덕목으로 다루는 커뮤니케이션 능력에 대해서 다양성과 결부 지어 생각해보자. 커뮤니케이션 능력이란 단순하게 언어적 능력만을 의미하지 않는다. 더구나 영어 능력만을 의미하는 것은 더더욱 아니다. 말빨이나 글빨 이상이다. 서로 다른 배경을 지닌 사람들과 소통하려면 철학이 필요하다. 그것이 다양성을 존중하는 철학이다. 상대방의 견해를 깊이 이해하여야만 상대방과 의사소통이 원활하다. 그러려면 상대방에 대해 존중하고 상대방과 더불어 살고자 하는 공존의식을 가져야 한다. 커뮤니케이션 능력은 다양성에 대한 이해에서 출발한다.

미래 사회에 필요한 인재상의 내용으로 제시하는 리더십도 알고 보면 다양성에 대한 배려에서 형성된다. 다양성이 공존의 원리를 만든다. 다양성이 다양한 것들을 공동체로 함께 묶어 살 수 있는 철학을 만든다. 다양성을 알아야 리더십이 만들어진다는 것은 이 때문이다. 너는 사과고 나는 배다. 그리고 우리의 다른 친구는 단감이다. 이런 것들을 이해하고 인정할 수 있어야 한다. 여기서 고민할 수 있는 것은 모두를 사과로 만들어 통합하는 방법과 사과와 배와 단감을 인정하고 서로 어울려 사는 방법이다. 부모 세대인 우리는 이제까지 모두를 사과로 만드는 사회에서 살아왔다. 하지만 우리 아이들이 살아갈 미래 사회는 그 반대다. 부모 세대인 우리는 다양성과 개성을 억누르고 획일화된 어떤 것을 기준으로 살아왔다. 하지만 우리 아이들은 자신의 다양성과 개성을 살려 창의적으로 살아가야 한다.

다양성을 인정하고 협력하여 일하는 것에 익숙하여야 공부도 그룹활동 방식까지 포함하여 생산적으로 할 수 있다. 우리 아이들은 유난히 그룹활동으로 공부하는 것에 익숙하지 못하다. 참여한 적이 거의 없는 공부를 해온 데다가 학교 교육의 시험 제도가 누구나 개인 개인으로 남아 경쟁하는 듯한 구도로 아이들을 내몰기 때문이다. 하지만 연대의 원리 없이 경쟁의 원리가 홀로 있을 수 없다. 기업 조직도 경쟁하면서 협력하며 생산한다.

그래서 부모들이 새로운 시대적 변화에 조응하여 우리 자녀들을 키우는 데 있어서 새로운 시각을 가지는 데 있어서 반드시 포함하여 고민하여야 하는 것이 다양성의 문제다. 앞서 제기한 것처럼 가정 경영의 문제에서도 이는 당연히 참고되어야 한다. 또한 아이들이 학습하고 아이들이 교육을 받는 과정에서도 아이들이 다양성에 대하여 이해하고 소화할 수 있는 과정인지를 생각할 필요가 있다.

★

학습방법에 있어서 다양성의 문제

무엇을 배우고 익혀 깨닫는다는 것은 '직접적인 체험(몸으로 때워 익히기)', '누군가로부터 교육을 받는 학습(배워 익히기)', 그리고 '스스로 찾아 배우는 자습 자득(가령 독서)' 등의 방식이 있다고 알려져 있다. 여기서 가장 고급한 배움이란 대개 마지막 경우, 즉 독서 자습의 방식의 경우라고 한다. 그렇지만 가장 고급한 경우가 독서 자습이라 해서 그것만이 원리적으로 유일한 배움의 방식이란 법은 없다.

현실적으로 학생들에게 배움이란 둘째 경우, 즉 누군가로부터 교습을 받는 경우가 가장 많은 것이 우리나라의 일반적인 현상이다. 초등학교에 들어간 후 고등학교를 졸업할 때까지 이러한 방식의 배움에 우리는 익숙한 편이다. 학교에서만이 아니라 학원이나 과외 공부도 대개 이런 양상을 띠게 마련이다. 심지어 초등학교에 들어가기 전 연령대, 즉 유아의 시기에도, 심하게는 태아나 영아의 시기에도 조기 교육의 열풍을 타고 정해진 교사로부터 무엇인가를 배우는 방식의 프로그램들이 점차 많아지는 것이 현실이다. 대학도 마찬가지다. 학교 공부든, 취업공부든 점점 더 학교 밖의 프로그램에 대한 의존이 높아지면서 학생들은 체험이나 자습보다는 교육 받는 방식에 의존하는 경향을 보이고 있다.

하지만 교습을 통한 배움 방식에만 치우친 이러한 현실의 흐름이 반드시 옳은 것만은 아니다. 오히려 한쪽으로 치우친 이러한 경향이 때로는 많은 문제를 가져오기도 한다. 학습한 내용이 학습한 사람의 생활과 일에서 얼마나 효과적인가 하는 측면에서 볼 때도 교습으로만 익힌 것은 한계를 드러낸다. 몸에 배지 않아 강의를 통해 얻어 들은 것이 실제적이지 못하고 생활과 일에 대하여 겉도는 경우가 적지 않은 것이다. '암기'하고 있을 뿐, 응용과 적용이 되지 않는 어떤 개념과 원리의 문제가 나타난다. 더욱 문제가 되는 점은 상급학교로 진학하면서 더욱 어려워지는 학습 내용에 대하여 이전에 교습으로 배우고 익힌 것이 발판 구실을 못하기 때문에 보다 발전된 학습 진행에 어려움이 따르게 되는 것이다. 극단적으로는 초등학교 3학년 때 『수학의 정석』으로 수업을 했던 학생들이 정작 초등학교 4학년, 5학년으로 올라가고 나면, 응용되고 적용되어야 할 대목에서 헤매는 문제를 드러내는 경우가 적지 않은데, 이는 교습 방식이 가져다주는 병폐 가운데 하나다.

사회적으로도 교습 방식만 고집할 때 학습이 이루어지는 현장의 다양성이 무너진다는 문제가 있다. 교습 방식만이 왕도로 고집될 때, 학원은 넘쳐나고, 교사 주도의 학습 방식이 넘쳐나고, 교사 중심의 교수설계에 기초한 학습 프로그램들이 넘쳐나는 데 비하여, 정작 체험해볼 수 있는 기회와 공간은 줄어들고 독서와 같은 자습 방식으로 학습할 수 있는 학습자료와 기회가 별로 없어서 점차 도태되어 가는 것이다. 학습의 현장 방식이 다양하지 않다는 점은 다른 방식으로 학습한 사람들에 대한 장막으로 기능하기도 한다. 대개 교습 중심의 커리큘럼에 국가 공인 자격증 제도가 결부되면, 경험치로 성장하거나 자습 독학으로 성장한 경우는 소외되기 십상이다. 30년 자원봉사로 일하면서 터득한 청소년 관련 지역센터 일을 전문자격증 제도로 묶으면 신참 사회복지학과 출신의 사회초년생이 해당하는 일을 떠맡고, 30년 경험의 베테랑 중년은 갈 데가 없다. 전문 자격증 제도란 한편으로 다른 사람들에 대한 일말의 가능성을 막아내는 직업 장벽으로 기능할 수 있다. 우리는 영국의 자격증 제도를 들여놓았는데, 영국에서는 그 제도에 대하여 반성적인 논의가 되고 있는 점은 눈여겨볼만한 일이다.

그래서 우리에게는 경험적인 방식도 필요하고, 독학 독서 자습 방식도 필요하다. 이 방식들에도 사회적 지원이 필요하며, 이 방식들도 권장할 만한 사회적 준비가 있어야 할 것이다. 각종 인턴십 제도가 활용되거나, 초중고 학생들에 대한 실질적인 캠프와 야영활동이 권장된다거나, 학생들이 스스로 조직하는 아르바이트나 여행은 경험치를 중시하는 패턴에 대한 반응들이다. 마찬가지로 도서관 확충 논의나, 출판문화에 대한 반성 문제 등의 문제는 자습과 독학 패러다임에 대한 논의들이다.

그래서 우리는 여기서도 다양성 문제를 논의해야 한다. 다양해야 학습의 생명력이 있다. 개인 성향에 따라 세 가지 중에서 특별한 유형에 익숙하거나 장점을 보이는 경우가 있는 것은 사실이지만, 누구나 세 가지 영역의 방식을 하나의 인생 속에서 동시에 가지고 있다는 점도 틀림없는 사실이다. 가령 MBTI로 생각할 때, 독학 자습에 익숙한 INTP의 경우, 혹은 애니어그램의 5번 유형 즉 지식형 사람들의 특징을 생각하면 이들은 세 번째 방식, 즉 독학 자습 독서가 익숙한 배움의 방식인 사람들일 수 있다. 그러나 이들마저도 세상에 대한 지식 중에서 연애나 관계 문제를 둘러싼 공부의 내용은 경험치로 익히는 경우가 많다. 그리고 딴청을 피우거나 소극적인 것처럼 보이지만 교습 방식의 배움에서 정신적으로는 매우 활발한 움직임이 있어서, 홀로 공부할 때 못지않게 아이디어를 얻고 교실에서 자가발전하는 동기를 찾는 경우가 많다고 알려져 있다. 인간은 세 가지 방식이 섞여야 완성적인 학습을 구축할 수 있는 것이다. 인간은 그 자체로 다양성의 종합물이기 때문이다.

다만 학습 방식의 다양성과 관련지어 볼 때, 우리나라 청소년들이 공부하는 방식이 지나치게 교습 중심으로 이루어져 있다는 점은 심각하게 따져 보아야 할 문제다. 더구나 참여를 통한 독학, 자기 주도 방식의 학습이 중요한 방식으로 부각되는 시대인 데도, 오히려 우리의 학습 방식의 풍토는 학원의 강의 위주 방식이 지나치게 우세한 현실이다. 이 점에서 참여와 체험을 강조하는 학습 방식이 적극적으로 강조될 필요가 있다는 것은 두말할 나위가 없다.

Part 3

학령에 따른
부모들의 대비 전략

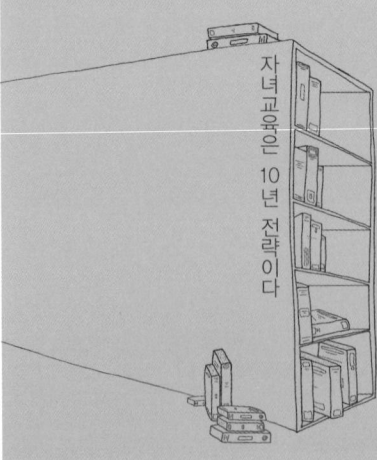

이 책은 주로 초등학교 고학년에서 중등 학년의 자녀들을 둔 부모들이 읽도록 기획되었지만, 이 장에서는 미취학 아동부터 중학생까지 각 학년에서 발생하고 있는 교육 이슈를 중심으로 구체적인 방법론을 다루기로 한다.

여러 차례 이야기하지만, 우리 부모들은 우리 아이들이 크면서 같이 성장하기 때문에, 교육의 전체 상황을 모르기가 일쑤다. 대개 우리는 우리 아이들이 당면한 문제를 중심으로 교육 소비의 태도를 취하기 때문에 전체적인 안목을 갖지 못하는 경우가 많은 것이다. 전체에 대한 이해, 그것을 위해서는 어린 시절의 교육문제에 대한 이해, 그리고 고등학교 이후의 교육에 대한 이해도 필수적이다.

1부 유아를 위한 교육 전략

- 영어교육, 어떻게 할까
- 한글 깨치기
- 개념 이해 중심 수리교육

2000년 이후 우리나라 유아교육 시장은 급성장했다. 공교육에서도 유치원을 준 학교기관으로 다루면서 유치원의 공식적인 교육기관의 기능을 하게 되었다. 사교육 산업의 유아교육 시장은 규모로만 보면 대입 시장에 준하는 규모로 성장하였다. 2003년 교육부 기준으로 사교육 시장 규모는 14조원 안팎인데, 그 중에서 대입 시장과 유아 시장이 유사한 규모인 2조원대를 기록했다. 이것은 유아 조기교육에 대한 부모들의 관심이 커졌음을 반영한다. 임신출산 육아 사이트인 베베하우스(www.bebehouse.co.kr)에는 막 태어난 아기를 둔 엄마 중 거의 1/5이 조기교육 때문에 찾아온다고 한다. 이런 걸 보면 우리나라 조기 교육의 열기는 대입 수험 교육열 못지않은 게 분명하다.

주로 2000년 이후 유아교육과 초등 저학년 사교육 시장이 급성장했다는 점을 이해하고 나면, 초등 고학년과 중등 학년의 자녀를 둔 학부모들 입장에서는 유아 시장과 초등 저학년 시장의 성장이 자신들과 자신들의 자녀들로부터 시작되었다는 점을 직감할 것이다. 유아교육 영역의 대표 브랜드인 한솔교육의 '신기한 한글 나라'도 386세대 학부모 시대에서부터 시작한 것이다. 그래서 이른 나이에 한글 깨치기에 그토록 매달렸던 부모들과 아이들의 추억을 되짚어보면, 왜 그토록 중요하지도 않은 일에 그 당시 많은 에너지를 소모했는지를 생각하게 된다. 조금 일찍 걷거나, 조금 일찍 한글을 깨치거나 하는 일들이 조금만 시야를 확장하여 생각하면 별 일이 아닌 것이다. 마치 초등 고학년이나 중등 학년에서 선행학습을 무기로 삼아 한껏 실력이 있는 것처럼 뽐내는 것이 별 것 아닌 것처럼. 지금의 유아 시기 자녀들의 부모들이 비슷한 방식으로 근시안적인 접근을 하고 있는 것을 보면 초등 부모나 중등 부모들은 그래서 할 말이 많을 것이다.

아무튼 유아교육 시장이 성장하면서 지금 시기에 논의되는 몇 가지 이슈가 있다. 플래시 카드의 사용, 엄마들의 책 읽어주기, 가베와 소마큐브 등의 교구 가지고 놀게 하기, 조기 한글 깨치기, 조기 영어교육, 다양한 방식의 놀이학교 보내기 등이 그것이다. 이런 다양한 이슈에 대응하는 부모의 전략을 어떻게 세워야 하는 것일까 그 해답을 살펴보도록 하자.

영어교육, 어떻게 할까

이론은 반대, 현실은 찬성

영어 조기교육은 이론적으로는 반대하는 입장이 우세하다. 서울대 이병민 교수나 동덕여대 우남희 교수, 고려대 김덕기 교수가 대표적으로 반대 입장에서 문제점을 지적해 왔다. 반면에 공식적으로 찬성의 입장을 보여주는 학자는 거의 없는 셈이다. 김진철 인천교대 교수가 듣기와 말하기를 만 4세~8세에 배울 수 있다고 주장하는 정도가 있을 뿐이다. 쑥쑥닷컴의 서현주 대표도 이 점에 동의하여 반대론자들의 근거가 부족하다고 반박하지만 찬성 입장 역시 논거가 충분하게 제시되고 있는 것은 아닌 것 같다. 반대를 주장하는 교수들은 초등학교 저학년에서부터의 조기교육에 대해서도 근본적으로 반대하는 편이다. 그러니 유아들을 대상으로 하는 영어 조기교육은 당연히 더욱 심각한 문제로 인식하고 있는 셈이다.

이에 대한 찬성론의 대부분은 학부모들로부터 나온다. 남들은 다 하는 데 어쩌란 말이냐는 것이다. 아기들의 청음 능력의 측면에서 조기 영어교육의 가치를 논하는 경우도 있지만, 그런 논리보다는 대중심리 때문에 영어 조기교육을 하는 경우가 많은 것이 현실이다. 386세대 학부모들이 아이들을 키울 때는 대치동을 중심으로 강남권 아이들이나 학부모들이 주로 조기 영어교육에 관심을 두었다고 생각하면, 지금의 유아 조기 영어교육 열풍은 확실히 과열 이상의 의미가 있다. 옆집에서 모두 하는데 우리 아이만 빠진다고 생각될 정도의 열기를 반영하고 있기 때문이다. 하지만 유아들이 영어를 배운다고 하더라도 인지능력이 제한되어 있어서 배울 수 있는 내용이라는 것이 뻔하다. 초등학교 2학년 가서 배운다면 두 달이면 할 것을 몇 년씩 붙들고 공부하는 것이 유아 영어교육의 현장이기 때문이다.

그래서 이 글을 쓰는 필자는 기본적으로 유아를 상대로 하는 영어 조기교육에 반대하고 싶다. 386세대 부모들에게 그들이 지나온 길에 대하여 물어보라. 그 시기에 꼭 하여야 할 것이 얼마나 많았던가? 그것들을 소홀히 한 채 영어교육에만 종일 매달리게 한다는 것이 과연 아이들에게 옳은 일인지 반드시 새겨 보아야 할 것이다. 실제로 아이들이 배울 수 있는 것이 뻔한 데도, 영어 유치원이나 유아 전문 학원인 POLY 등의 학원 프로그램은 생각보다 그 비용이 만만치 않다. 원어민 유치원 종일반의 경우 월 100만원이 넘는 것도 적지 않다. 흥미 위주의 접근일 수밖에 없다는 한계를 생각한다면 종일반이 아니라 1주일에 한두 번 정도 꾸준하게 공부하는 정도면 적당할 수 있다. 정찬용이나 송순호가 말하는 '흘려듣기'나 기초적인 생활회화 파닉스 방식 정도면 무난할 수 있다. 하지만 현재 사설기관에서 진행하는 영어 프로그램을 보면 매일반, 종일반이 적지 않다. 그래야 해당기관들의 수익이 안정적이기 때문이다.

심지어 지금은 유아들이 영어 능력 검정 시험에 적지 않게 응시하고 있다. '영어 인증 시험 열풍, 유치원생까지 덮쳐'라는 한겨레신문 기사에 따르면, 유치원생들을 전문적인 대상으로 삼아 지난해 치른 '펠트 키즈'는 9월 첫 회에만 2천여 명이 몰렸다고 한다. 이 시험이 성공적으로 시장에 진입하자 시험 주최 측에서는 2007년부터 연간 네 차례씩 치를 예정이라고 하는데, 강남권을 중심으로 이미 이용되고 있는 유아 대상 영어 시험인 '렉사일 테스트', '스탠퍼드 테스트', '주니어 지텔프' 등까지 고려하면 적지 않은 유아들이 어린 나이부터 영어 능력 시험에 매달리고 있는 셈이라고 한다. 그 아이들의 영어 성적을 어디에 이용하려고 하는지 의구심을 금할 수 없다. 단순히 동기부여 차원이라면 흥미, 나아가 몰입체험보다 좋은 동기부여는 없다. 그런 점에서 부모들의 영어교육 과열이 유아 시절부터 아이들에게 영어에서 멀어지게 하는 압박감으로 작용하리라는 것은 앞서 경험한 부모들의 눈으로도 훤히 예상되는 일이다.

★

한글과 영어 사이에서 갈팡질팡

그래서 가능하다면 유아를 상대로 하는 영어 조기교육 상품은 최소한으로 소비하는 게 상책이다. 영어 수업을 추가 수입의 원천으로 삼는 유치원들이나, 초등학생 대상의 영어교육에서 유아 상대 영어교육으로 옮겨온 원더랜드 등의 사교육기관에 대해서는 미안한 일이지만, 이는 원칙적으로 위험천만한 일이다. 그렇다고 정부나 교육부에서 말하듯이 영어 조기교육이 무슨 질환을 야기할 정도의 심각한 문제는 아닐 것이다. 그렇지 않아도 대중심리 때문에 불안해하는 부모들 입장에서는 교육부 발표가 나오면 오히려 반대로 행동하는 경향이 있다. 우리가 문제 삼는 것은 다양성의 문제에서 출발한다. 아이들이 유아 시기에 해야 할 일들의 다양성이 있다. 그 다양성이 무시되고 영어 중심의 인지교육에 올인하다가는 나중에 낭패를 볼 일들이 한두 가지가 아니라는 것이다. 당장 학교에만 들어가도 이런 문제는 극명하게 드러난다.

모든 학교 교육은 어느 나라나 제도화된 지식을 가르치고 전달하는 제도화된 교육기관으로서의 지위를 지닌다. 제도화된 지식의 학습은 언어능력을 매개로 해서 이루어진다. 표준화된 언어 능력, 대개 그것은 모국어 형식을 취한다. 그렇지 않아도 표준화된 모국어 언어능력으로 인지교육을 받아야 할 아이들 입장에서는 자칫하면 초등학교 저학년 시기에 학교 교육에의 적응 자체를 혼란스럽게 할 수 있다. 차라리 조기 한글 깨치기가 이에 대한 대비로는 더 훌륭할지 모른다. 모국어 사용 능력에서 구어와 문어의 유창성을 확보한 아동들은 초등학교 때에 시작해도 외국어 학습 능력을 신속하게 갖춘다. 당연히 학교 교육에서도 안정적으로 적응한다. '잠수네 아이들'에 등장하는 '딸기엄마' 네 둘째 아이가 엄마표 조기 영어교육 과정에서 한글이 뒤엉켜 고생했다고 고백하는 것은 참고하여 볼 대목이다. 한 달에 70만원~100만원을 상회하는 강남권의 원어민 고급 종일반 영어 유치원에 다니는 부모들이 아이들의 모국어 혼란 때문에 고생한 경험을 토로하는 기사들을 참고해보아야 한다.

그래도 구태여 영어 조기교육을 시키고자 한다면 억지로 공부하는 암기식 수업을 하는 곳은 특별히 피할 필요가 있다. 특히 종일반이나 매일반은 피하여야 한다. 유치원의 추가 수입으로서을 위한 영어 조기교육 프로그램들은 대개가 교재를 납품 받아 운영하는 경우가 대부분이다. 그러다 보니 텍스트 중심의 교육이 되는 경우가 많다. 교재를 팔아야 업체들이 운영되기 때문이다. POLY, 원더랜드, SLP, 키즈 칼리지, 키즈 클럽, 리틀팍스 등의 선진적인 유치원들은 외국인 강사를 채용한다는 것을 특징으로 앞세운다. 하지만 이 경우도 게임을 하고 노는 수준이어서 당초 부모들이 생각하는 것과 다른 경우가 많다. 자칫 영어에 올인하는 방식으로 아이들의 생활을 조직한다면, 우남희 교수나 이병민 교수가 우려하는 문제를 겪을 가능성이 적지 않다. 언어 과잉에 따른 공부 자체에 대한 거부감, 신체적 활동이 부족한 상황에서 지나치게 인지적 활동에만 매이는 약점, 우리 아이가 지닌 특정한 성격으로 인하여 아무래도 생활적응에 문제를 야기할 수 있다는 점 등을 충분하게 고려하여야 할 것이다.

★

문자 중심의 영어 교육이 문제

특히 주의할 점이 유아 시기의 영어교육을 문자 중심으로 시키는 사설기관들이다. 모국어도 문자교육은 음성언어를 익히고 나서 한참 뒤에 이루어진다. 그럼에도 불구하고 영어 유치원이나 영어 학원 중에는 강의 방식이 교실 수업을 운영하기 쉽다는 이유로 문자 중심의 교육을 위해 교재 중심의 프로그램을 운영하는 곳이 많다. 강제로 주입되는 문자교육 중심의 영어교육은 놀이 중심의 구어 영어교육에 비하여 그 부작용이 더 크다. 연구 조사 통계에 의하면 문자 중심의 영어교육을 받는 아이들이 영어가 가장 하기 싫은 유치원 프로그램이라고 대답한 경우가 제일 많았다고 한다. 자칫 유아 시기부터 첫발을 잘못 내디뎌 영어가 가장 공부하기 싫어하는 과목으로 자리 잡게 될 수 있다. '한 발 먼저 가려다 영원히 먼저 간다'는 교통사고 안내 표지는 조기 영어교육에 대한 조급증에도 적용되는 명언이다.

필자는 초등학교 4학년 나이의 아이들로부터도 이런 사례를 많이 보아 왔다. 대치동에서 영도어학원을 다닌 아이 A는 단어의 뜻을 정확하게 우리말로 설명하지 못하지만 스파르타식 C영어학원에 다닌 아이 B보다 영어 문장의 이해가 빠르고 자연스러웠다. 스파르타식 C영어학원에 다닌 아이 B는 영도어학원에 다닌 아이 A보다 어휘력과 문법능력이 더 좋았지만 정작 영어식 사고방식이나 문장 이해에서는 감이 떨어졌던 것이다. 더 놀라운 것은 A는 영어가 재미있다고 생각한다는 것이고, B는 영어가 가장 하기 싫은 공부이며 자기가 다니는 학원 6개 중에서 영어학원이 가장 가기 싫은 곳이라고 평가했다는 점이다. 두 학원을 비교하여 이야기하고자 하는 것은 아니지만, 그 사례를 대하면서 필자는 우리가 무엇을 고민하여야 하는지를 시사해 주는 사례라고 생각하였다. 문제는 흥미를 잃지 않고 아이들이 접근하도록 속도를 조절해주는 부모의 배려가 영어교육에서 필요하다는 것이다. 암기식 공부의 조급한 접근이 오히려 아이들의 흥미를 망치고 만다.

유아 때의 영어학습은 아이들이 금방 잊어버린다는 점도 유의할 점이다. 필자는 미국에서 살다가 온 부모들로부터도 이런 이야기를 자주 듣는다. 유아기 때 미국에서 나고 영어를 구어로 제법 모국어처럼 구사했던 아이들도 돌아와서 몇 달만 지나면 다 까먹는다. 심지어 영어 발음마저도 '콩글리시'로 변하여 속상해하는 부모들이 적지 않다. 사실 초등학교 저학년 때 영어권 나라에서 살았던 아이들조차 망각의 특징이 강하게 나타난다. 우리는 이런 아이들을 수도 없이 보아왔다. 돌아서면 잊어버리는 것이다.

물론 유아 때나 초등학교 저학년 때 영어권 국가에서 살다 온 아이들은 이미 습득의 체험이 있기 때문에, 나중에 학년이 올라가 초등 고학년이 되거나 중학생이 되어 영어를 다시 공부하기 시작해도, 심지어 어른이 되어 영어를 다시 배운다 해도, 빨리 영어를 배우는 특징이 있다. 필자가 아는 일본인 학생은 초등학교 1학년 때부터 2년 동안 런던에 출장 온 아버지를 따라 영어권 나라에서 공부한 경험이 있었다. 그녀는 일본에서 대학에 진학할 만큼 공부를 잘 하는 편이 아니어서 직장생활을 하다가 미국에서 대학에 진학하려고 어학연수를 받았다. 그녀가 그 어학반에 들어갈 때는 거의 꼴찌를 했지만 3개월이 지나서는 가장 우수한 학생이 되었다고 한다. 그녀의 자평에 따르면 열심히 하기도 했지만, 초등학교 때의 경험이 되살아난 것이 가장 큰 학습능력을 제공했다는 것이다. 이런 식으로 나중에 공부를 재개할 때 어릴 적 영어 공부 체험은 발음이나 듣기 부분에서 특별히 도움이 되는 경우가 많다고 보는 것이 이론적으로도 경험적으로도 확인되는 진실이다.

하지만 영어 공부를 유아 시절의 어린 나이부터 한다는 것은 얻는 것보다 잃는 것이 더 많을 수 있다. 특별히 올인하여 영어공부를 시키는 일은 그 시기에 해야 할 다른 활동들을 놓칠 수 있다. 부모 입장에서 보면 아이가 그럴 듯한 발음으로 집에 와서도 영어로 몇 마디 하고, 집에서 영어 비디오를 보면서 알아듣고 몇 마디 따라 하면 대견하고 그 자체로 흥분을 주는 일임에 틀림없다. 하지만 그것에 취하면 자신도 모르는 사이에 유아 조기 영어교육에 과도한 열정을 보일 수 있다. 알고 보면 아이들의 그러한 징후들은 별것이 아니기 때문이다.

그래서 구태여 유아기에 영어를 가르치고자 한다면 다음의 기준을 고려하는 것이 필요하다.

- 주 5일, 매일반은 보내지 않는다.
- 암기식으로 스트레스를 주는 곳에는 보내지 않는다.
- 문자 언어 중심으로 가르치는 곳은 보내지 않는다.
- 자연스럽게 놀이 방식으로 운영하는 프로그램이 좋다.
- 아이들이 영어로 말을 할 때 느끼는 '작은 감동'에 현혹되지 않는다.
- 아이들이 배운 것을 곧 잊게 되어도 스트레스 받지 않는다.
- 말하고 듣는 구어 중심의 프로그램을 선택한다.
- 외국인 강사가 가르칠 경우 이력에 대하여 엄격하게 따져서 판단한다.

- 지나치게 영어 실력을 기대하지 않으며, 따라서 시험을 치르게 하는 일은 하지 않는다.
- 지나친 영상물 중심의 영어 공부에 아이들을 방치하지 않는다.
- 아이가 싫어하면 억지로 보내지 않는다.
- 집에서는 엄마, 아빠와 우리말을 써서 언어 균형을 잃지 않는다.

★

유아는 이미지스트

유아 시절의 아동들은 이미지스트들이다. 인류 전체의 역사를 빌어 표현하자면, 원시인과 마찬가지다. 환상과 현실을 구별하지 못하고, 모든 사물이 살아있는 존재로 인식되며, 나무나 돌과도 이야기를 나누는 원시인들의 토테미즘이 정신적으로 살아있는 나이의 아동들이다. 이들은 꿈 꾼 것도 현실과 구별하지 못하는 경우가 많다.

필자가 아는 어떤 초등학생 어린이는 6살 때 친구의 물건을 훔친 것으로 오해를 받은 경험이 있다. 친구의 신발이 예뻐서 자기도 그 신발을 가지고 싶다고 생각했다. 그런데 공교롭게도 그 신발이 없어졌다. 유치원 선생님이 친구들을 하나씩 호명하며 다그쳤다. 그 아이는 자기 이름을 부르며 신발을 가져갔냐고 묻는 선생님의 말을 듣고는 그렇다고 고개를 끄덕여 수긍하였다. 그래서 선생님은 이 아이가 신발을 가져갔거나 숨겼다고 생각하였다. 하지만 그 신발은 다른 아이가 숨겼고 나중에 그 사실이 밝혀졌다. 유아기 아이들에게서 왜 이런 일이 일어난 것일까?

이 시기 아이들은 자기 머릿속으로 생각한 것과 실제로 일어난 일과 자신이 꿈꾸었던 것을 분간하지 못한다. 이 아이도 마음속으로 생각한 것과 실제로 현실에서 있었던 일을 분간하지 못하였던 것이다. 마음으로 상상한 것을 있었던 일이라고 착각한 것이다. 이런 일은 이 시기 아이들을 키우는 엄마들이 자주 겪는 일이기도 하다. 산타클로스 할아버지를 믿는 마음도 여기서 나온다. 어른들이 억지로 산타클로스 할아버지는 없다고 할 이유가 없는 것은 이 시기 아이들의 정신적 특성 때문이다. 하지만 이 시기를 지나고 보통 초등학교 1~2학년 때부터, 빠르면 7살 정도부터 나이가 들면서 저절로 조금씩 이미지와 환상으로부터 벗어나기 마련이다.

그러므로 이 시기 아이들은 이 시기 아이들의 정신적 특성에 맞추어 놀아야 할 놀이가 있고 해야 할 활동들이 있다. 이 시기 아이들은 많이 보고, 듣고, 경험하고, 노는 것이 필요하다. 돌 전후로 서서 걷기 전에 아기들이 충분한 시간 동안 기어야 뇌 조직과 더불어 다른 신체기관들이 적절하게 발달하는 것처럼, 이 시기 아이들이 해야 할 활동들이 충분해야 아이들의 신체와 정신도 고루 발달한다. 기본적으로 그것은 오감이 작동하는 활동들이다. 영어를 공부하는 데만 몰두하는 것은 기회 비용의 상실이라는 측면에서 나중에 두고두고 후회할 일들을 만들게 된다. 필자는 대치동 386부모들로부터도 후회와 반성으로 얼룩진 이야기들을 많이 들어왔다. 심지어 이런 경우도 있었다. 영어 공부를 위해 집에서 늘 영어 비디오를 틀어놓고 영어 학습을 권장하였는데, 그렇잖아도 성격적으로 비디오와 같은 영상물을 좋아하던 아이가 그만 비디오 증후군에 걸린 것이다. 제법 산다는 중산층 집안인 그 엄마는 그 일로 인해 부부 사이는 물론이고 시댁과의 관계도 악화되어 여러 가지로 고생하면서 살아야 했다. 아이가 초등학교 학생으로 자라면서 그 엄마의 고생과 후회는 이루 말할 수 없을 정도로 심했다.

인지능력이 높지 않은데 어떻게 영어 능력이 높은 수준까지 발전하겠는가? 이병민 교수나 우남희 교수의 우려는 현실적 가능성이 있다. 초등학교 중학년에 가서 영어 공부를 시작해도 충분하다. 오히려 그것마저도 우리나라는 세계에서 매우 드물게 조기부터 영어 공부를 시작하는 경우에 속한다. 부모들이 영어를 못하는 것은 우리 시대의 한계 탓이다. 지금은 다른 시대다. 아이들의 시대는 새로운 방식으로 영어를 배우고 익힐 기회가 많다.

한글 깨치기

한글 깨치기에 관한 부모들의 9가지 궁금증

문자교육은 서두르지 않는 것이 좋다. 이것은 영어 조기교육의 문제와 동일한 맥락이다. 4살에 문자를 익혔다고 다 천재는 아니다. 대부분의 아이들은 천재가 아니다. 유아들은 자기 속도가 있다. 산타클로스 할아버지가 실재하지 않는다는 것을 초등학교 4학년에 가서야 아는 어린이가 있는가 하면, 7살 때부터 의심하는 아이들도 있다. 수 개념이나 한글 깨치기도 마찬가지다. 신체 활동이 충분한 것이 차라리 필요하다.

한글 깨치기를 예로 들어보자. 기본적으로 통글자로 깨치는 것이 옳은 방법이다. 오래 전부터 필자가 글을 쓰면서 피력해 온 한글 깨치기에 대한 일반적인 원칙을 아래에 소개한다.

1. 아동들은 어떻게 문자언어로서의 모국어를 익히는가? 문자언어란 무엇인가? 부모는 어떤 자세로 아이들의 문자언어 익히기를 도울 것인가?

● 언어는 모국어라 하더라도 그 자체로 개념적이며 추상적인 것이고, 실제 유아들은 아직 구체적이고 감각적인 세계에서 살고 있는 원시인과 같은 정신을 가지고 있다. 따라서 인위적으로 가르치는 것은 위험할 수 있다. 한글 학습의 욕구와 동기는 유아 스스로의 마음으로부터 우러나와야 한다. 필요하다면 기다릴 줄 아는 것이 진정한 부모다. 아이들마다 같은 속도를 지니지 않는다. 늦게 배운다 하더라도 뒤떨어진 아이는 아니다. 유아들은 이미지스트이다. 언어가 아니더라도 그림과 소리로도 표현하고 의사소통할 수 있다. 그래서 원시인과 유사하다. 감각적으로 이미지를 이용하고 체험하는 시간이 축적됨으로써 아동들은 추상의 세계에 관심을 갖고 어느 순간 모국어를 스스로 익히고자 한다. 그 때, 부모는 도움을 줄 수 있다. 모든 교육은 본질적으로 조력이다. 학습의 기본 동력은 아동 본인으로부터 나온다.

2. 한글을 언제 떼는 것이 좋을까? 초등학교 입학 전에 반드시 한글을 가르쳐야 하는 것일까? 혹시 초등학교 들어가기 전에 한글을 못 떼는 우리 아이는 지진아가 아닐까? 한글 깨치기를 학교에 들어가기 전에 해결해 주지 못하는 부모들은 무능한 것이 아닐까? 초등학교에 가서 한글을 깨쳐도 창피를 당하거나 학교 공부에 적응을 못해 어린 나이부터 스트레스를 받게 되는 것은 아닐까?

● 386세대 학부모의 독서 열풍이 그들의 자녀 세대인 유초등 아동들에게 이어지는 지금의 한국 현실을 고려하면 만 5~6세 월령에서 한글을 배우는 것이 일반적이라 생각한다. 소리 언어로서의 모국어 교육은 24개월 전후부터 시작하여 엄마 아빠가 책 읽어주기, 아이가 책 가지고 놀기, 흉내내기, 끝말이나 어감을 이용한 부모와의 언어 놀이 등을 통해 익힌다. 이런 활동은 충분하면 충분할수록 좋다. 문자언어는 그러한 놀이와 체험, 소리언어의 익숙함 속에서 저절로 자라고 흥미로운 대상이 된다. 필요한 것은 부모의 관찰과 배려다. 문자언어를 배우는 속도가 늦어도 문제되지 않는다. 초등학교 2학년 때 익히는 아이도 있다. 문자언어 배우기가 늦는 아이들에게 1학년 들어가서 받아쓰기 0점을 받고 친구들이 놀려도 당당하게 선생님께 제 처지를 밝히고 친구들을 벌주는 '떳떳함'을 길러주는 것이 필요하다.

어느 철학자가 쓴 글 중에 이런 대목이 있다. 본인이 어릴 적에 삼촌이 소 그림을 보고 '소'라는 글자를 가르쳐 주었다고 한다. 금새 '소'라는 글자를 익히는 것을 보고 삼촌은 어른들이 모여 있는 자리에서 자랑스러운 조카에게 그림을 보여주면서 글자를 읽어보라고 하였단다. 그런데 이번에는 삼촌이 큰 소 옆의 아기 소를 가리키며 묻는 바람에 '소' 라는 글자를 두고 본인은 '송아지' 라고 읽었고, 삼촌은 큰 창피를 당하여 나중에 본인을 데려다가 꾸지람을 주었다는 이야기다.

아이는 사실 잘못한 것이 없다. 이미지스트이기 때문에 작은 소는 송아지로 이해하는 것이 맞다. '소' 라는 단어 하나를 문자로 이해하는 일은 크고 작은 수많은 소들의 모습을 추상하여 익히는 정신작용의 결과다. 그런데도 불구하고 이미지스트로서의 아이들을 이해하지 못하고 삼촌처럼 아이들을 윽박지르기 시작하면 그것은 이미 문자 공부라는 것이 흥미의 대상이 아니라 억압이나 싫증으로 다가갈 수 있다. 다 커서 철학자가 되어서도 그 시절 삼촌의 태도가 얼마나 억울한 일이었는지를 기억할 정도라면, 그 철학자에겐 그 어린 시절의 삼촌의 꾸지람이 커다란 부담이었을 것이 분명하기 때문이다.

3. 조기 한글 떼기 교육에 매달려서 나타날 수 있는 문제들에는 어떤 것이 있을까? 과잉 언어증, 혹은 학습 의욕 상실 같은 문제는 이와 어떤 관련을 가질까? 그리고 이런 문제는 부모들의 어떤 태도 때문에 원인이 되어 나타나는 것일까?

- 모든 공부의 핵심은 자기주도력에 있다. 억지로 서둘러 가르

쳐 100점을 맞는 아이보다 스스로 동력을 삼아 80점 맞는 아이의 정신적 에너지가 더 높다. 잠재력의 차이다. 중요한 것은 난이도가 높아지는 학습 내용일수록 성인에 가까운 학습 내용이 필요한 나이가 될수록 자기주도형 학습능력은 큰 힘을 발휘한다는 점을 이해하는 데 있다. 여기서 발생하는 모든 부작용의 핵심 원인은 부모의 조급함에 있다. 그리고 그 조급함의 배경에는 사교육 학습지 업체들의 공격적 마케팅, 그리고 옆집 아줌마가 조장하는 불안감이 도사리고 있다. 부모들의 여유와 배려가 필요하다. 정작 부모 본인들은 어릴 적 선행학습에 매달리지 않고 '충분히 놀았으면서도' 지금 잘 살고 있지 않은가.

공부라는 것이 신문사들의 교육 지면 제목처럼 '맛있고', '신나고', '재미있어야' 한다. 한글 교육은 그 첫발이다. 첫발부터 강제로 공부하면서 제 타고난 바의 속도대로 공부할 수 없다면, 자칫 아이들이 한글 깨치기 과정에서부터 공부라는 것에 대해 지겹고 싫증나면 의무감으로만 다가오는 것으로 되어 버릴 수 있다.

4. 그렇다면 어떤 방법으로 한글 깨치기를 하는 것이 좋을까? 통문자 학습이라는 것도 있던데 그것은 무엇일까? 자음이나 모음을 배우게 하고 낱글자를 익히게 하여 단어를 알게 하는 방식은 우리 부모들이 배운 방식인데 아직도 그것은 유효한 방식일까? 영어 파닉스 공부도 한글 깨치기처럼 공부할 수 있을까?

● 거듭 말하지만 아동들은 초등학교 3학년 나이가 될 때까지

대개 아직 이미지스트이다. 한글을 깨치는 방법도 사실은 배우게 될 아동들의 특성을 고려할 때 제대로 조직된다. 분석하기, 쪼개서 이해하기는 추상하기와 거의 동일한 용어다. 자음과 모음으로 분석하여 조립하는 사고를 가르치는 일은 그런 점에서 추상적인 사고가 가능한 사람에게 접근하는 학습 방법이다. 통문자로 가르쳐야 한다. 'ㅂ'이 '비읍'인 줄 모르고 '네모에 뿔 달린 것'이라고 표현하는 것이 통문자로 배우는 아동들의 특징이다. 글자를 90도, 180도 뒤집어 쓰는 것도 이 아동들의 특징이다. 글자를 그림으로 인식하기 때문이다. 이것이 아동들이 이미지스트라고 하는 이유다.

제 이름, 그림책의 제목, 자주 가는 동네 가게의 이름 등에서 시작하는 수십 개 규모의 통글자들을 익히면서 아동들의 문자학습은 시작된다. 엄마가 플래시 카드로 도움을 줄 수 있는 것은 이 때다. 철자는 틀려도 좋다. 문어와 구어를 구분하지 못해도 좋다. 그래서 소리나는 대로 읽는 것에서 혼란이 생겨도 된다. 한글 맞춤법은 우리도 힘든데 아이들에게 강요하는 것은 더욱더 어불성설이다. 그냥 문자 학습을 스스로 즐기도록 충분하게 내버려 두어야 한다. 그렇잖아도 학교 가면 지나치게 정확성 중심으로 가르치는 풍토 때문에 '받아쓰기'로 시달릴 아이들이다. 띄어쓰기가 틀려도 상관 없다. 말만 통하면 되는 것 아니겠는가.

유창성이 중심이다. 충분히 익숙해졌을 때, 그 때서야 비로소 이미 들어봤음 직한 글자들의 이름, 음운의 이름을 익히게 하고 정리해 주어도 된다. 모음과 자음의 체계는 그 때서야 필요한 마무리작업에 불과하다. 모든 추상적 개념화가 다 그런 것이지만.

영어도 마찬가지다. 유아들의 영어 공부는 기본적으로 구어 중심이어야 하고, 문자교육을 시킬 만한 나이가 되면 구어에 기반하여 통문자로 익히는 것이 좋다. 그래야 파닉스가 저절로 해결된다. 하지만 구어를 통한 '습득' 과정, 즉 언어 교육의 첫 단계가 충분하지 않을 때, 그리고 모국어에서 문자교육을 받았다고 판단되는 나이일 때는 자음과 모음을 외워 가며 음운 분해 방식의 학습을 시키기도 한다. 하지만 잉글랜드나 스코틀랜드 등지에서도 자국어 문자교육은 통글자로 진행하는 것이 일반적이다.

5. **나이에 따라, 월령에 따라 아이들의 한글교육을 위해 부모들은 어떻게 도와야 할까? 한글을 깨치는 과정을 포함하여 아이들의 모국어 문자 언어교육은 일반적으로 어떤 원리와 기준으로 진행되어야 할까? 경험을 통해 얻어진 언어놀이에서의 구체적인 아이디어에는 어떤 것이 있을까?**

● 월령이 낮을수록 책 읽어주기가 가장 좋은 방법이다. 책 읽어주기는 단지 한글을 깨치기 위한 과정이기만 한 것은 아니다. 부모와의 교감 확대, 그리고 새로운 정보와 세계의 접촉, 책과 친숙해지는 과정 등을 담고 있다. 책 읽어주기는 아이가 만 1세여

도 상관없다. 이미 엄마 뱃속에서 엄마와 아빠의 음성언어에 익숙한 아이들로선 엄마와 아빠의 책 읽어주는 소리가 음악소리처럼 살아서 다가간다. 그림이 한 면, 그 이름이 한 면에 적혀 있는 플래시 카드는 이 시기부터 사용할 수 있다. 다만 재미있게 해야 하며 흥미가 낮으면 카드를 풀어놓고 놀게 한 후 나중에 플래시 카드를 이용해도 좋다.

36개월 전후부터는 다양한 언어놀이를 하는 게 필요하다. 간단한 끝말 이어가기, 발음이 비슷한 소리언어들을 이용한 놀이, 노래 부르기, 흉내 말 놀이, 제가 좋아하는 책에서 같은 글자 찾아보기 등이 고려될 수 있다. 이 시기에도 책 읽기는 계속된다. 이 시기가 되면 아이들은 읽지도 못하면서 혼자 책을 들고 엄마 흉내를 내며 인형에게 이야기를 한다든가, 책에 나오는 인물이나 사물들을 활용하여 할머니나 아빠에게 이야기를 만들어 전달하기도 한다. 책 읽기와 플래시 카드는 계속 활용한다. 이때는 길거리의 간판이나 가게 등도 이야기 소재로 삼아 부모들이 전달하는 음성언어로 실어 전달할 수 있다.

만 60개월 전후는 제 이름 쓰기나 엄마 아빠 이름, 그리고 친구 이름 쓰기 등을 할 수 있다. 동네 간판, 그림 책 이름 등으로 점차 그 범위가 확대될 수 있다. 최소의 문자가 들어가는 그림 카드 만들기나 편지 쓰기 등도 이용할 수 있는 나이이다. 이러한 과정이 익숙하여 제법 문자에 대한 관심이 높고 아는 통문자가

100개~200개를 넘기 시작하면 시중의 한글 학습지 등을 잠깐 1달~2달 정도 활용할 수 있다. 이를 통해 속도가 붙고 색다른 흥미를 지니게 되는 것이 일반적이다. 단, 그 기간은 짧아야 한다. 겨우 문자를 익히게 된 만 6~7세 아이들은 간단한 책 읽기, 동생 책 읽어주기, 편지 쓰기, 노래가사 쓰기 등의 방법으로 문자를 읽고 쓰는 훈련이 '놀이'로서 충분하게 진행되어야 한다. 그리고 나서 초등학교에 들어가서야 모음과 자음의 체계를 논할 수 있다. 이 시기를 지나면서 아이들이 작성하는 글은 사실 철자도 안 맞고, 소리 나는 대로 적고, 그림과 글자가 뒤섞이며, 어떤 글자는 뒤집어 쓰기도 한다. 일부러 고쳐 주려고 노력하기보다는 차라리 여력이 있거든 자주 엄마, 아빠가 역시 아이의 눈높이대로 그림도 섞고 색깔이 다양한 편지 써주기를 하는 것이 좋다. 할머니 할아버지까지 모든 정서적 관계의 주변 인물들이 동참해 준다면 더더욱 좋다.

다음 단계에 들어서면 제 손으로 책을 읽는 것에 재미를 붙이게 된다. 스스로 너무 대견하여 늦은 밤까지 책을 읽는 아이가 되기도 하고, 이른 아침에 일어나서도 차를 타고 가면서도 책 읽기에 몰두한다. 이때도 책 읽어주기는 계속된다. 고집 센 아이들은 엄마가 읽어주는 것을 거부할 수도 있고, 자신감이 부족하고 엄마에 의존적인 아이들은 반대로 제가 읽을 수 있으면서도 엄마에게만 읽어달라고 귀찮게 하는 것이 이 시기다. 상관하지 말고 읽어주고, 스스로 읽도록 내버려 두어야 한다. 이 시기에는 문자에 대한 호기심이 많은 때이므로 일부러라도 함께 서점에 나가 좋아하는 책을 고르게 하고 책과 문자에 대해 친숙해질 수 있도록 돕는 것이 필요하다.

6. 한글 깨치기 교육에서 가장 중요한 역할이 엄마와 아빠에게 있다면 엄마와 아빠가 한글 깨치기를 집에서 주도하여야 하는데, 혹시라도 잘못하면 어떻게 바로잡아야 하나? 특별히 집에서 엄마와 아빠가 아이의 한글 깨치기 도우미 활동에서 유의하여야 할 점은 무엇인가?

● 억지로 시키려는 마음이 가장 위험하다. 아이들에게는 모든 것이 놀이다. 흥미를 잃으면 엄마도 그냥 그 자리에서 접고 그만두어야 한다. 중요한 것은 아이들의 흥미와 자발성이다. 기어야 하는 월령이 있듯이, 엄마는 기다릴 줄 알아야 한다. 옆집의 아이와 우리 아이는 결코 같지 않다. 큰 아이와 작은 아이도 결코 같지 않다. 늦터지는 것이 모자란 것은 결코 아니다. 옆집 아줌마와 아빠를 조심하라. 가끔씩 내뱉는 아빠들의 도시락 폭탄 같은 발언이 엄마들을 조급하게 한다.

책을 읽어주는 때마저도 아이들은 건성일 때가 많다. 책을 읽어줄 때도 장난감이나 인형을 갖고 놀아서 도무지 집중력이 없는 것처럼 보인다. 그래도 그냥 읽어주어야 한다. 연구에 따르면 아이들은 그 와중에도 모두 듣는다. 미국에서 진행된 '세서미 스트리트'라는 아동물 텔레비전 프로그램에서도 다른 짓을 하면서 본 아이들의 집중력이 더 높다고 말한다. 우리로서는 이해하기 힘든 대목이지만 이미지스트이며, 어린 원숭이들처럼 시끄럽고 산만하게 노는 것이 특징인 이 시기 아동들에게는 자연스러운 일이다. 산만함은 아동들의 사고와 행동이 지닌 공통적 특징이다. 그런 점에서 생각하면 아동들을 다루는 데 필요한 엄마의 핵심능력은 수양과 마음의 평정심이다.

7. 한글 떼기 시기와 아이들의 학습능력에는 어떤 상관관계가 있을까? 한글을 빨리 떼면 책을 많이 읽어 사고력이 좋아질까? 한글을 빨리 떼는 아이가 머리가 좋을까?

● 남들보다 말을 늦게 한 아이들이 사고력에서 뒤진다고 판단할 수 없듯이, 문자로서의 한글을 늦게 깨친다고 해서 아이가 머리가 나쁘다고 할 수 없다. 말이 늦게 트이는 아이들 중에 창의력이 높은 아이들이 많다는 연구 보고도 있다. 마찬가지로 문자 언어를 늦게 깨치는 아이들은 정신적으로 놀고 있다기보다는 다른 측면의 정신적인 영역에서 활발하게 집중하여 다른 일을 하고 있다고 이해할 수 있다.

한글을 빨리 떼면 책을 많이 읽게 되고 그렇게 됨으로써 사고력이 좋아진다는 것도 조급증이다. 빨리 익힌다고 책과 익숙해지는 것은 아니다. 책을 빨리 읽는 능력이 있다고 해서 공부를 잘 하는 것이 아닌 것과 같은 이치다. 한글을 천천히 떼고 천천히 책을 읽는 아이라 할지라도 책과 친숙해서 몸에 붙으면 사고력 신장에 얼마든지 도움이 된다. 더구나 연구 통계에 따르면 외향적인 아이들이 한글 깨치기에서 앞서는 경우가 많지만, 반대로 책 읽는 습관에서는 내성적인 아이들의 능력이 우세하다고 한다. 외향적인 아이들이 어차피 자라면서 순발력은 보이겠지만, 책 읽기 등에서 내성적인 아이들보다 진득하지 못할 수 있다는 것을 감안하면 일부러 속도를 빨리 해줄 것이 아니라 제 속도에 맞추어 공부하게 하고 오히려 책과 친숙해질 수 있도록 배려하는 것이 좋을 수 있다.

8. '한글 떼기' 라는 말과 '한글 깨치기' 는 어떤 차이가 있을까? 학습지 업체들은 '한글 떼기' 라는 표현을 많이 쓰던데 그것이 타당한 것인가?

- '한글 깨치기' 가 정확하다고 본다. 그리고 그 좁은 의미는 문자언어로서의 모국어 익히기를 의미한다. 소리언어로서의 모국어 활용과 놀이 시기까지를 포함하여야 진정한 한글 깨치기가 된다. 학습지 몇 달 한 것으로 한글을 깨쳤다고 생각하며 학습지를 지나치게 예찬하거나 아동의 능력에 대하여 과대평가할 이유는 없다. 이미 그 아동은 이전에 몇 년 동안 충분하게 '준비' 되었다고 보아야 한다. 한글로 구어 생활을 몇 년씩 해왔고, 엄마가 책을 읽어주는 과정에서 아이들은 문자 언어를 배울 준비를 하는 것이다. 겉보기에는 어느 날 갑자기 한글을

깨치는 것처럼 보이지만, 음성언어를 갑자기 시작한 것처럼 문자언어도 실제로는 준비한 시간이 아이들에게는 존재하는 것이다. 인위적 환경으로서의 한글 깨치기 프로그램이란 아동의 자발성이 섬광처럼 솟구칠 때 잠깐 필요한 부싯돌 불과 같은 것이다.

9. 서점에 나가면 학습지 업체의 책들만큼이나 유아 한글 교재들이 많은데 이것들을 어떻게 평가하여 이용하여야 할까? 어떤 기준으로 한글 교재를 선정하여 아이들에게 도움이 되게 활용할 수 있을까?

● 현재 한글 깨치기 교육은 지나치게 조기교육, 선행학습의 흐름 속에 있다. 한솔교육 이후 웅진, 대교 등 대기업들이 너도나도 한글 깨치기 교재를 내놓으면서 조기 한글 교육이 과열 상태에 있다. 그에 따라 서점에도 크고 작은 출판사들이 너도 나도 한글 깨치기 그림책이나 교재를 출시하였다. 학습지든 교재든 선정 기준을 고민한다면, 우리 아이의 속도와 특성에 맞는지가 가장 중요한 판단 기준이어야 한다. 우리 아이가 '준비된' 아이인지를 돌아보고 결정하여야 한다. 그리고 필요한 만큼만 이용하는 단기 처방임을 주지하여야 한다. 업체들은 수익이 줄어 못마땅해 할 수 있는 일이지만, 부모들 입장에서는 완전하게 맡겨서 의지할 만한 것은 없다는 점을 명심하여야 한다. 완전하게 의지하여야 하는 것은 부모 자신들 뿐이다.

전집 학습물 판매를 하는 사교육 기업에는 '만 24개월 마케팅'이라는 것이 있다. 만 24개월 전후로 아기들은 언어를 구사하면서 제법 사람 같은 행동을 하기 시작하는데, 이런 모습이 부모 입장에서 보면 천재처럼 여겨진다. 이것저것 아는 체를 하기도 하고, 더러 철학자 같은 호기심으로 세상에 대한 자신만의 생각을 말하기도 한다. 이때가 전집을 팔기에 적합한 시기라는 것이다. 그래서 산부인과 병원들로부터 태어난 아기들의 자료를 수집하여 만 24개월이 되었을 때인 '마케팅의 적기에' 찾아간다. 이 시기를 노리고 전집을 파는 방문 판매업자들은 놀라운 판매고를 올린다. 이 때 한국의 부모들이 최초로 아이들의 교육을 염두에 두고 과소비를 하게 된다. 이 때 산 전집은 아이들의 정신 연령에 맞지 않는 경우도 많다. 이 때 산 책들은 아이들의 기호에 상관없이 오랫동안 책꽂이에 꽂혀 있다가 조용히 사라지는 경우가 대부분이다. 아마도 아이들을 키워본 부모들이라면 이런 이야기에 고개를 끄덕이며 쓴 웃음을 지을 것이다.

★

플래시 카드와 자연

플래시 카드의 이용은 다른 관점에서 살펴볼 수 있다. 우리나라에는 일본에서 들어온 시찌다 교육원에서 처음에 보급한 것이 플래시 카드다. 아기들의 뉴런이 형성되는 시기에 플래시 카드가 아이들의 뇌를 자극하여 뉴런의 복잡한 형성을 돕는다는 원리에 입각한 접근이다. 이는 효과가 있는 방식이다. 이야기를 해주거나 책을 읽어주는 효과, 더 좋은 것으로는 실제 사물의 세계를 다양하게 체험하게 하는 것과 같은 효과다. 물론 가장 좋은 것은 자연 속에서 다양한 체험을 하게 하는 것이겠지만, 플래시 카드를 이용하는 것도 한 방법으로 이용할 만하겠다. 플래시 카드의 효과 중 가장 뚜렷하게 알려진 것은 기억력이다. 기억력이 좋아진다. 다만 시찌다 교육원 등에서 파는 플래시 카드가 너무 비싸다는 것이 문제다. 요즘은 플래시 카드를 파는 곳이 많으니 가격이 비싸지 않은 것으로 골라 사는 것이 현명한 소비 태도일 것이다. 베베하우스, 해오름, 맘스쿨 등의 인터넷 사이트를 통하여 공동구매를 하는 것도 싸게 구매하는 방법이다.

하지만 거듭 강조하여 자연 속에서 아기들이 실제 세계를 오감으로 경험하게 하는 것이 가장 권장할 만한 활동이다. 엄마들 중에는 밖으로 나다니는 것을 좋아하지 않는 엄마들이 있다. 그래서 엄마의 성격이 아기들의 권리를 앗아가는 결과를 가져올 수 있다. 귀찮다 하더라도 밖으로 나가야 한다. 벌레 나오는 지저분한 곳으로 여겨 자연을 싫어하는 엄마들도 조심하여야 한다. 자연을 멀리할수록 아기들의 체험은 제한된다. 놀이 학원에 가는 것도 의미가 아주 없는 것은 아니지만, 가능하면 자연 속에서 체험하게 하여야 한다. 이제는 전국에 50개가 넘는 공동육아 어린이집은 그런 점에서 인상적인 프로그램을 갖고 있다. 아이들이 매일 산행을 하거나 자연 속으로 나들이를 한다. 이것은 서울 신촌에 있는 이화여자 대학교 부속 유치원, 서울 강동에 있는 동덕여대 부속 유치원, 그리고 부산의 부산대학교 부속 유치원, 서울 태릉의 화랑유치원 등에서 운영하는 유사 프로그램을 통해서도 그 가치를 가늠해 볼 수 있다. 이화여대 부속 유치원만 해도 들어가기가 아주 힘든 유치원인데, 그 이유는 이와 같은 프로그램의 진가를 아는 엄마들이 이미 많아졌기 때문이라 할 것이다.

개념 이해 중심 수리교육

개념에 관한 이해를 중점으로

수리능력의 경우도 계산이나 수의 이해능력보다 공간 수리 감각이 우선적으로 중요하다. 보통 공간 수리능력은 유아기 때의 손 놀이 활동이 중요한 기초를 세운다. 이스라엘식 유아교육에서 배울 점이 많다. 블록 쌓기나 미술 놀이 활동은 수학적 공간 감각을 키우는 데 도움을 준다. 미술활동인지, 수학활동인지 분간이 가지 않더라도 손노동을 많이 하게 하는 것이 좋다.

다음으로 수 개념이나 계산 능력과 관련한 수리 영역이 유아기의 인지능력에서 어떤 경로로 성장하는지를 생각해보자. 유아기의 아동들에게 있어 가장 우선적인 수학적 지식은 공통점이나 차이점을 이해하는 것, 즉 분류에 대한 이해다. 그 중에서도 우선적인 것은 공통점에 대한 이해다. 그것을 기반으로 차이점을 이해하도록 한다.

일상 속에서의 사물들에 대하여 엄마가 대화를 통해 공통점이나 차이점을 찾는 공부를 하는 것이 좋다. 아이는 그것이 공부인지도 모르고 엄마나 아빠와 대화하는 가운데서 놀이로 이해하도록 하는 것이 좋다. 가령, 대문과 텔레비전과 식탁의 공통점이 무엇인지 퀴즈 문제처럼 이야기될 수 있다. 여기서 발전하여 차이점에 대한 생각을 쉽게 하도록 유도하기 위하여 '대문과 텔레비전과 식탁에는 있는데, 밥그릇에는 없는 게 뭐지?'와 같은 질문을 던질 수 있다.

사실 고등 논리학에서도 공통점과 차이점에 대한 인식은 모든 사물에 대한 추상적인 인식에서 매우 중요한 사고의 출발이다. 이 과정에서는 학습지나 유아 놀이 교재보다는 엄마와 아빠의 대화가 훨씬 효과적이다. 식구가 많은 집이 유리한 것도 이 때문이다. 학습지나 출판사들 입장에서는 서운할지 모르지만, 아마도 그 효과는 정서적인 역할까지 고려하면 수십 배의 가치가 있다.

그리고 공통점이나 차이점에 근거하여 사물들을 분류할 수 있게 되면, 그 사물들의 질서에 대하여 고민하는 것이 아동들의 수학적 사고의 영역이다. 질서는 여러 가지가 있다. 대표적인 것이 순서다. 혹은 위와 아래, 안과 밖 등의 위치도 질서의 내용일 수 있다. 특히 수학적 능력과 관련해서는 순서를 통한 질서의 이해가 중요하다. 우리

집에서 나이가 많은 사람부터 적은 사람까지, 키가 큰 사람부터 작은 사람까지 이야기해 보는 것이 한 예다.

순서에 대한 이와 같은 이해는 곧바로 서수, 즉 '첫째, 둘째, 셋째'와 같은 수의 순서들에 대한 이해의 출발이다. 순서에 대한 이해가 가능하면 수를 차례로 세는 것이 가능하며, 그것이 무슨 의미인지를 이해한다. 1부터 100까지를 아무 의미도 모르면서 줄줄이 외는 아이들이 있다. 대견해 보이지만 실은 아무것도 아니다. 1과 100의 순서가 갖는 의미를 모르고 1과 100의 크기를 모르는 것은 순서에 대한 수 개념이 서지 않은 경우다.

즉 유아의 인지능력은 '공통점과 차이에 대한 이해 → 순서와 질서에 대한 이해'로 이어져야 한다. 만약 앞의 개념이 분명하지 않으면 의미도 모른 채 숫자만을 나열할 수 있다.

'크다'거나 '적다', '작다', '많다' 등은 차이점에 대한 이해의 일부이다. 1과 100의 차이를 정확하게 99라고 이해하지 않아도 된다. 그것은 이미 덧셈이나 뺄셈의 영역이다. 순서를 통한 수의 이해, 그 다음 단계인 수 셈에 해당한다. 그래서 순서와 같은 질서에 대한 이해보다도 '차이 영역', 즉 크기나 길이, 많고 적음 등이 먼저 다루어져야 한다. 세 살 때 1부터 10까지 순서대로 말한다고 천재는 아니다. 3과 5 중에서 어떤 수가 더 큰지를 물으면 3이 더 크다고 말하는 아이가 흔하다. 실은 수의 크기에 대한 개념 없이 그냥 '외워서' 나열하는 것에 불과한 것이다. 천재 났다고 부모들이 흥분할 일이 전혀 못 된다.

이제 수를 순서대로 셀 수 있고, 수를 익혀서 수와 숫자 개념도 이해하게 되면, 수에 대한 셈, 특히 덧셈이나 뺄셈과 같이 단순한 것들, 그것도 1부터 10까지의 적은 수들의 가감에 대한 공부를 할 수 있게 된다. 앞의 과정을 다 생략하고 처음부터 덧셈이나 뺄셈을 하게 되면 그것은 죽은 공부다. 지금은 개념의 이해가 매우 중요한 것이 수학적 인지능력이다.

수와 숫자만 해도 그렇다. 3은 수이기도 하고 숫자이기도 하다. 33은 수이기도 하고 숫자이기도 하다. 33에는 숫자 3이 두 번 들어가 있다. 우리는 유아기 아동들이 10을 두고 '일영'이라고 읽는 경우를 흔히 보곤 한다. 이는 10을 숫자로 분해해서 읽는 행위다. 10 자체를 1과 0이 합해진 독립된 숫자로 이해하지 못한 것이다. 또한 10의 자리가 1개, 1의 자리가 0개라는 것은 더더욱 이해하지 못한 것이다. 곧 수 개념으로 이해하지 못하는 것이다.

이와 같이 수와 숫자 개념은 초등학교 수학과정 내내 자주 다루어지는 창의 사고력 수학 문제가 된다. 이런 점들이 개념적으로 바로 서야 비로소 아이들의 수에 대한 수학적 이해가 되었다고 할 수 있다. 그러기에 가장 좋은 방법은 당연히 엄마와 아빠가 함께 하는 수 놀이이다. 무수히 많은 보드게임에는 수 놀이가 포함되어 있다. 보드게임을 즐기는 것은 가족들이 수 놀이를 하는 한 방법이기도 하다. 어릴 적 부모들이 딱지치기나 구슬치기, 공기놀이를 하면서 자연스럽게 수 놀이를 했던 것과 유사하다. 지금 우리 아이들에게 필요한 것은 학원이나 학습지가 아니라 부모들이 어린 시절 하고 놀았던 자연스러운 놀이학습이다.

유아기 아이들의 수학교육에서는 다음과 같은 점을 주의하여야 한다.

- 계산능력을 지나치게 강요하지 않는다.
- 아이가 싫증을 내면 바로 그만 둔다.
- 수학적으로 생각하는 것을 즐기게 하는 것을 목표로 한다.
- 매일 규칙적으로 수학 공부를 시켜야 한다고 생각하지 않는다.
- 답을 정확하게 맞추었는지 아닌지에 초점을 두지 않는다.
- 억지로 외우게 하지 않는다.
- 수학공부가 놀이가 되도록 한다.
- 선행학습 위주로 진도를 서둘러 나가지 않는다.
- 1주일에 한 번 정도로 공부하는 시간을 제한한다.
- 문자 중심의 종이 교재를 이용한 교육 프로그램을 가급적이면 피한다.
- 공부를 위해 교구나 실생활 소품을 주로 활용한다.
- 문제풀이 위주로 접근하지 않고, 개념의 이해나 적용을 중심으로 한다.

● 수학 공부를 위해 학원 등의 시설형 기관에 보내거나 학습지를 하는 것보다는 엄마와 아빠가 생활 속에서 해보는 것이 더 큰 공부다.

2부 초등 저학년의 교육 전략

- 사교육과 공교육 사이
- 학습지 시장의 유혹
- 습득 중심의 영어교육
- 예술과 스포츠에 대한 관심
- 초등학교 입학

초등학교 저학년도 유아기 아이들처럼 아직 구체적 조작기를 지나고 있는 연령이다. 인지적으로 아직 추상적 사고의 문이 열리지 않은 연령인 것이다. 역사적으로 보면 문자를 배우고 알기 시작했으니 철기 시대쯤 되는 시기다. 이 시기 아이들은 취학 전 아동들처럼 이미지스트로 살아간다. 체험과 놀이, 자연, 상상력과 판타지의 세계가 이들에게는 중요한 생활의 영역이다. 학교에 들어갔다고 해서 부모가 아이들에게 너무 많은 것을 기대할 수 없는 연령이다. 무엇을 물으면 '나도 알아!' 하고 대답하더라도 실은 모르는 경우가 더 많다. 그리고 스스로 무엇을 해야지 하고 챙겨서 과제물을 해결한다든가, 정해진 날짜에 맞추어 잊지 않고 어떤 일을 계획성 있게 의지적으로 할 수 있는 나이가 아니다. 돌아서면 잊고, 감각적으로 행동한다. 유아기 때처럼 아직도 대개는 산만하고 소란스러운 것이 이 시기 아이들의 특징이다. 잘 흥분하고, 흥미를 주는 일에 민감하다.

　필자가 상담한 어떤 엄마는 초등학교 1학년에 아이를 보내놓고 이제는 의젓하게 학교를 다닐 아이를 기대하다가 큰 실망에 빠졌다. 한 학기가 다 가도록 아이가 학교에서 가져오는 전달사항 쪽지나 과제물 한 장 없었던 것이다. 엄마가 물으면 건성으로 선생님께서 주신 것이 없다고 하는 아이를 믿고 시간을 보냈다. 그 엄마도 대학교 교직원인지라 학교 사정을 잘 알기 때문에 그런 선생님도 계시겠지 하고 잊고 지냈다. 그러다가 여름방학이 다 되었는데 학교의 담임선생님으로부터 학교에 와 달라고 연락이 왔다. 학교에 가 보니 '오, 세상에!', 아이 책상 속에 한 학기 동안 선생님이 보낸 통지문이 구겨진 채로 가득했고, 교과서며 공책도 엉망인 채로 책상 속에 우겨져 있었다. 선생님 말씀이 준비물 등을 제대로 챙겨오지 않아서 가정에 어려움이 있는 아이지만, 다른 아이들과는 구김 없이 잘 논다고 생각했다는 것이었다. 엄마는 아이가 성격적으로 결함이 있어서 결핍 행동을 보인 것이 아닌지 걱정했지만, 정도가 심할 뿐 이 시기 아이들은 대개 이와 같이 산만하고 챙길 줄 모르고 그러면서도 친구들 하고는 잘 노는 것이 특징이라고 할 수 있다. 이런 특징을 보이는 아이들을 어떻게 교육시킬 것인가 하는 부분은 이 시기의 교육환경의 여건과 맞물려 중요한 변수가 된다.

사교육과 공교육 사이

최초의 고민 시작, 학원과 학교 사이

이 시기 자녀들을 키우는 부모들은 우리나라의 현실에서 일반적으로 두 가지 문제에 직면한다. 하나는 학원 문화다. 학원은 본래 초등학교 고학년 이상의 아이들이 방과 후에 다니는 학습 문화 공간이었다. 하지만 학원 문화가 위로부터 아래로 내려왔다. 즉 초등학교 저학년까지도 학원 중심으로 아이들의 생활이 재편된 것이다. 학원에 가지 않고는 방과 후에 놀이터에서 함께 놀 만한 친구가 별로 없다. 그래서 이러한 학원 생활 문화에 합류할 것인지의 고민이 이 시기 부모들에게 다가온다. 스스로 고민하지 않더라도, 옆집 엄마나 같은 반 친구들의 엄마로부터 오는 전화를 통해 권유 받는 것이 이 시기의 학원 문화다. 심지어 우리 집 아이가 수학을 잘 한다 싶으면 어느 새 그런 이야기를 아이로부터 전해 듣고는 '그 집 아이는 어느 수학 학원에 다니느냐' 고 전화를 걸어오기도 한다.

다른 하나는 아직 미덥지 못한 이 시기 아이들의 학교생활을 어떻게 관리하고 도와주느냐의 문제다. 초등학교에 들어가면 다 키운 듯하지만 저학년 아이들에겐 아직 부모의 손길이 많이 필요하다. 아이들 역시 아직은 부모에 대한 의존이 절대적이다. 학교생활을 구체적으로 들여다 볼 수 있는 것도 아니어서 웬만한 관찰력과 상상력이 없는 바에는 부모들이 아이들의 생활에 대해 구체적으로 흐름을 짐작하기란 쉽지 않다. 활달한 여자 아이들은 그래도 학교에 갔다 오면 쫑알거리는 것이 많아서 학교생활을 짐작하기가 수월한 편이지만, 대개는 그렇지 못한 것이 일반적이다. 그래서 부모들은 이 시기 아이들과 어떻게 스킨십을 유지할 것이며 아이들의 학교생활을 어떻게 파악하고 학교생활을 어떻게 도와야 할지가 고민이 된다.

특히 초등학교 입학 후부터는 구체적으로 특정한 교과목 중심으로 부모들의 고민이 발전하는 법이다. 학교에 다니면서부터 아이들은 본격적으로 문자 교육 중심의 학교 교육 과정에 직면한다. 그에 따라 부모들의 고민도 국어영역에서는 한글을 제대로 깨치고 응용하여 아이들이 바르게 글을 읽고 쓰는지가 고민이다. 수학에서는 수를 셀 줄 아는 상태에서 학교에 갔다 하더라도 수 개념의 이해와 계산능력이 제대로 형성되는지가 고민이다. 거기다가 아직 영어를 배우지는 않지만, 이미 사교육에서는 초등학교 저학년만 해도 초등학교 저학년 시기가 본격적인 영어 공부의 시기로 굳혀져 있는 상황에서 어떻게 이 시기 아이들에게 영어를 공부할 수 있도록 이끌어 갈지가 고민이다.

★

체험과 활동, 놀이 방식으로 공부해야

결론부터 말하면 이 시기 아이들의 공부는 체험과 활동, 놀이의 방식으로 이루어져야 한다. 인류 전체의 역사를 비유하여 보면, 이 시기 아동들은 이제 막 역사 시대, 즉 문자를 알고 문자로 기록하고 문자로 기록된 것들을 공부하기 시작하는 시기이다. 하지만 그렇다 하더라도 이 시기 아이들은 아직도 언어보다는 이미지가 익숙하기 때문에, 그림 그리기나 만화, 영상 게임과 같은 이미지들이 중요한 사고의 수단이다. 텔레비전 드라마 '주몽'에 보면 '신녀'가 등장하여 말도 안 되는 것 같은 주술과 미신이 행해지는 것도 이 시기 아이들의 특징과 유사한 점을 보여준다. 그래서 자칫하면 게임이나 비디오에 너무나 깊이 심취하여 헤어나오지 못할 정도로 습관화 되기 쉬운 시기이기도 하다. 이 시기 아이들에게 게임과 같은 이미지 문화는 마력으로 다가온다. 본능적으로 친숙하기 때문이다.

  초등학교 저학년 시기의 아이들이 행하는 놀이와 체험은 기본적으로 문자 생활에 친숙하도록 돕는 데 초점이 있어야 한다. 이 시기에는 자연스럽게 이미지 사용자에서 문자 생활자로 이동하도록 돕는 것이 중요하기 때문이다. 그래서 이 시기 가장 중요한 인지적 활동은 책을 매개로 하는 활동이 된다. 또한 문자 생활에 익숙해질 수 있도록 문자 생활에 필요한 논리와 사고력을 익히는 놀이와 체험이 의미를 지닌다. 어떤 일이 벌어지는 구조, 어떤 사물 속에 깃든 논리, 그리고 어떤 사람의 말 속에 담긴 앞뒤 맥락 등이 모두 체험과 놀이의 대상일 수 있다. 하다못해 신문과 TV에 나온 광고 문구, 동네의 간판에 담긴 의미 등도 하나하나 문자로서 아이들에게는 중요한 학습의 텍스트로 활용될 수 있다.

  필자가 상담한 어떤 엄마는 초등학교 2학년인 아들이 엉뚱한 질문을 한다고 걱정을 한 적이 있다. 시장에 데려갔더니 생선장수 아저씨의 좌판에 '고등어 한 마리에 1000원, 두 마리에 1500원'이라고 적힌 것을 보고 생선장수 아저씨가 산수를 못한다고 의문을 제기했다는 것이다.

  하지만 그 아이의 경우는 사실 정당한 질문을 한 것이었다. 그 질문과 의아심 속에서 아이들은 '에누리'라는 것을, 산수가 적용되는 다양성을 이해하게 되는 것이다. 오히려 좋은 예를 두고 엄마는 공연한 걱정을 한 셈이다. 오히려 이와 같은 문제의식은 부모가 격려하고 자극할 만한 소재들이다. 이런 소재들을 통해서 문자로 이루어진 세계를 이해하도록 돕는 것, 그래서 스스로도 조금씩 문자로 세상을 읽고 논리적으로 해석하며 자기 생각을 표현하도록 돕는 것이 이 시기 활동과 놀이와 체험의 내용적 목표가 된다는 것이다.

학습지 시장의 유혹

무심코 선택하는 학습지여서는 곤란

초등학교 저학년 아이들을 키우는 부모들은 문자 중심의 학습지나 학원에 쉽게 아이들을 내놓고 방치할 수 있는 위험이 있다. 일방적인 전달 위주로 구성되는 학습지와 학원의 교수 모형은 활동 중심으로 사고하는 이 시기 아이들의 특징과 어울리지 않는다. 정해진 듯한 학습 내용을 암기하고 반복하는 학습지와 학원의 교수 모형은 아이들의 '체험'하고 '참여'하고자 하는 욕구를 가로막고 오히려 학습 의욕을 꺾을 수 있다. 이제는 초등학교 고학년이거나 중학생이 된 자녀를 둔 부모들이라면 이 점에 대해서 적극적으로 공감할 것이다. 그들 386 세대 부모들은 대개 초등학교 저학년 때 대부분 한 번쯤은 학습지를 집안에 들여놓고 쌓아두었다가 결국은 모아서 내다버린 경험이 있기 때문이다. 처음 한두 달은 그럭저럭 호기심 반, 정성 반으로 학습지를 챙겨서 풀기도 하였지만 대개는 한 주일이 지날수록 그것들이 쌓여서 버리기도 아까운 쓰레기로 변해버리지 않았는가.

그래서 이 시기 학부모들은, 가볍게 생각해서, 옆집 아이들도 한다니까, 우리도 해야 할 것 같아서, 학습지를 너무 쉽게 구매하고 마는 실수를 하지 않도록 조심하여야 한다. 우리나라 학부모들이 이 시기 아이들을 키우면서 가장 많이 소비하는 사교육 상품은 사실 학습지이다. 학습지 업체들이 이런 이야기를 들으면 좋아하진 않을 것이다. 하지만 실제로 학습지 업체들의 매출 구성을 보면 초등학교 저학년 아동 시장에서 중심적인 매출이 이루어진다. 이것은 종합 학습지든, 특정한 과목 학습지이든 마찬가지이다. 2000년대 초반까지만 해도 주요 학습지 업체들의 매출은 초등학교 고학년이나 중학년에서 가장 큰 매출 구성을 보였지만, 지금은 초등학교 저학년 회원이 가장 큰 비중을 차지하는 편이다. 초등 고학년이 학습지 대신 학원으로 옮겨갔기 때문이다.

학습지 업체들의 경우 대형화된 사교육 기업들이 대부분이기 때문에 마케팅 능력이 탁월하고 세련되었다. 이 점 때문에 소비자인 부모들은 쉽게 학습지 업체들에 대한 기대와 신뢰를 갖게 마련이다. 프로그램을 만들면서 이론적인 배경을 제시하고 프로그램을 만든 사람들로 거명되는 사람들도 주요 대학의 교수들인 경우가 대부분이다. 광고지 하나도 세련된 포장과 디자인으로 구성된다. 텔레비전 광고를 하는 것은 기본이다. 그리고 편안하게 만날 수 있는 아줌마들이 학교 앞에서부터 사탕과 판촉물을 들고 아이들을 유혹할 정도로 우리 주변에 친숙하게 다가오는 마케팅을 한다. 하지만 이는 우리나라만의 교육 현상이다.

유아 시장의 1등 학습지 기업이던 한솔교육이 초등학생 시장에 뛰어들고, 초등학교 학습지 업체였던 대교와 웅진 등이 유아 시장에 뛰어들면서, 학습지 업체 간의 경쟁은 격화되었고, 특히 2000년대 들어 학원 시장이 초등학교 저학년을 넘어 유아 시장까지 파고들면서, 학습지 업체들의 마케팅은 이전보다 훨씬 더 활발해졌다. 너무 많아서 당연한 것처럼 되어 버린 초등 저학년의 학습지 생활 문화를 아무런 문제의식 없이 받아들여서는 안 된다. 어떤 교육상품이든 구매에 앞서 항상 고민하는 것은 당연하겠지만, 이 시기 학습지 구매에 대해서도 '꼭 해야만 하는 구매일까' 하고 반드시 반문하여 보아야 한다.

부모들이 아이들 교육 문제를 사교육 소비와 맞물려 심각하게 고민하는 첫 시기가 이 때이다. 아이들이 학교에 다니기 때문에, 학교에서 일어난 일들이 일상적으로 아이들의 성적과 결부되어 고민되기 때문에, 아이들 숙제를 돌보면서도, 이제 아이들 교육 문제가 현실로 다가

왔다는 것을 실감하는 시기가 이 때이기 때문이다. 미취학 아동들을 키울 때는 아직 시간적으로 여유가 있어서 부모가 상상하거나 기획한 대로 아이들을 어떤 교육적 상품 속으로 참여시키는 구도였다면, 초등학교 학령이 시작되는 이 시기부터는 '쫓기는 마음'으로 교육 문제를 고민하기 시작하는 것이다. 마음이 조급해진다. 그렇지만 이제 시작한 학교 교육의 긴 여정에서 무엇을 해야 할지 막막하다. 앞으로도 계속 느낄 일이지만 언제나 교육 소비는 부모 입장에서는 '초보자'다. 스스로 참고할 만한 '과거'가 거의 없다. 결혼 생활도 연애 많이 해본 사람이 유리한 법이다. 하지만 부모들은 언제나 순진하게도 첫 경험인 것이다. 그것도 아이들이 학교에 들어가 이제 걸음마를 하는 초등학교 저학년 시기에는 더욱더 부모들은 순진할 뿐이다. 그러면서도 아이들은 아직 잔손이 가야 할 나이이다. 더구나 아빠들은 대개 아이들을 귀여워만 할 뿐, 특별한 아이디어나 생각이 없고 주로 엄마에게만 그 고민이 맡겨진다.

그래서 아이들이 초등학교에 입학하면서 무심코 학습지를 시작하는 '외로운' 엄마들이 많다. 사탕이 담긴 학습지 광고 봉투를 학교 앞에서 아이들이 받아오면, 공연히 학습지 하나쯤은 해야 되는 것은 아닌가 하고 자극을 받는다. 그래서 계획 없이 학습지를 시작하는 경우가 많은 것이다. 그리고 아이들이 처음 두어 달 동안 학습지 교사를 만나면서 새로운 일에 관심을 갖고 흥미를 가지게 되면, 잘 했다고 생각하며 보람을 느낀다고 착각하기도 한다. 그리고는 학습지가 싫증이 나거나 효과가 별로 없다는 생각을 하면, 이제는 본격적으로 동네의 학원에 보내 볼까 하고 고민을 하게 된다. 학습지 구독이 부모들을 사교육에 대한 관심으로 인도하는 관문 역할을 하는 것이다.

★

학습지 선택의 전략

학습지도 충분히 전략적으로 고민하고 선택할 때만 조금이라도 당초에 의도했던 교육적 효과를 기대해 볼 수 있다. 우선 학습지를 구독하더라도 학습지 교사가 아니라 엄마가 그 교재로 자녀와 공부한다는 마음가짐이 필요하다. 학습지 교사의 방문 정도로는 학습관리를 실제적으로 할 수 없다. 그 주도적인 역할을 엄마가 해야 한다. 그렇게 하지 않을 거라면, 학습지 구독을 하지 않는 것이 낫다. 이것이 엄마가 학습지 구독을 신청하면서 다져야 할 마음가짐의 첫째다.

둘째, 학습지 업체의 해당 상품이 우리 아이에게 유의미한지를 꼼꼼하게 따져보아야 한다. 학습지 업체가 어련히 알아서 필요한 것을 팔겠거니 해서는 안 된다. 가령 수학 학습지를 생각해보자. 앞서 이 시기 아이들은 체험과 활동과 놀이로서 접근하는 방법이 무조건 필요하다고 했다. 그런데도 초등학교 저학년을 상대로 하는 수학 학습지의 상당수는 계산 능력 위주의 반복학습 문제풀이 교재로 구성되어 있다. 학습지가 아니더라도 출판 형태로 나온 '기탄수학' 문제집을 연상하면 된다. 이런 학습지들은 1980년대에 만들어진 것과 별로 차이가 없는 학습지다. 일본의 구몬수학이 들어오고 1980년대 초 대교의 수학 학습지가 만들어지던 시기와 별 차이가 없는 콘텐츠다. 시대는 변했지만, 아직도 계산능력 위주의 반복 문제풀이 형식을 띠고 있는 것이다.

수학 학습지: 수 개념에 초점을 두는 놀이 방식 프로그램

물론 우리나라 학교 교육이 시험 위주이고, 그 방식도 정확성 중심이어서 계산능력이 중요하므로 이와 같은 학습지가 의미가 있다고 착각할 수도 있다. 하지만 그건 오산이다. 가장 중요한 것은 수 개념이다. 초등학교 1학년 때 배우는 1부터 100까지의 수에서 덧셈과 뺄셈이 중심이라고 생각하면 착각이다. 이제는 초등학교 1학년 교과서를 보면 엄마 아빠들이 고등학교 때 배웠던 수열 문제도 1부터 100까지의 수 안에서 다루어진다. '패턴 인식'을 중시하는 것이다. 모든 학습영역에서 패턴의 인식은 개념적 사고, 논리적 사고의 출발이다. 돌과 나무와 바둑알이라는 자연물에서 하나, 둘, 셋이라는 수 개념이 추상화, 개념화 되고, 그 수들은 순서가 되기도 하고, 크기를 나타내기도 하고, 길이를 나타내기도 하고, 양을 나타내기도 한다. 그리고 한 발 더 나아가 그 수들이 관계를 맺기 시작하면 그 속에 홀수와 짝수 같은 패턴도 있고, 1,4,7,10과 같은 어떤 규칙적인 배열이 되기도 한다. 배열은 일직선상의 배열이기만 한 것이 아니라 아래 그림의 도형처럼 모양을 가진 배열도 있을 수 있다. 심지어는 입체 배열도 가능하다. 수 개념에 먼저 익숙해져야 '1부터 10까지 더하라'고 했을 때, 수학자 가우스가 초등학생이었을 때처럼, 1+10, 2+9, 3+8…과 같은 창의적이고 새로운 방식의 덧셈도 고안해낼 수 있는 것이다.

$$\begin{matrix} 1 \\ 1\ 1\ 1 \\ 1\ 1\ 1\ 1\ 1 \\ 1\ 1\ 1\ 1\ 1\ 1\ 1 \\ 1\ 1\ 1\ 1\ 1\ 1\ 1\ 1\ 1 \\ \cdots\cdots \end{matrix}$$

구구단을 외울 때도 마찬가지다. 2단부터 9단까지 잠시의 머뭇거림도 없이 즉각 튀어나올 정도로 매끄럽게 외우는 것이 능사가 아니다. 그 속의 원리를 이해하고 수 개념에 대한 관심을 알게 하는 것이 중요하다. 그래서 이제는 논리적으로 생각해서 순서를 바꾸어 구구단마저도 2단에서 4단으로, 4단에서 8단으로, 이어서 3단에서 6단, 9단으로 외는 것이 필요하다. 그리고 5단을 외우고, 마지막으로 7단을 외우도록 가르치는 방식을 교육학자들이 권한다. 이는 쉬운 것부터 어려운 것으로, 2단과 4단과 8단이 갖는 어떤 배열의 패턴에 대하여 감을 잡게 하는 접근이 가능하다. 그래야 추상적인 사고보다는 경험적인 특징을 지니는 이 시기 아이들의 사고방식에도 어울리는 접근을 할 수 있는 것이다. 그래야 가장 어려운 7단을 외울 때 7×7=49만 추가하면 암기를 쉽게 마무리 하는 길을 열 수 있는 것이다.

그래서 계산 위주의 학습지를 선택하는 것은 위험한 일일 수 있다. 잘못 복용한 약과 교육은 아이들에게 잘못된 육체적, 정신적 흔적을 남기는 법이다. 다른 과목도 그렇지만 수학은 암기과목이 아니다. 수학 공부는 고등학교 가서도 끝까지 체계와 추상적인 개념, 원리의 이해가 가장 중요한 내용이다. 고생스럽게 억지로 외웠다가 중학교 들어가서야 그 속에 담긴 수 개념의 진실을 깨닫고 감동했던 엄마 아빠의 시대적 오류를 반복해서는 안 된다. 그래서 다음과 같은 상품들을 추천한다.

교구를 이용한 수학상품, 보드게임 등을 활용하는 상품이 필요
이 시기 자녀를 키우면서 수학 학습지를 선택하려거든, 계산 문제 풀이 중심이 아니라 활동 중심으로 구성된 학습지를 선택하여야 한다. 7차 교육과정 도입 이후 웅진씽크빅 상품의 약진은 그런 점에서 참고할 만한 가치가 있다. 학원의 경우는 수십 개의 교구를 이용하여 커리큘럼을 구성하고 있는 씨매스와 같이 활동 중심으로 수업을 하는 상품을 선택하여야 한다. 물론 씨매스처럼 학원 프랜차이즈 사업을 하는 경우에는 본원인지 아닌지에 따라 상품을 선택할 때 품질의 측면에서 유의할 점이 있다.

그러나 이런 선택보다 더 좋은 경우는 '엄마표'로 집에서 교구를 이용하고 보드 게임을 하는 것이다. 이 시기 아이들은 아직도 엄마에 대한 의존도가 높기 때문이다. 우리나라 '게임크로스'라는 회사에서 만든 수 놀이 게임도 좋다. 가령 게임크로스에서 만든 피자 수 놀이판은 이 시기 아이들에게 도움이 되는 교육용 게임이다. 이스라엘이 원조인 루미쿠브라는 보드게임도 괜찮다. 13까지의 수를 네 세트 활용하여 각종 패턴을 이해하고 응용하는 게임이다. 공간 감각을 위하여 소마 큐브나 블록, 가베 교구들도 괜찮고, 우봉고라는 이름의 보드 게임도 추천할 만하다. 우봉고는 도형 감각을 키우는 게임이다. 요즘은 부모 세대가 공부할 때와 달라서 수학 공부 영역에서 두고두고 도형과 그 속의 패턴이 중요하다. 도형과 관련한 활동이 부족한 아이들은 나중에 평면도형이 아니라 공간도형으로 가서 헤매기 십상이다. 최근 년에는 대학 수능 시험 수학 시험에서 움직이는 도형이 출제된 적도 있다. 여간한 도형 감각으로는 상상력이 부족하여 패턴을 찾기가 쉽지 않은 시험문제였다. 멘사의 수학문제도 점점 도형문제가 많아진다는 사실은 참고할 만하다. 지금은 도형 수학을 기반으로 하는 멀티미디어, 동영상의 시대이기 때문이다. 나중에 가면 기계공학이나 건축공학 등 여러 공학 분야의 학습 내용이 도형 수학과 밀접한 관련을 지닌다는 것을 실감하게 될 것이다. 부모들이 공부하던 시대와 수학은 언제나 동일하겠거니 하고 생각한다면 그것은 크나큰 오산일 수 있다.

 엄마가 혼자서 감당하기 힘들 때는, 주변의 엄마들과 힘을 모아 그룹 활동을 조직하는 것도 한 방법이다. 인터넷을 뒤져보면 의외로 이와 같은 '품앗이' 교육이 많다. 이렇게 하면 리더십이나 커뮤니케이션, 사회성도 좋아지니 일석다조(?)의 효과를 거둘 수도 있다. 학습내용의 진실에 대한 공부, 여러 학습지 업체 상품에 대한 판단력 없이 학습지 업체들의 고도화된 마케팅 속에서 헤매게 되면, 자칫 아이들을 잘못된 방향으로 인도하기 쉽다. 학교 선생님이 계산능력 위주로 아이들을 가르치고 받아쓰기를 포함하여 정확성 위주로 수업을 하는 것에는 항의하여야 한다. 그리고 그렇게 받은 성적에 대해서는 무시하여도 좋다. 이 시기 아이들의 자신감은 다른 차원의 자존감으로부터 형성된다. 학교에서 주는 100점짜리 성적표가 아니다. 100점에 대한 부담감은 1등이라는 자신감을 주기도 하지만, 아이에게 결과 위주의 나쁜 학습 습관을 길러주기도 한다. 보드게임 등을 이용하여 수 놀이를 할 때, 아이들이 보여주는 활동능력을 높이 평가하는 것이 백 배는 더 교육적일 수 있다. 사실 보드게임은 어른들에게도 도움이 되며, 당연히 초등학교 고학년이나 중학생들에게도 훌륭한 학습의 도구가 된다.

논술, 아직은 구매할 필요 없는 사교육 상품

국어 영역으로 들어서 보자. 지금은 논술의 시대라고 한다. 대학 입학을 결정짓는 것이 논술이라고 한다. 미리 말하면 논술이 대학 입학에서 중요한 구실을 하는 것은 2008년에 도입되는 입시에서 그렇다는 이야기다. 우리 아이들이 대학을 가는 시기에는 달라질 수 있다. 대학입시 제도는 복잡한 정치적 산물이다. 정권이 바뀌거나 이해 당사자들 사이의 정치적 관계가 바뀌면 얼마든지 바뀐다. 지금 초등학교 저학년 때부터 논술에 목을 매고 불안해 할 이유가 없다. 물론 논술은 시대의 대세로 우리 아이들이 대학에 갈 때도 필요한 입시 형식으로 남을 것이다. 하지만 지금 공부시킨다고 해서 논술 능력이 좋아지는 것은 아니다. 지금은 논술 자체보다는 그 아래 단계의 무엇, 논술의 기초체력이 될 만한 그것에 초점을 두고 아이들을 돌보는 것이 필요하다.

초등학교 때부터 서술형 평가가 50% 이상 도입된다는 것도 부모들이 논술에 대해서 관심을 갖는 이유 중 하나다. 그러나 그 서술형 평가라는 것이 복잡한 논술 문제가 아니다. 암기식 주관식 문제는 더더욱 아니며, 어떤 사실들의 인과 관계를 다루거나 문맥을 따져 배경을 이해하는지 등의 문제로 구성된다. 오히려 논술 능력이라기보다는 논리적 사고능력을 다룬다고 생각하면 그만이다. 선다형 문제풀이 위주의 교육 패턴에서 벗어나기 위한 국가적인 몸부림이라 생각하면 된다.

부모들이 불안해하는 이유 중 또 하나는 초등학생들을 대상으로 하는 논술 학원들의 유혹적인 마케팅 때문이기도 하다. 박학천 논술, 챌린지 논술, 하희정 논술, 초암 논술 등 대부분 프랜차이즈 제품으로 나와 있는 학원 상품들은 고등학교 대입 논술 시장에서 내려와 초등학교 시장을 상대로 새로운 상품을 펼쳐 놓은 경우라 할 수 있다. 거기에 학습지들도 너도나도 논술 학습지를 출시하였다. 결론적으로 부모들은 논술 사기업들의 마케팅에 유혹되어서는 안 된다. 논술은 초등학교 저학년에게 약이라기보다는 독이 될 가능성이 높다. 틀에 박힌 글쓰기를 일찍 배우는 것은 글 쓰는 능력과 사고력 발달을 제한하기 쉽다.

★

독서가 더 중요한 연령

이 시기 아이들은 기본적으로 '쓰기'보다는 '읽기'가 우선이다. 그것도 이미지스트로서 판타지와 상상이 살아있는 스토리북 읽기가 중심이다. 그나마 '쓰기'를 하더라도 생활 글쓰기가 우선이다. 초등 저학년은 유독 구체적인 세계에 익숙하기 때문이다. 정서적인 글쓰기다. 논리적인 글쓰기를 한다는 것은 어불성설이다. 논리적인 글쓰기의 일종인 논술은 정서적인 글쓰기가 익숙해지고 축적되면서 한참 뒤에야 형성되는 글쓰기 능력이다. 논리적이고 추상적이어서 높은 사고력을 기반으로 하는 찬반 논의 같은 것은 이 시기 아동들에게는 정신적인 부담을 준다. 언어적인 표현능력으로 친다면 '쓰기'보다는 '말하기'가 중요한 시기이며, 그런 점에서는 발표, 토론, 토의 등이 이 시기 아동들의 의미 있는 국어 표현 활동이다. 차라리 말로 하는 논술을 공부한다고 생각하는 편이 낫다. 아직 소리언어가 중요하게 호소력을 갖는 나이이기도 하다. 논리적인 사고력을 기르기 위하여 어린이 철학연구소, 오란디프의 초등 사고력 교실, 문예원 등 초보적인 언어 철학적 프로그램을 공부하는 게 나을 수 있다. 물론 그것도 초등학교 고학년이나 중학년에 가서 하는 것이 훨씬 효과적이다.

그런 점에서 생각하면 이 시기 아이들의 국어 공부의 핵심은 '독서'에 있다. 그나마 이 점에 대하여 명확한 입장을 가진 것은 어린이도서연구회('어도연'으로 부른다)이다. 어도연은 전국에 '동화를 읽는 어른들 모임'을 운영하고 있는 비영리 사단법인으로 어느 지역에서나 그 프로그램을 쉽게 참조할 수 있는 장점이 있다. 그리고 초등 논술 학원 상품 개발자 중에서는 서울대 국어교육과 출신의 하희정 씨가 그나마 독서 중심의 교육에 대하여 입장이 분명한 편이다. 대입 논술에 주로 관심을 보이는 조선일보나 동아일보와 달리 중앙일보는 신문 활용교육(NIE)을 유난히 강조하는데, 이것도 아이들의 구체적인 생활 중심의 접근이기 어려워서 초등학교 고학년에 가서 하는 것이 훨씬 더 효과적이다. 상상력을 자극하는 이야기책이 이 시기에는 논리적인 신문기사보다 중요하기 때문이다. 물론 앞서가는 몇몇 아이들은 이미 논리적인 기사들을 다루는 능력도 생기긴 하지만.

더구나 독서는 지식정보화 사회에 와서 대부분 선진국 나라들의 교육 변화의 키워드다. 영국의 북스타트 운동과 북토큰 운동, 일본의 아침독서 등이 그 예다. 독서 습관의 형성은 어느 때보다도 중요한 의미를 지닌다. 영국은 65만 명에게 매해 도서를 제공하는 북스타트 운동을 전개한다. 미국과 일본도 법을 제정하여 독서를 활성화 시키는 데 정부가 앞장서고 있는 것이 이 시대의 특징이다.

그런 점에서 사교육 상품을 선택하려면 내용이 독서 중심이며, 그 학습방식이 놀이, 발표, 토의, 토론의 형식인 경우를 고려하여야 한다. 생각보다 이와 같은 상품은 학습지 업체나 프랜차이즈 학원의 상품보다 동네의 개인 활동으로 조직된 경우가 많다. '엄마표' 로 자기 아이를 가르치다가 사업으로 확장했거나, 중앙일보의 NIE 연수, 한우리의 독서 교사 연수, 한겨레 문화센터의 독서 교사 연수를 받았거나, 어린이 도서 연구회의 활동가들이 조그맣게 독서 공부방을 운영하는 경우가 대부분일 것이다. 특히 앞서 밝힌 것처럼 어린이도서연구회의 경우 전국적으로 부모들이 참여하여 활동하는 조직이기 때문에 생각보다 저렴하면서도 알차게 공부할 수 있는 프로그램을 운영하는 동네의 개인 그룹 교사들이 많다.

부모가 챙겨줄 영역 여전히 남아 있어

하지만 이 때 한 가지 주의할 필요가 있다. 그것이 학습지나 학원의 경우든, 개인 그룹 수업이든, 특정한 상품을 구입하고 나면, 부모들이 할 일을 다 한 것이 아니라는 점이다. 부모들은 해당 상품이 갖는 독서 상품의 내용이 제한된 독서 내용으로 조직되어 있다는 것을 염두에 두어야 한다. 곧 우리 아이가 좋아하는 읽기 영역 등이 제대로 반영되지 않는 것이 보통이라는 점이다. 가령 모험 소설을 좋아하는 아이가 『땡땡의 모험』과 같은 만화 형식의 이야기를 좋아한다면, 그 속에서 세계 지리와 역사, 과학 지식 등을 한꺼번에 읽는 이점이 있는데, 이런 류의 책은 통상적으로 사교육 상품으로 조직되지 않기 때문이다. 그래서 이 점을 고려하면, 여전히 엄마와 아빠가 책 읽기를 거들고 도와주어야 할 대목이 남아 있는 것이다. 서점에 정기적으로 가서 아이가 좋아하는 책을 사서 읽는 것도 한 방법이다.

   부모들이 고려할 점은 다른 차원에서 또 있다. 동네의 한우리 독서지도사나 어린이도서연구회 출신 교사로부터 그룹 독서 과외를 받고 있다고 가정하면, 거기서 읽고 독후 활동을 한 도서에 대하여 부모들도 일상생활에서 동참할 필요가 있다는 점이다. 어떤 사교육 독서 상품을 구입하더라도 독후 활동은 부족함이 있다. 아이들의 책에 대한 흥미와 몰입을 위해서도 부모가 부족함을 메워 주어야 한다. 부모가 함께 하는 생활 속에서 독후 활동은 지속될 필요가 있다. 『빨간머리 앤』을 아이가 읽었다면, 일상 속에서도 그 소설은 집안의 화제가 되어야 한다. 엄마가 딸아이와 동네 옷 가게 갔다가도 주인아줌마의 태도를 평가하면서 "음, 빨간머리 앤에 나오는 마리아 아줌마 같애, 그치? 속마음은 아닐 것 같은데 참 무뚝뚝하다, 안 그러니?" 이런 식이다. 아직 이야기와 현실이 명확하게 분간되지 않고 책 속의 인물들과 사물이 의인화되어 이해되는 이 시기 아이들은 이런 류의 대화를 유난히도 좋아하는 편이다. 아마도 이런 식의 대화는 『빨간머리 앤』에 나오는 등장인물을 모두 끄집어내어 딸아이의 일상 속에 함께 살아가는 인물들로 재구성하는 것과 같은 효과를 가져올 것이다.

그런 독후 활동 과정은 책에 대한 흥미를 깊게 할 뿐 아니라, 책의 내용에 대해서도 아이로 하여금 풍성하게 추억을 만드는 효과가 있다. 책을 읽었다는 것만이 아니라 그 책의 내용으로 가족들이 함께 했다는 것이 오래도록 가족의 문화적 흔적의 하나로 남게 되는 일이기 때문이다. 이렇게 하려면 부모도 아이가 읽는 책을 읽어야 한다. 아마도 아이들이 중학교에 가서까지도 부모들은 함께 책을 읽어 주어야 할지 모른다. 필자가 상담해온 부모들 중에 '언제까지 아이들이 읽는 책을 같이 읽어야 하나' 하고 반문하면서 한숨을 쉬는 경우가 적지 않았다. 이 점에서 필자는 끝까지 함께 읽으라고 권한다. 죽어도 어렵다면, 최소한 함께 읽어야 할 시간은 중학교까지라고 강력하게 권하는 바다. 비록 이런 권유가 바쁘고 할 일 많은 부모들에게

야속하게 들린다 하더라도. 그리고 이것이 지식기반 사회를 살아갈 아이들을 기르는 부모들의 가장 강력한 전략적 선택이라는 점도 다시 강조하고자 한다.

생활 글쓰기는 집안에서도 일상적으로 할 수 있다. 부모가 아이와 이메일을 주고받는 것도 한 방법이다. 부모와 아이가 어떤 특정한 이벤트가 있었을 때, 그에 대한 글을 주고받는 것도 한 방법이다. 문화가 없으면 절대로 아이들의 글쓰기 능력이 배양되지 않는다. 부모가 글 쓰는 재주가 없어도 좋다. 그러나 글 쓰는 문화는 만들 수 있다. 생활 글이기 때문이다. 생일날에도 외식을 하거나 케이크만 자를 것이 아니라, 이 시기 아동들을 위하여 글을 주고받는 문화를 만들 필요가 있다. 엄마가 인터넷에서 긁어서 베껴 오는 한이 있더라도 그와 같은 문화는 아이들의 글쓰기를 향상시킨다. 이 시기엔 특별하게 부모는 아직도 가장 중요한 비중의 교사 지위를 갖고 있기 때문이다.

이렇게 해야 아이들의 공부가 '정상화' 된다. 우리는 '교육의 정상화'에 대한 이야기를 자주 듣고, 그에 대해 대부분 공감하는 편이다. 하지만 '정상화' 되어야 하는 것은 '학교 교육' 만이 아니다. 무엇보다 우리 부모들이 주도하여야 하는 '가정에서의 교육' 이 '정상화' 하여야 한다. 필자가 아는 어떤 교육학자는 대부분 우리 사회에서 논의되는 '교육의 정상화' 가 알고 보면 '교육 온상화' 에 대한 논의라고 풍자한 적이 있다. 어쩌면 우리도 학습지나 학원에 우리 아이들을 맡기면서 그것을 전략적인 선택이라고 판단했을지 모른다. 우리가 아이들을 교육하는 데 있어서 '정상화' 했다고 생각하는 이면에 실제로는 아이들을 '온상화' 하고 있었는지 돌아보아야 한다. 그것은 초등학교 저학년 때부터 필요한 일이다.

습득 중심의 영어교육

왜 영어 공부를 해야 할까

영어 공부로 넘어가보자. 초등학교 저학년 아동들의 영어 공부는 학교에서의 필요보다는 부모들이 느끼는 위기의식과 필요성 때문에 시작하는 경우가 대부분이다. 초등학교 3학년부터 배우는 영어 때문에 걱정이 되어 미리 공부한다는 경우라면, 사실 전혀 걱정할 일이 아니다. 왜냐하면 학교 영어교육이라는 것이 매우 낮은 수준으로 형식적으로 진행되기 때문에 못 따라가는 아이들은 거의 없기 때문이다. 사교육을 이미 받고 왔기 때문에 못 따라 가는 아이들이 없다고 생각할 수 있지만, 그렇지 않다. 실제로 교과 수준 자체가 아주 낮은 수준으로 조직되어 있다.

옆집의 아이들이 모두 영어를 공부하기 때문에 공부를 시켜야 한다는 불안감으로 시작한다면 안 시키는 것이 낫다. 왜냐하면 이 시기에 영어를 공부하는 경우조차도 조기교육의 문제로 학계에서 우려의 목소리가 높기 때문이다.

그래서 이 시기부터 영어 공부를 시키려고 한다면 부모들은 우선 '왜 영어 공부를 해야 하는지'에 대하여 깊이 생각하여야 한다. 이미 사회가 누구나 영어를 요구하기 때문이라고 생각하는 정도도 부족하다. 정말로 우리 아이가 자라서 영어를 필요로 하는 일을 하게 될까? 혹시 아이들이 자라서 살아갈 시대에는 기가 막힌 통역 기계가 발명되어 외국어를 배우지 않아도 되는 시대가 오는 것은 아닐까? 이런 고민을 해보아야 멋모르고 시작할 우리 아이들에게도 영어 공부를 하는 동기에 대하여 설득하고 영어 공부의 에너지를 이끌어낼 수 있다. 동기유발을 충분하게 할 수 있다면, 그리고 부모가 뚜렷하게 입장을 가지고 필요성에 절감한다면, 이 시기 아이들에게 영어 공부를 시키는 것은 별반 어려운 일이 아닐 것이다.

★

학습보다는 습득 중심으로

대개 이 시기 아이들이 영어 공부를 하는 방식은 학원이라는 사교육 상품을 구매하면서 시작된다. 불과 몇 년 전만 해도 윤선생영어나 튼튼영어 등의 학습지를 구매하는 경우가 많았다. 영어 학습지 기업들의 세계는 독특한 흐름이 있다. '윤선생영어'에서 근무하던 분들이 '튼튼영어'를 만들고, 다시 '푸른영어'가 나오고 거기서 다시 'GNB'라는 영어학원 프랜차이즈 상품이 나오고 또 다시 '윤선생영어'에서 최근의 '잉글리시 무무'가 나왔다고 한다. 이러한 변화는 우리나라 영어교육의 발전과정으로 이해될 수도 있지만, 한편으로 아직도 우리나라가 외국어로서 영어를 배우고 익혀야 하는 나라로서, 바람직한 영어교육 방법론을 제대로 정립하지 못하고 표류하고 있다는 것을 반증한다고 이해할 수도 있다. 아직도 우리는 여러 가지 시도를 하면서 변화를 모색하고 있는 셈이다.

어쨌거나 영어 학습지가 대세였던 시기를 지나 2000년 이후에는 초등 저학년 영어 학습이 학원 상품 구매로 대거 이동하는 추세에 있다. 초등 저학년 학생들이 영어 학원을 다니면서 학원 중심의 생활방식에 익숙해지고, 그에 따라 다른 과목도 학원에 의존하는 정도가 많아질 정도로 영어 학원들의 영향력이 확대되었다.

이 시기에 영어 상품을 구매하는 소비자 입장에서 부모들은 다음과 같은 점을 유념할 필요가 있다. 기본적으로 이 시기의 아동들에게 필요한 영어 학습은 '학습'보다는 '습득'으로서의 영어 공부가 의미를 지닌다고 할 것이다. 간단하게 생각하면 '습득'은 소리언어를 익히는 과정이고 '학습'은 문자언어를 익히는 과정이다. 즉, 영어가 모국어인 나라의 아이들로 치면 학교에 들어가기 전 단계, 듣기와 말하기에서 일정하게 영어에 적응하는 정도의 과정에 해당하는 것이다. 이 시기에는 그래서 정찬용이나 이남수, 잠수네 아이들의 학습법이 강조하는 '흘려듣기'와 같은 공부방식이 의미 있는 접근이다. 민족사관고를 조기졸업하고 하버드 대학에 진학하여 화제가 된 박원희 학생의 어린 시절 첫 영어 체험은 그런 점에서 참고할 만한 경우다. 처음 만난 이웃집 영어 교사가 아이들을 데리고 다짜고짜 부엌으로 안내하여 오이며 당근을 들고 소리로 된 영어로 이야기를 하면서 처음부터 아이들의 귀에 접근하는 영어를 구사한 것이다. 소리언어가 중요하다. 교재를 갖추고 문자언어에서부터 접근하는 것은 '습득'이 되지 않은 상황에서 '학습'의 방식이 도입되는 우를 범하는 경우다.

초등 저학년 아이들 시기에 어학연수를 보내는 것은 거의 도움이 되지 않는다. 해외 캠프를 보내는 것도 마찬가지다. 예전에는 초등학교 고학년이 주로 가던 해외 어학 캠프가 어느새 저학년까지 내려왔지만 그것은 업체들의 상술에 넘어간 꼴이다. 돈만 버리는 꼴이다.

이 시기 아이들은 외국에서 살다 왔다 하더라도 별로 높은 수준의 영어 능력을 갖추고 있다고 보기 어려우며, 미취학 아동들의 경우처럼 공부를 하지 않고 지내면 금방 잊어버리는 것이 특징이기도 하다. 그런 점에서 기본적으로 무리한 학습은 금물이다. 즐기면서 노는 것 같은 공부를 하는 것이 정상이다. 삼육어학원이나 POLY, ECC와 같은 학원의 상품은 그런 점에서 적극적으로 권할 만한 경우다. 특히 삼육

어학원은 POLY와 달리 저렴한 가격으로 무난한 상품을 제공한다.

하지만, 다 그런 것은 아니지만 SLP나 이스턴 영어, GNB, 잉글리시 무무 등은 외국인 강사가 있건 없건 간에 교재 중심의 학습을 하는 경우여서 이 시기 아동들의 특징과 상관없이 무리하게 공부를 하는 측면이 없지 않다. 3학년 정도 되어서 초등학교 저학년 딱지를 떼는 시기에는 정철어학원, 이보영의 토킹클럽, 송순호의 리딩타운, 영도어학원 등이 적극적으로 권할 만한 상품이다. 정찬용의 Toss나 이보영의 토킹클럽 등은 개발자 브랜드로 나선 사람들의 성향과 달리 가맹학원 별로 질이 고르지 않은 경우가 많기 때문에 지역마다 선택하는 데 신중을 기할 필요가 있기는 하다.

★

외국인 강사의 질

이 시기 아동들이 외국인 강사와 공부를 하는 경우는 나름대로 의미가 있는 영어 공부다. 하지만 어떤 외국인 교사와 공부하느냐 하는 것이 중요한 문제일 수 있다. 부모들은 미국 출신을 선호하는 경향이 있지만, 호주나 뉴질랜드, 캐나다 출신에 비하여 과거 이력의 질이 떨어지거나, 교사로서의 자질에서 흠이 있는 경우가 많다. 그래서 발음만으로 교사의 질을 평가하는 것은 어리석은 일이다. 유독 일본과 한국만이 미국식 발음을 선호하는 경향이 있는데, 미국에서조차 영국식 발음을 고급 영어로 이해하는 지역이 있다는 것을 생각하면 아이러니가 아닐 수 없다. 이미 영어는 다양한 사투리를 포함한 언어다. 미국 영어만 고집할 일이 아니다. 필리핀 영어도 인도 영어도 나름의 의미가 있다. 인도에 가서 '워터'도 아니고 '워러'도 아니고 '워터루' 한다고 해서 그들의 영어를 구박하는 것은 어리석은 일이다. 우리는 '워터'와 '워러'와 '워터루'를 모두 인정하고 배울 수 있는 마인드를 아이들에게 가르쳐야 한다.

외국인 강사와 공부를 하는 경우에는 해당 강사에 대하여 가급적이면 상세하게 따져서 이력과 학력, 교수 경험 등을 체크할 필요가 있다. 이미 사회적으로 논란이 되기도 했지만, 외국인 강사들의 국내 취업에는 믿을 만한 검증장치가 없다고 볼 수 있다. 우리는 몇 해 전 불거진 '잉글리시 스펙트럼' 사건을 기억하고 있다. 저질 강사들이 한국을 비하하는 내용을 주고받고, 심지어 미국 대학에서의 졸업장과 학력 조작을 알선하는 등의 문제가 불거졌던 외국인 강사들의 커뮤니티 사이트 사건은 실상 아직도 우리 사회에서 해결된 문제라고 볼 수 없다. 문제가 '드러난' 강사만 조용히 '추방'되고 마는 것이 현실이기 때문이다. 일본의 경우처럼 국가적으로 검증하는 시스템을 갖추지 않는 한 이런 문제는 결국 우리 부모들의 손으로 해결할 수밖에 없는 것이 현실이다.

어떤 영어 학원은 외국인 강사와 계약할 때, '자신의 과거 이력에 대하여 말하지 않을 것'을 계약 조건 중의 하나로 넣기도 한다. 그 정도로 외국인 영어 강사들의 질을 보장하기 어려운 경우도 있는 것이다. 지나치게 미국 출신 강사만을 고집하다가는 이런 함정에 빠질 수 있다. 외국인 회화 특히 강사에 대한 판단에서 유념할 점이 있는 것이다. 그런 점에서는 차라리 이 시기 '습득'을 주로 고민하는 아이들 연령에서는 교포 교사나 영어교육석사(TESOL)를 이수한 내국인 강사들이 나을 수도 있다.

또한 학원을 선택할 때, 암기식 공부방법이 강하게 반영된 경우는 특히 조심하여야 한다. 대개 이런 학원은 단어나 문법(요즘은 이 표현보다는 '구문'이라는 표현을 주로 사용하지만) 위주로 공부하는 곳이 많다. 문어(Written English) 중심으로 공부하는 것이 이 시기 아이들에게는 부담스러운 때다. Reading을 매개로 하는 공부가 필요 없는 것은 아니지만, 그 경우도 오디오 북 등을 통하여 모국어 독서교육처럼 이야기 형식으로 접근할 수 있는 구도여야 할 것이다.

★

엄마표 영어 공부

엄마나 아빠가 영어를 잘 못한다는 점에 대해서는 기죽을 일이 아니다. 대개 영어 과목에서는 부모들 본인들이 공부한 것과는 사뭇 다른 환경에서 아이들을 교육시키기 때문에 주눅이 들거나 당황하여 학원에 무조건 맡기려는 경향이 많다. 이런 부모들은 '잠수네 아이들',

'쑥쑥닷컴' 등에서 부모들의 경험을 간접적으로 접해보고, 각각의 경험들을 이해하여 분석해보면서 우리 동네에서 우리 아이에게 맞는 상품을 고르는 것이 현명한 일이다. 부모가 영어를 잘 못 한다고 해서 아이들에게 영어 동화책을 읽어주는 것을 주저하는 경우도 있다. 그럴 필요가 없다. 아이들에게 비디오 흘려듣기, 오디오 북 듣기 등을 시켜서 본토 발음을 접할 기회가 동시에 주어진다면, 엄마나 아빠가 서툰 발음으로 책을 읽어주는 것은 아무 문제가 되지 않는다. 오히려 자주 읽어주는 것이 좋다. 엄마와의 친밀감 속에서 공부를 할 수 있다는 점이 오히려 발음이 서툰 것보다 중요한 측면이다.

초등학교 저학년 학생들을 타깃으로 '쑥쑥닷컴' 등을 통해 이미 성공했다는 '엄마표' 영어공부법 책들이 넘쳐난다. '쑥쑥닷컴'의 서현주 씨만 해도 이미 여러 권의 책을 낸 바 있다. 시중에 나와 있는 성공서(?)들을 읽을 때는 유념할 것이 있다. 유난히 그 집 아이에게 잘 맞는 학습법이어서 성공했을 가능성이 높다는 것이다. 모든 아이에게 일반화하기에는 무리가 있는 방법도 적지 않다. 가령 이남수 씨의 경우는 아이가 중학교에 가서는 학교를 그만두고 혼자서 공부를 하여 대학에 진학했다. 그 아이는 독립심이 강하고 이미 모국어로 책을 읽고 토론을 하거나 하는 일에 익숙한 아이였다. MBTI 성격 유형으로 치면 NT 성향이 강한 아이일 가능성이 많다. 더구나 그 아빠는 교사다. 이런 성격적 특성과 집안의 조건은 일반 부모들이 흉내 내는 데 한계를 가져다주는 조건들일 수 있다.

비디오를 보고 공부의 기초를 잡았다는 성공 사례를 다룬 책들도 있다. 이런 경우도 아이들이 영상물을 좋아하지 않는 경우에는 모방하여 시도하기 어려운 경우들이다. 우리 아이는 어떤 특징을 지니는지를 생각해보고 판단해야 되는 점들이 적지 않다. 성공 사례라고 낸 책들은 불행히도 우리나라의 현실에서는 일반화에 필요한 학자들의 검증이나 어떤 사회적 절차 없이 그냥 서점에 쏟아져 나온다. 특히 성공의 이면에 도사리고 있는 문제점의 가능성이 동시에 다루어지지 않기 때문에 무작정 따라 하기엔 위험한 요소를 배제할 수 없다. 이 점에 대하여 유념하지 않으면 아무리 성공적인 경우였다 하더라도 우리 아이에게는 무리수로 다가오는 경우가 적지 않다. 무리한 공부 경험은 오히려 영어에 대하여 혐오감을 주고 악영향을 남길 가능성이 많다. 그러므로 어떤 학습경험을 차용하려면 인터넷 등을 통해서라도 전문가들에게 묻고 의견을 구하여 균형감각을 잃지 않은 상태에서 시도해보는 것이 바람직하다.

★

영어는 놀이가 되어야 한다

이 시기 아이들은 인지능력이 높지 않다. 그러므로 모국어라 할지라도 높은 수준의 학습능력을 갖고 있는 것은 아니다. 이 때문에 이 시기에 영어를 공부하는 것은 놀이 수준이라고 생각하는 것이 옳다. 아마도 영어 공부 하면 본격적으로는 '습득'이 아니라 '학습' 영어 능력에 있을 것이다. 업무를 보고 학습을 할 수 있는 언어능력이 필요한 것이다.

이 점에서 생각하면 근본적으로 인지능력의 향상이 가능하도록 모국어에서의 언어능력을 기르는 일을 게을리 해서는 안 된다. 필자가 만난 어떤 학생은 영어 공부를 거의 한 적이 없지만 모국어 언어능력이 매우 뛰어난 학생이었다. 반면 이 학생의 친구는 대치동 정상 어학원에 3년을 다녔지만 모국어 언어능력에서 인지능력이 높지 않았다. 이 학생은 그 친구를 6학년 1학기, 불과 6개월 만에 따라잡았다. 친구의 엄마 입장에서는 속상한 일이었지만, 발음이 비록 좋았어도 책을 안 읽고, 논리력이 부족한 그 아이에게는 이미 돌이키기엔 어쩔 수 없는 경우였다. 논리력이 있는 아이들은 나중에도 얼마든지 학습능력이 있어서 먼저 시작한 아이들을 따라잡고도 남음이 있다. 영어 영재로 알려진 최푸름 군의 경우도 이런 과정을 잘 보여준다. 국어능력이 영어능력의 속도를 따라잡는 견인차 역할을 한 것이다. 모국어 구사능력을 높여주어야 이중언어 사용자로서의 능력이 배양된다는 진리에 부합하는 사례들이다. 일반적인 학과 공부에서조차도 이런 일은 다반사다. 중학교 때까지 두드러진 성적을 거둔 적이 없지만, 인지능력이 높고 독서능력이 좋은 아이들이 고등학교에 가서 발동이 걸려 공부를 시작하면서 타의 추종을 불허하는 우수한 성적을 거두는 경우를 적지 않다.

유아 시기에 영어 공부를 시키는 경우에도 그렇지만, 이 시기에 영어 공부를 위해 배려할 만한 것 중에 음악 공부가 있다. 음악적 감각을 가진 아이들은 영어 공부를 할 때 듣기와 말하기에서 다른 아이들보다 빨리 적응하는 경향이 있다. 우리나라의 경우 남자 아이들보다 여자 아이들의 경우 음악적인 활동을 많이 시키는 경향이 있는데, 이것은 그대로 외국어를 습득하는 데에 있어서 여자아이들이 남자아이들보다 앞서게 되는 요인이 되기도 한다. 음악이 주는 영어 공부에서의 효과는 이미 학계의 연구 자료로도 검증이 되는 바다. 음악 공부도 체르니 몇 번 하는 식으로 암기식 공부를 하라는 게 아니다. 아마데우스 음악학원처럼 청음을 중시해야 음악적 감각, 청각능력과 소리에 대한 체감이 좋아진다.

마지막으로 당부하고 싶은 것은 우리 아이의 첫 번째 영어 공부를 처음부터 '교재 중심'으로 접근하는 동네의 어설픈 보습학원에 맡기지 말라는 점이다. 소리언어로부터 시작할 수 있다면 12만 원짜리 보습학원보다 17만원~22만원 하더라도 전문 어학원에서 영어 공부를 시작하는 것이 좋다. 보습학원에서 가르치시는 국내 선생님들을 무시하는 것은 아니지만, 자칫하면 문법 위주로, 암기 위주로, 참여하여 공부하기보다는 종이 교재에 맞추어 강의만 듣는 공부를 할 수도 있기 때문이다. 그래서 초등 저학년의 영어 공부, 돈이 좀 들더라도 어쩔 수 없이 좀더 전문적인 어학원에서 소리언어 중심으로 '습득'을 염두에 두고 공부하는 것을 선택할 수밖에 없다.

예술과 스포츠에 대한 관심

체험과 감성 위주의 예술 활동

이 시기에 무엇보다 중요한 아동들의 활동은 체험과 놀이, 스포츠, 예술적 활동이라는 점은 누구이 강조한 바 있다. 그러므로 예술 활동과 스포츠 활동을 시키는 일은 다른 어떤 교과 공부만큼이나 중요하다. 교과공부는 아주 단순화시켜서 말한다면 책 읽기만 몸에 배게 하면 그만이다. 나머지는 활동 위주로 아이들의 생활을 지원하는 것이 부모의 핵심 역할이다.

음악의 경우 앞서 말한 것처럼 전통적으로 체르니 몇 번 하는 식의 피아노 교습소를 보내는 것이 일반적이었다. 하지만 아마데우스 음악학원 상품을 시작으로 청음을 중시하는 음악교육 상품들이 많아졌다. 이전에는 암기식 교육이었다면, 체험과 감성 위주의 프로그램이 많아진 것이다. 당연히 이런 상품을 골라서 소비하는 것이 필요하다. 성악을 배우면 의외로 감각과 체득을 중시하는 방식의 교육을 받을 가능성이 많다. 전문적으로 음악 공부를 하려는 아이들만의 사치라고 생각하지 말고 성악을 배우거나 지역의 어린이 합창반에 들게 하는 것도 적극 권할 만한 일은 이 때문이다. 실용음악으로 접근하는 야마하 음악교실 등도 권할만하다. 이 시기 학생들의 경우는 음악이나 미술 활동 자체가 정서적 안정에 도움이 될 뿐만 아니라 정서의 계발에도 도움을 준다.

보통 음악은 앞서 밝혔듯이 언어 습득에서 구어 생활에 중요한 영향을 준다. 미술은 수학 공부에 도움을 준다. 특히 공간 도형이 중요해진 요즘에는 미술 활동이 수학 영역에서 공간 감각을 길러주는 효과가 있다. 음악의 경우도 수학 학습 능력에 영향을 미친다. 자연의 소리를 '궁상각치우' 혹은 '도레미파솔라시도'로 추상하여 이해하는 것이 음악이기 때문에, 대표적인 추상학문으로서의 수학 학습에 음악 공부가 도움이 되는 것이다. 논리수학자 비트겐슈타인은 음악적 재능이 뛰어난 집안 출신이었는데, 두뇌 과학자들에 따르면 음악 공부는 같은 좌반구 활동인 수학 지능을 발달시킨다고 한다.

스포츠 활동의 경우 어떤 성향의 아이들은 구태여 부모가 관여하지 않아도 활동적인 아이들이 있다. 하지만 특정하게 '기술'을 습득하게 하여 '모든 스포츠는 폼이 중요하다'는 명제 속에서 학습의 원리를 체득하게 하는 데 초점을 두려면, 부모가 구체적으로 고민을 하여 아이들에게 적합한 스포츠를 익히도록 돕는 것이 필요하다. 서양의 경우 5살 아이도 테니스를 배운다. 그렇게 생각하면, 쉽다고 여겨지는 스포츠만 고려할 필요는 없다. 요즘은 도시마다 도입된 다양한 스포츠 활동이 많아서, 찾아본다면 다양한 스포츠 활동을 고려할 수 있다. 산만한 아이들에게는 격투기보다는 검도, 바둑 등이 권할 만하다. 하지만 어떤 도장에 가면 군대식으로 운영하는 곳이 있다. 그런 곳은 피하여야 한다. 바둑도 마찬가지다. 어떤 바둑 학원은 스파르타식으로 많은 아이들을 통제하기 위하여 억압적인 방식으로 가르치는 곳이 적지 않다. 다 그런 것은 아니지만 도장이나 바둑 학원을 운영하는 사람들 중에는 과거에 거칠게 생활해 왔거나 내기바둑의 세계에서 살아온 사람들도 있기 때문에 해당 학원의 문화를 판단해보는 것이 필요하다. 이런 일은 축구에서도 나타난다. 필자가 상담했던 어떤 벤처 사업가의 초등학교 3학년 아이는 축구를 좋아하고 축구에 소질이 있는데 클럽 활동을 하러 갔다가 그 조직문화가 거칠어서 아쉽지만 그 클럽 활동을 결국 그만둔 경우도 있었다. 이 시기의 아이들은 흡수력이 좋아서 자칫하면 검도와 바둑과 축구를 가르치려다 부모가 원하지 않는 엉뚱한 것까지 배워올 수 있다.

    도시 지역의 백화점 문화센터나 지방자치단체 문화원에서 확산되고 있는 재즈댄스, 동극, 풍물, 단소, 스케치 등의 프로그램도 적극 활용할 만하다. 직업적이기보다는 부업에 가까운 전문 강사들이 운영하는 이런 프로그램은 지속성이 약하긴 하지만 값이 싸면서도 초등 저학년 수준에는 자연스럽고 무난한 경우가 많다.

초등학교 입학, 어떻게 대비할까

초등학교 입학 때

이 시기 아동들의 부모들에게 있어서 중요한 이슈 중의 하나인 초등학교 입학하기에 대한 논의를 덧붙이고자 한다. 초등학교에 입학하는 아이를 둔 부모들은 다음을 유념할 필요가 있다. 가장 자주 일어나는 사건은 아이가 학교에 가기 싫다고 하는 경우다. 이런 일을 예방하기 위해서는 학교 가기 전에, 학교가 아이에게 익숙해지도록 미리 문화적으로 '물타기'를 해둘 필요가 있다. '물타기'는 나중에도 몇 차례 밝히겠지만, 부모들이 자주 선택하여야 할 대표적인 전략적 자세라 할 수 있다. 문화적 다양성을 아이들이 생활 속에서 갖추도록 도우려면 기본적으로 '물타기' 전략이 필수적이다.

도움이 될 만한 책을 골라 읽히는 방법도 있다. 비룡소 출판사에서 나온 『난 책읽기가 좋아』 시리즈 중에서 베아트리스 루에가 쓴 여덟 권의 책은 그런 점에서 참고해볼 만한 책들이다. 문학동네 출판사에서 나온 르네 고시니의 『꼬마 니꼴라 시리즈』도 추천한다. 그 중에서도 압권은 『꼬마 니꼴라의 여름방학』이다. 박수동의 만화책 『삼총사』도 학교 이야기다. 일요일을 틈타 아빠가 학교에 가서 공을 차고 노는 것도 방법이다. 주변의 형이나 언니들로부터 부정적인 이야기를 들었는지를 챙겨서 그에 대한 이야기를 자연스럽게 풀어 보는 방법도 있다.

그럼에도 불구하고 학교에 가기를 싫어하는 아이들이 있다. 그런 아이들은 교사나 상급반 학생들, 친구들 사이의 대인관계 때문인 경우도 있고, 배우는 내용이나 학교 문화가 재미없기 때문인 경우도 있다. 그리고 엄마와의 관계가 돈독하고 가정에서 공유한 문화의 수준이 높아서 학교의 문화가 상대적으로 지루하기 때문일 수도 있다. 학교에서 배우는 것에 자신이 없기 때문에 학교에 가기 싫어하는 경우도 있다.

이런 경우 우선 원인을 정확하게 이해하는 것이 중요하다. 그 다음은 유연하게 접근하는 게 상책이다. 더러는 학교에 안 보내는 날이 있을 수도 있다. 필자가 아는 부모 중에는 학교 가기 싫어하는 아이에게 한 달에 한 번씩 월차를 정해 학교에 가지 않는 날을 허락하는 부모도 있었다. 물론 학교 담임 교사는 이런 것을 용납하지 않는다. 하지만 한 달에 한 번쯤 학교에 '체험학습서'를 내고 학교에 보내지 않는 것은 유연한 전략일 수 있다. 아이의 스트레스를 중화시키는 기능을 할 수 있기 때문이다.

여기서 가장 문제가 되는 것은 담임교사에 대하여 거부감을 갖는 경우다. 우리는 학교에서 담임교사에 대한 선택권이 없다. 학교를 정할 때도 물론 선택권이 없었다. 그 때문에 담임교사에게 문제가 있어서 그것이 뻔히 보일 때조차도 아이가 학교 가기를 싫어하면, 부모로서 무기력해진다. 하지만 아마도 이런 일은 우리 아이들이 수도 없이 사회에서 겪고 자라야 하는 일이기도 하다. 하기 싫은 일을 불가피하게 일정 기간 해야만 하는 경우다. 이럴 때는 솔직한 게 좋다고 생각한다. 학교에 가서 담임교사에게 사실대로 말하고 부당하다면 시정을 요구하고, 사소한 것이면 배려를 요청한다. 그리고 아이에게도 사실대로 이야기하여, 우리가 어떤 일은 참고 넘어가면서 해결하여야 하는 경우가 있다는 것을 이해시킬 필요가 있다. 최악의 경우는 한동안 학교에 가지 않고 쉬게 하는 것도 방법이다. 물론 선택의 자유를 찾아서 전학을 갈 수도 있다. 필자가 상담한 어떤 변호사 아빠는 전학을 선택하여 아예 먼 동네로 이사를 간 경우도 있었다. 아이들 스스로 조정능력을 갖춘 연령이 아니기 때문에 부모가 불가피하게 전학이나 이사까지도 적극적으로 고려할 정도로 배려할 필요가 있는 것이 교사에 대한 거부감으로 학교에 가지 않으려는 아이들의 경우이다.

집에서와 달리 학교 문화와의 거리감 때문인 경우에는 대응하기가 차라리 수월하다. 학교에서 배우는 것이 시시한 아이들의 경우 엄마가 집에서 고급한 욕구를 해소할 만한 프로그램을 준비해줄 필요가 있다. 이것도 일종의 '물타기'다. 획일적인 방식으로 교육을 하는 학교에서 아이의 개별적인 문화적 욕구를 감당해주기란 쉽지 않기 때문이다. 거기서부터는 엄마나 아빠의 몫이다. 반대로 자신감을 잃은 아이의 경우는 자존감을 회복해주는 조치를 취하여야 한다. 시험 성적이 나쁘다면 그것이 중요하지 않다는 것을 이해시킬 필요가 있다. 아이가 잘 하는 것을 발견해주고 거기서 자존감을 갖도록 하면 능력이 부족한 부분에서도 힘을 내는 경우가 많다. 공부는 못해도 축구를 잘 해서, 노래를 잘 해서 학교 가는 재미를 붙이는 경우도 있다. 역시 능력에 있어서도 '물타기' 방식을 취하는 것이다.

3부 초등 고학년의 교육 전략

- 학원 중심의 사교육 시장
- 독서 습관의 유지
- 낙오자가 발생하기 시작하는 수학 공부
- 영어 공부, 학습(Academic English)이 시작되는 나이
- 다양한 활동과 체험교육

초등학교 4학년, 10세를 넘으면서 아이들은 일반적으로 추상적 사고를 시작한다. 인지적으로 추상적 사고의 문이 열린다. 그래서 이 시기는 아이들이 성장함에 따라 본격적으로 정신 연령의 측면에서 학습 능력이 나타나는 시기이다. 이 때문에 시중에는 『평생 성적, 초등학교 4학년 때 결정된다』는 책이 수십만 부씩 팔리기도 하였다. 하지만 4학년 때 모든 것이 결정되는 것은 아니다. 시작에 불과하다. 그리고 누구나 4학년 때 사고력의 기초가 시작하는 것도 아니다. 일반적으로 그렇다는 이야기다. 중학교 1학년에 가서 시작하는 아동들도 있다. 초등학교 2학년 때부터 추상적 사고력을 보이는 아이들도 있다.

그러므로 큰 틀에서 이야기하면 초중고 학습에서 학습능력의 기본적인 능력은 주로 초등학교 고학년에서부터 중학교에 이르는 시기가 매우 중요하다고 표현하는 것이 옳겠다. 이 시기에 학습능력의 기초체

력을 다져 놓으면 고등학교 가서도 나름의 역량을 발휘한다. 이 시기에 공부의 기초 체력이 마련되면, 설령 이 시기에 학교 성적이 좋지 않더라도, 특목고에 진학하지 않더라도, 고등학교에 가서 계기를 찾아 공부를 시작하면 빠른 시기 만에 탁월한 학습능력을 보일 수 있다. 이 시기에 공부의 기초 체력을 다져 놓지 않으면, 설령 억지로 좋은 대학에 진학하게 되더라도 진정한 의미에서 탐구심을 가지고 인생을 헤쳐 나갈 힘을 갖기가 쉽지 않다. 지식 정보화 사회가 요구하는 학습능력의 기초 체력이 이 시기 6년간의 공부에서 많은 부분 결정되는 것이다. 그만큼 초등학교 4학년부터 중학교 3학년에 이르는 과정은 아이들의 인생과 학습에서 중요한 시기라 할 수 있다.

학원 중심의 사교육 시장

사교육 최고의 시장

이런 특징들 때문에 현재 우리나라 사교육 시장에서 가장 큰 비중을 차지하고 있는 시장은 초등 고학년에서 중등에 이르는 시장이다. 2003년 교육부 발표 기준으로 14조원 규모인 사교육 시장에서 8조 이상의 시장이 초등 고학년에서 중등 학년에 이르는 학령의 사교육 시장이다. 만약 교육부 기준이 아니라 민간 기업에서 이야기하는 30조 사교육 시장 규모를 기준으로 한다면 절반이 넘는 15조 이상이 이 시장이라 할 수 있는 것이다. 이는 대입 시장의 세 배가 넘는 규모이다.

또한 이 시기의 사교육 시장은 주로 학원 형태가 중심이다. 이 시기 학생들을 상대로 하는 학원 시장이 2000년 이후 급성장하였다. 그래서 이 시기 학생들을 상대로 하는 사교육 시장에서는 중등 학원과 초등 고학년 학원이 통합되는 경향이 뚜렷하다. 그만큼 학원도 많고 규모도 크다.

특히 우리나라 주거지 형태로 아파트 밀집형 단지들이 많아지면서 지역에 기반을 둔 대형 학원들이 속속 출현하였다. 특히 90년대 후반 이후 경기 지역의 크고 작은 신도시 개발이 많아지면서 경기도 도시 지역의 대형 학원 출현은 전국의 지역형 대형 학원 출현의 절반에 이른다. 초등학교 고학년, 중등 학년에 이르는 학원들은 분당의 아발론, 일산의 G1230, 유스트, 푸른학원, 송수학학원, 평촌의 영재사관, 서울, 필탑, 서울 중계동의 뉴스터디, 서진, 토피아, 학림, 서울 목동의 하이스트, 목동 종로엠스쿨, 우영스 어학원, 정이조 어학원, 와이즈만 학원, 서울 강동의 청산학원, 서울 은평의 명성학원, 압구정동의 정보학원, 성동구의 올림피아드학원, 대전 둔산의 양영학원, 대구의 김샘학원, 천안의 상록학원, 부천 중동의 대성엔스쿨, 인천 부평의 종로엠스쿨 등 헤아릴 수 없을 정도로 많다. 대개 강남권의 경우 영어에서 청담, 정상, 이지, 최선, 영도, 서울, 그리고 수학의 페르마, 과학의 미래탐구, 미래영재 등이 초중등 학생들을 상대로 하는 학원으로 자리 잡고 있는데, 서울 대치동을 근거로 해서 프랜차이즈 사업화 하여 전국화한 경우가 많다.

이런 흐름에 따라 초등 고학년에서 중등학년에 이르는 학생들의 경우, 압도적으로 학원 중심으로 부모들의 사교육 소비가 형성되어 있다. 사교육 의존도가 높은 만큼 학교 교육에 대한 부모들의 불만이 더욱 증폭되는 것도 이 때부터다. 그렇지 않아도 아이들의 학습에 대한 관심이 고조되는 연령인데다 대형 학원들에 몸을 실으면서 공교육의 한계를 더욱 실감하는 시기이기 때문이다. 학습 참고서적의 출판도 이 시기 학생들을 상대로 하는 것이 가장 많다. 사교육 상품에 대한 소비에서 갈팡질팡하는 부모들의 모습이 가장 많이 눈에 띠는 것도 초등학교 고학년부터 중학교에 이르는 시기다. 우리가 상담을 해보면 가정에서 실패하는 자녀교육의 사례도 초등학교 고학년에서 중등학년 자녀를 교육할 때가 가장 많다. 사교육 기업들의 상업적인 광고도 매우 많은 편이어서 광고 시장에서의 규모도 대입 시장 못지않다. 당장 주요 일간지들의 교육 관련 광고나 기획기사만 보아도 초등 고학년과 중등 학년을 대상으로 하는 경우가 점점 많아지고 있다. 중앙일보의 프리미엄섹션이나 조선일보의 '맛있는 공부' 섹션도 2/3 이상의 내용이 이 시기 학령을 상대로 한다. 그래서 이 시기 부모들은 넘쳐나는 사교육 정보에 심지를 잃지 않으면서, 자녀교육의 전략을 굳건히 세우는 것이 특별히 중요한 일이다.

자기주도 학습의 꽃, 독서 습관의 유지

읽는 책의 특징

학습이 본격적으로 시작되는 초등학교 고학년 시절에 무엇보다 중요한 것이 독서 습관의 유지다. 대개 초등학교 4학년을 넘어서면서 아이들은 책 읽기에 싫증을 느끼기 쉽다. 책에 그림이 없어진다. 책의 길이가 길어진다. 책에 개념어가 많아진다. 책에 나오는 단어들이 한자로 된 말, 한자어가 많아진다. 놀이 성격의 판타지 성향의 이야기보다 이야기 구성이 좀더 현실화 된다. 이야기 책만이 아니라 이 시기 아이들이 읽게 되는 책에는 위인전이나 과학 책처럼 사회적 가치나 지식 정보의 체계를 다루는 책들도 있다. 책들이 흥미보다는 정보 자체에 초점을 두면서 내용이나 전달방식이 딱딱한 경우가 많아진다.

★

부모들의 함정, 책에서 멀어지는 이유

이 중에서 어떤 점이 걸림돌이 되든지 간에 아이들은 초등학교 저학년 때까지 잘 읽던 책과 멀어지는 경우가 많다. 부모들도 아이들 머리가 굵어진다고 생각하여, 아직도 그림 나오는 동화 책 수준의 이야기책을 들춰보는 자녀들을 보면 구박을 하기도 한다. 일부러 어렵거나 교훈적인 성격이 강한 책을 아이들에게 '의무적으로' 읽도록 강요하기도 한다. 부모들이 함께 읽어주던 초등학교 저학년 때에서 벗어나, 아이들이 혼자 읽도록 내버려 두기도 한다. 책의 길이가 길어져서 간단하게 읽어 줄 수가 없으니 알아서 읽으라고 귀찮아하기도 한다. 그래서 아이의 의사와 상관없이 논술의 시대라는 것을 상기하면서 학원에 맡기기도 한다. 그런가 하면 실제로 부모들 입장에서도 아이들과 함께 읽기에 재미가 없는 긴 책들이 많아 흥미를 가지지 못하는 경우도 많다.

더구나 유아였을 때나 초등학교 저학년이었을 때와 달리 책을 읽으면서 이 시기 아이들이 겉으로 보여주는 반응이라는 것이 그다지 표 나게 귀엽거나 인상적이지 않다. 이 시기부터는 책을 읽고 느끼는 아이들의 반응이 내면적으로도 복합적이어서 부모 입장에서 그 반응들에 대하여 어떤 식으로 대응하여야 하는지 막연할 때가 많다. 또한 이 시기 아이들은 독서 과정에서 제법 낯선 질문들도 하게 되는데, 그에 대한 대답을 하려면 부모 입장에서는 어떤 경우 깊이 있는 지식을 요구하거나 전혀 대답하기 어려운 복합 질문들도 있게 된다.

★

독서를 유지하게 만드는 엄마들의 기본자세

하지만 단도직입적으로 말해서 이 시기에 아이들이 동화책을 읽는 것은 전혀 문제가 되지 않는다. 심지어 『땡땡의 모험』이나 『아스테릭스』와 같은 만화에서부터 수도 없는 일본 만화들을 읽는 것까지도 전혀 문제되지 않는다. 그리고 어떤 책들을 엄마가 같이 읽어주는 것도 적극 권장할 일이다. 교훈적이거나 소위 고전이라고 알려진 『우동 한 그릇』과 같은 책에 아이가 흥미를 갖지 못해도 상관없다. 책 읽기에 편식이 심해서 여전히 판타지 소설만 읽으려고 하는 것도 문제가 되지 않는다. 오히려 이 시기의 독서 유지에서 부모의 편견이 자칫 아이들의 독서 습관을 그르칠 가능성이 있다.

이 시기 아이들에게 독서 습관을 유지하도록 하기 위하여 엄마가 도와주겠다고 마음을 먹었다면 그 첫째 방식은 앞에서도 지적했듯이 엄마가 같이 책을 읽는 것이다. 엄마가 소리 언어로 바꾸어 이야기를 하듯이 한 장 한 장 같이 읽어주는 것만 이야기하는 것이 아니다. 아이가 읽은 책을 엄마도 별도로 읽어서 아이와 그 내용을 공유하는 것도 포함한다. 아이에게 강권하지 않고 아이가 은근히 읽었으면 하는 책을 엄마가 아주 맛깔스럽고 재미나게 먼저 읽는 것도 생각할 수 있다. 이 시기부터 중학교 때까지는 무조건 아이들과 친하게 지내는 것이 필요하다. 이 점은 뒤에 가서 다시 강조할 것이지만, 책 읽기에서도 이 점은 매우 중요한 고려사항이다. 그러므로 아이들과 '문화를 공유하면서' 지내야 한다. 함께 책 읽는 것은 그중 하나일 수 있다.

★

책의 내용을 생활 속으로 가져오기

둘째, 함께 읽은 책을 일상생활 속에서 어떤 식으로든 써먹고 교류하는 것이다. 가령 『우동 한 그릇』을 읽었다면 일부러 맛있는 우동집에 가서 우동을 같이 먹으며 그 책에 나오는 소재들을 대화 소재로 올려놓을 수도 있다. 어린이를 위한 『전쟁과 평화』를 읽고, 일부러 비디오를 빌려서 함께 보면서 왜 스토리가 다른지에 대하여 두런두런 이야기하면서 되새겨볼 수도 있다. 책에 나오는 주인공의 어떤 행동을 이용하여 엄마가 아이에게 장난을 쳐도 좋고, 책의 어떤 인물을 활용하여 아빠가 우스갯소리를 해도 좋다. 이것은 일종의 독후 활동이다. 독후 활동이라는 것이 근사하게 진지한 얼굴로 마주 앉아 토론을 하는 것만을 의미하지 않는다. 책에서 이야기들을 끄집어내어 살아있는 것으로 공유하는 과정, 일상생활과 책의 내용을 섞어서 요리하는 과정이 곧 살아있는 독후 활동이다. 구태여 평가하려고 할 필요가 없다. 일부러 정색을 하고 평가하려고 하면 오히려 그런 방식이 거북하거나 어색할 수 있다.

★

물가에 데려가는 방법에 대한 고민

셋째 '물을 먹여야겠다는 생각' 보다 '물가에 데려가는 방법'에 대하여 더 많이 고민하여야 한다. 어떤 행동의 결과보다 그 결과에 이르는 방법에 대하여 고민하는 것이다. 가령 책과 친해지도록 하기 위하여 동네의 도서관에 같이 가겠다고 목표를 세웠다면, 도서관에 같이 갈 수 있는 방법을 연구하고 궁리하여야 한다. 도서관에 데려 가겠다고 생각한 것만 해도 여느 엄마보다 대견하다고 스스로 자부할지 모르지만, 아이들 입장에서는 아무 의미가 없는 생각이다. 나중에 돌이켜 생각하며 우리 엄마가 나와 함께 도서관에 갈 정도로 훌륭한 분이라고 생각할지언정, 당장 이 나이에서는 그런 생각을 할 리 만무하다. '도서관에 가자!'라는 말로는 통하지 않는 나이가 초등학교 고학년에서부터 시작하여 중학생 때 절정에 이른다. 그러니 에둘러 가는 법을 모르는 엄마들은 아이들과 명령과 지시의 언어로 부딪히기만

할 것이다. 그것은 악순환을 낳는다.

 가령 엄마가 『우동 한 그릇』을 읽히고 싶다는 목표를 생각했다고 해보자. 이럴 경우 『우동 한 그릇』이라는 책과 친해지도록 하기 위하여 무슨 짓이라도 해서 여러 가지 방법을 짜 내야 한다. 책을 사서 엄마가 너무나 재미있게 읽는 모습을 보여주어 아이가 호기심을 갖게 할 수도 있다. 이 과정에서 일부러 아이에게는 안 보여주는 듯한 태도를 취하여 새침떼기 작전을 펼 수도 있다. 아니면 앞서서 독후 활동으로 소개한 우동집 방문하기를 먼저 하여 이것저것 그 책에 나오는 내용을 끄집어내어 아이가 호기심을 갖도록 유도할 수도 있다.

 사실 엄마들 중에는 이런 아이디어를 짜 내라 하면 머리에 쥐가 나는 경우가 있다. 하지만 누구나 자기 성격의 특성 내에서 기대할 수 있는 아이디어가 있는 법이다. 그것을 퍼 올리는 힘은 엄마의 노력이다. 이것은 엄마로서는 자기계발의 과정이기도 하다. 엄마와 아빠가 결혼하여 정 붙이고 살아온 시간을 생각해보라. 초등학교 고학년이나 중등학교 자녀를 둔 엄마 아빠라면 이제 10년 이상 결혼생활을 하면서 부부간에 서로 무던한 관계로 살기 마련이다. 그래서 아무리 서먹서먹하고 조심스러운 성격이었다 하더라도 살가운 측면을 가지고 부부관계가 진행되는 법이다. 그러니 아이들에 대한 아이디어도 그런 차원에서 얼마든지 노력하여 계발할 수 있다는 믿음을 버려서는 안 된다.

'물타기'를 통한 균형의 제공

넷째, 이 시기 엄마나 아빠들은 '물타기'의 선수가 되어야 한다. 게임만 하는 이 시기 아이들에게 '게임을 하지 마라'고 한들 말로 들을 아이들이 아니다. 게임만 하는 아이를 게임으로부터 완전하게 격리할 수는 없다. 다만 아이가 게임을 적당하게 하고 다른 일들에도 관심을 가지게 하는 것이 우리가 할 수 있는 최선의 일이다. 산을 좋아하게 하고, 축구를 좋아하게 하고, 책 읽기를 좋아하게 한다면, 게임을 좋아하는 아이의 행동은 아이 생활에서 전부가 아니라 작은 일부가 되는 것이다. 어떻게 산과 축구를 좋아하게 할 수 있을까? 아빠의 힘이 필요하다. 아이가 흥분하여 산이나 축구라면 자다가도 일어날 정도로 기막힌 '연출'을 하여야 한다. 극적으로 산에 접근시키지 않으면 산은 아이에게 무덤덤한 것이 되고 만다. 산책하러 가기로 한 산의 길목에다가 돈을 묻어 놓고 산에 가서 막대기로 땅 파기 장난을 하는 아빠도 있다. 아이의 흥분을 조직하기 위하여 무슨 짓이라도 하는 것이다. 엄마, 아빠도 필요하면 망가져야 한다. 그렇게 해서 정말로 아이가 산을 좋아할 수만 있다면 그 다음은 아이 스스로 발동이 걸려 산을 찾을 것이다.

산을 좋아하게 하기 위하여 장마비가 억수로 쏟아지는 날에 일부러 비를 맞고 산에 가는 방법도 있다. 사실 자연의 위대함은 자연이 변화를 보여 줄 때다. 평범한 산행 때와 달리 장마비가 내릴 때의 산에 가면, 새롭게 볼 것이 많다. 골짜기를 쓸고 내려오는 계곡의 물도 장관이요, 더러는 산의 초입 계곡에서 상류까지 올라온 큰 물고기들을 보기도 한다. 이런 체험은 아이들로서는 흥분할 만큼 흥미진진한 일이다. 극적이고 인상적인 체험이다. 극적인 체험은 아이들로선 자신들도 모르게 어떤 몰입으로 이끄는 힘을 가져다준다.

마찬가지다. 책을 읽는 데 편식이 심한 아이들을 돕는 방법도 '물타기'다. 판타지 소설만 보는 아이에게 책을 골라 사이언티픽 판타지 소설을 읽도록 유도하는 것도 한 방법이다. 그리고 그 소설을 통해 사이언스(과학) 분야 책도 읽을거리로 만들어줄 수 있다. 과학 책을 싫어하고 사회적인 이야기를 담은 책만 좋아하는 아이에게 소설로 된 과학책으로 유도하는 것도 방법이다. 아시모프의 소설은 그러기에 적당한 소설들이다. 비디오 영화를 보면서 물타기를 할 수도 있다. '패어런트 트랩(the parent trap, 1998)'이라는 쌍둥이 영화를 같이 보고 에리히 캐스트너의 원작 소설 『로테와 루이제』라는 책을 권할 수도 있다.

필자가 상담한 어떤 교사 엄마는 교훈적인 책을 읽고 좀더 진지하게 청소년기를 맞이하길 바라면서 아이에게 『오체불만족』 같은 책을 읽도록 줄기차게 권하다가, 새로운 방법에 의해 의외로 손쉽게 아이가 그와 같은 책을 읽도록 유도한 경우도 있었다. 주로 야외활동이 많은 가족 봉사활동을 1년 정도 다니면서 여러 소외된 사람들 수발도 하고 헤비타드 사랑의 집짓기도 해보았는데, 아이가 자연스럽게 장애우들에 대해서도 관심을 가지게 되면서『오체불만족』같은 책을 진지하게 읽기 시작한 것이다. 나중에 다시 한 번 정리하겠지만, 이 시기 아이들에게는 직설적인 요구는 거의 다 억압적으로 다가갈 수 있다. 설령 고분고분하게 시키는 것을 한다 해도 중학교 보내 놓고 보면 속을 썩이는 경우가 허다하다. 돌려서 말하고, 말하지 않고 말하는 법을 사용하고, 반어나 역설을 이용하는 언어를 익히지 않으면 엄마 노릇 하기가 괴로운 것이 초등 고학년과 중등 학년 아이들을 키우는 부모들의 고민이다.

무조건 친하게 지내기

다섯째, 앞에서도 말했듯이 이 시기 자녀를 두었다면 근본적으로 무조건 친하게 지내야 한다. 친해야 앞의 모든 방법들이 쉽게 통한다. 친해야 6학년만 올라가도 사춘기 초기 증상을 보이면서 엄마, 아빠를 소 닭 보듯 하는 아이들과도 스킨십을 유지할 수 있다. 부부간에도 친해야 대화가 쉽게 열리는 것과 같은 이치다. 친해야 소소한 것들도 교류가 가능하다. 또 그래야 아이들과 독후 활동도 재미있게 깔깔거리며 할 수 있다. 그래야 반인반수라 할 수 있는 중학생 시기가 와도 반인반수끼리 어울리면서 다양한 문제에 휩싸이는 학교생활의 스트레스를 집에 와서는 편안하게 푸는 법이다. 무조건 친함을 유지해야, 책읽기도 실마리를 찾기가 쉽다.

★

한자어 공부 시작

여섯째, 한자어 공부를 하게 해야 한다. 이것은 어려운 천자문 공부, 혹은 문학으로서의 한문 공부가 아니다. '한자' 공부도 아니고 '한자어' 공부다. 한자를 쓸 줄 몰라도 된다. 한자로 된 말을 읽지 못해도 된다. 중국 글자를 배우는 것이 아니기 때문이다. 독서를 위한 언어 훈련으로서 '한자로 된 말'에 대한 적응력을 높이도록 돕는다는 것이다. 물론 열의가 있고 호기심이 있는 아이들은 '한자 공부'까지도 수행해낸다.

한자어 공부는 의외로 단순할 수 있다. 가령 '무인지경'이란 단어가 초등학교 5학년이 읽는 책에 나왔다고 하자. 이것은 일상생활에서 자주 듣는 단어가 아니다. 구어라기보다는 문어에 속한다. 하지만 이와 유사하게 '무인도'나 '무인 경비 시스템'은 일상생활에서 자주 보는 단어들이다. 그렇다면 한자를 가르치지 않고도 '무'는 '없다'요, '인'은 '사람'의 의미를 갖고 있다는 것을 엄마가 아이들이 실제로 상상할 수 있는 예, 즉 '무인도'나 '무인경비 시스템'을 들어가면서 설명해줄 수 있다. 이런 설명에 익숙한 아이들은 책을 읽으면서

'무인지경'도 추정하여 이해한다. '경'이 무엇인지는 모르지만 일단 '사람이 없다'는 의미가 들어가 있다는 것을 예측하는 것이다. 그래서 이런 방식으로 한자어로 된 말들을 이해하기 시작하면, 아이들은 아빠 엄마와 차를 타고 가다가도 창밖으로 스쳐 지나가는 길을 보면서 '어, 엄마! 무인도야!' 하고 엉뚱한 말을 늘어놓게 된다. '이게 무슨 소리야?' 하다가도 한때 '도'는 길'의 뜻을 지닌다는 것을 알려준 엄마로서는 우리가 사용하지 않지만 제 딴에는 한자로 된 말을 만들어내기도 한다는 사실에 빙그레 웃음을 머금을 수도 있는 것이다. 이쯤 되면 '무인'이라는 한자어를 아이는 갖고 노는 지경에 이른 것이다.

평상시에 책을 읽을 때도 한자어로 된 개념어들에 대하여 풀어서 설명해줄 필요가 있다. 티끌 모아 태산이다. 엄마와 아빠, 그리고 학교생활 등에서 누적되면 한자어로 된 개념어들의 산도 넘지 못하라는 법이 없다. 그리고 무엇보다도 한자로 된 말들의 의미를 헤아리는 방법을 아이들은 터득하게 된다. 길에 아무도 없는 것을 '무인도! 라고 외친 아이는 이미 그 원리를 나름대로 적용해보는 경지에 이른 것이다. 이런 문화가 집안에 자리 잡으면 아이들의 질문도 많아지고, 동생들도 저절로 귀동냥으로 한자어 공부를 하게 된다.

우리말의 중심 단어들은 대부분 한자어다. 학습 언어는 더더욱 한자어 단어에 의존한다. 그러므로 초등학교 4학년 이상부터 교과서에서 갑자기 많아지는 한자어에 대하여 적응하도록 하려면 한자어 단어에 대하여 부모들이 대응전략을 세울 필요가 있다. 이런 마당에 중학교에 올라가면 한자어 노출이 갑자기 많아진다. 우리나라는 중학교에 들어가면서부터 거의 학습 용어로만 치면 아이들을 어른과 동일하게 취급한다. 교과서는 좀 낫다. 그러나 참고서나 읽을거리는 심각할 정도로 한자어로 된 추상어, 개념어 중심이다. 심지어 영어 문법을 공부할 때 부모들이 겪었던 한자어 개념어의 고통은 아직도 아이들에게 그대로 이어진다. 그래서 한자어 공부는 독서를 하는 데 필요한 것만이 아니다. 한자어 공부는 두고두고 아이들의 학습 과정에서 제도화된 지식체계의 전달 언어에 대한 적응력을 높여 줄 것이다.

낙오자가 발생하기 시작하는 수학 공부

초등 고학년에서 추상적으로 새로 등장하는 수학 영역들

초등학교 고학년 학생이나 중학생 중에서 수학에 흥미를 갖지 못하는 아이들에게 언제부터 수학 과목의 흥미를 잃었는지를 물으면 대다수의 아이들이 초등학교 4학년 때부터였다고 말한다. 초등학교 4학년 때부터는 일상생활과 다소 동떨어진 것처럼 보이는 새로운 수학 영역을 많이 배우기 때문이다. 확률과 통계 영역의 기초가 되는 '경우의 수'에 대한 공부도 본격적으로 시작된다. 마찬가지로 장차 중학교에서 배울 기하학이나 고등학교에서 배울 삼각함수 등의 공부에서 기초가 되는 '도형'에 대한 공부도 본격적으로 도입된다. 그리고 중고등학교에 가서 배울 함수의 기초가 되는 '규칙성과 수식'을 배우게 된다. 이런 내용들도 초등학교 저학년 때 주로 배우는 연산능력 공부에서처럼 일상생활과의 관련 속에서 차근차근 배울 수만 있다면 아이들이 덜 어려워할 테지만, 우리나라의 초등학교 고학년부터의 수학교육은 가파르게 추상적인 방식으로 아이들을 맞이한다.

★

실생활과 결부된 수학공부방식이어야

이 문제를 해결하려면 사실 근본적으로 서양의 경우처럼 '수학교육의 민주화(?)'가 필요하다. 아이들의 눈높이에 맞추어 실생활 소재들을 활용하고 개념과 원리 이해에서부터 추상도를 낮추어야 한다. 아이들의 삶으로 수학 공부를 돌려주는 것이 필요하다. 상위권 아이들이야 추상적인 인지 능력이 있기 때문에 실생활과 결부된 수학이 아니어도 이해력이 있다. 그래서 실생활 소재를 이용한 수학교육은 중위권 아이들의 눈높이에서 수학을 가르치는 접근이라 할 수 있다. 이것 때문에 학생 중심의 수학교육의 맥락에서 수학교육의 민주화라는 표현이 서구 수학 교육계에서 용어화 되었다. 이제 10년이 넘는 세월 동안 이 방식으로 아이들을 가르치면서 그 부작용에 대한 논의도 서구사회에서 일고 있는 것이 사실이지만, 우리나라의 경우 아직은 '수학교육의 민주화'가 가슴에 와 닿는 무엇임에 틀림없다.

우리나라에도 실생활 소재와 실생활 맥락을 중시하는 서구의 수학교재가 소개 되어 있다. 대표적인 것이 나온 수학교육 연구소(http://www.naonedu.com)에서 번역 보급하는 MIC(Mathematics in Context)라는 수학교과서와 수학사랑(www.mathlove.org)의 방학 때 운영하는 수학체험교실 캠프 등이다. 이는 마치 과학 과목에서 실험이나 체험이 한생연이나 와이즈만 등에서 새로운 흐름으로 형성된 것과 유사한 경우다. MIC 교재는 실생활과의 끈을 놓지 않은 채 수학 공부를 하도록 구성되었다는 점이 특징이다. 네덜란드에서 시작하여 미국에서 만든 교재를 번역하여 공급하는데, 대안형 중고등학교나 몇 곳의 영재교육센터에서 주로 이용되고 있다. 구성주의 시대에 나온 교과서답게 이 책은 학생들이 지속적으로 참여하면서 개념과 원리를 이해하고, 그 덕으로 문제해결능력을 다양한 측면에서 획득하게 한다는 장점을 보여준다. 이와 같은 수학교육 접근법을 갖고 있는 중고등학교 수학 프로그램은 나중에 다시 언급할 기회가 있겠지만, 중고등 학교 수학교사들이 만든 '수학사랑(http://www.mathlove.org)' 이다. 더러는 의미 있는 수학 전시회도 열고, '수학사랑' 이라는 이름의 출판사를 통해 참조할만한 도서와 교구들을 공급하고 있다. 방정식도 눈으로 볼 수 있는 도형으로 배우는 방법을 제공하는 '수학사랑' 의 접근방식은 아이들에게 실생활과의 끈을 놓지 않은 채 수학의 개념과 원리들을 소화하게 하는 장점이 있다.

그래서 초등학교 고학년부터 새로 출현하는 수학 영역과 관련하여 가장 추천할 만한 초등 고학년의 수학 공부 방법은 실생활과 관련한 공부 방식이다. 이렇게 해야 흥미를 잃지 않고 수학공부의 동력을 아이들이 스스로 조직하면서 공부하게 할 수 있다. 추상적 사고를 강요하는 것은 수학을 원리의 학문이 아니라 암기 과목으로 전락시킨다. 문제유형을 미리 익혀서 반복적으로 풀면 된다는 안일한 사고 때문에 학년이 올라갈수록 아이들의 수학적 창의력은 고갈되고 수학 학습 능력은 점점 저하된다. 더구나 잘못된 영재교육 풍토 때문에 다른 아이보다 먼저 선행학습을 하면 그것이 경쟁력이 되고 무기가 된다고 생각하는 부모들이 많다는 점을 생각하면, 암기 과목으로 공부하는 수학 공부의 위험은 초등학교 고학년에서부터 심각하게 시작되는 셈이다. 엄마 아빠들이 공부하던 학력고사 시대처럼 그저 원리나 개념의 확인 수준의 문제만 입시에 출제되면 문제가 안 되겠지만, 이제는 미국식 대학수학 능력 시험이 도입되면서 창의력을 요구하는 문제가 대입 시험에서도, 특목고 시험에서도 두고두고 아이들을 괴롭히게 된다. 그에 대한 제대로 된 대응 공부법은 암기가 아니라 원리의 풍부한 이해다.

한국이 낳은 수학자로 이름을 날리면서 미국 마이크로소프트 사 연구원으로 일하다가 2006년에 그만두고 연세대학교 수학과에 온 김정한 교수가 한 신문에서 주입식 교육의 결과로 빚어지는 창의력 부족이 수학이라는 학문과 학생뿐 아니라 우리 사회 전체에 많은 문제를 남기고 있다고 평가한 것은 새겨둘 만한 이야기다.

7차 교육과정에서 초등 고학년 수학 교과의 내용을 줄였다고는 하지만, 아직 우리나라에서 학부모들이 아이들에게 제대로 된 수학 공부 전략을 세워 주기란 쉬운 일이 아니다. 우리나라 학생들이 수학을 잘한다는 것은 창의성이 필요한 고등 수학영역이 아니다. 기껏해야 계산능력의 대중화, 이미 알려진 수학 문제 풀이 능력이 뛰어난 정도다. 개념과 원리를 풍부하게 깨치는 공부방법이 초등학교 고학년 때부터 적용되지 않기 때문이다. 그래서 이제부터 하는 이야기는 기본적으로 차선의 수학 공부 전략일 뿐이다.

★

다양한 문제해결 능력을 갖추도록

다양한 문제해결 능력은 개념과 원리에 충실한 공부 방식에서 나온다. 뉴스터디 수학 학원은 토론을 통한 학습 방법을 도입하고 있다. 하지만 원리나 개념보다는 애석하게도 문제풀이에서 토론을 통한 다양한 풀이 방식을 아이들이 스스로 찾게 하고 검토하게 하는 정도다. 이 방식은 영재교육센터 준비 수학학원으로 잘 알려진 CMS에서도 사용하는 방법이다. 하지만 근본적으로는 개념과 원리에서 다양한 측면을 이해하도록 하는 것이 필요하다. 그런 점에서는 주로 분당을 위시하여 경기도 동남부 지역에 분포한 파스칼 수학 학원이 추천할 만하다. 초등학생들에게 있어서는 파스칼 수학 학원이 보다 개념적이고 원리적인 사고를 차근차근 길러주는 것이다. 선행학습을 하지 않고 일반 교과를 원리 중심으로 공부시킨다.

다양한 문제해결 능력을 기르는 차원에서 문제풀이를 하는 방법은 문제를 많이 푸는 것보다는 한 문제를 여러 방식으로 풀어보는 훈련이 좋다. 그러기에는 집에서 엄마 아빠가 퀴즈 문제 스타일의 수학 문제 풀이를 함께 해보는 것도 좋은 방법이다. 서양의 경우 동네 도서관만 가도 이런 유형의 문제 책자들이 많이 비치되어 있지만 우리나라는 그렇지 못하다. 몇 권을 추천해보면『수학과 친구 되자(수학사랑)』,『70일간의 논리 여행(새터)』,『하루 30분 놀이로 내 아이 수학영재 만들기(예담)』등이 있다. 이런 책을 붙들고 여행하면서, 혹은 주말마다 한 문제를 붙들고 엄마와 아빠, 아이들이 함께 씨름해보는 것은 수학적 체험을 풍성하게 해줄 것이다.

다양한 문제해결 능력을 위한 개념과 원리 학습 방안으로 추천할 수 있는 다른 방법 중에 '이야기'로 수학을 공부하는 방법이다. 보통 수학 전공 교사들이 본인들이 대학시절 가장 재미있게 공부한 것이 무엇인지를 증언할 때 언급하는 것이 '수학의 역사'에 대한 공부다. 실제로 수학사 공부를 하면 자연스럽게 원리와 개념에 대한 이해가 풍부해진다. 요즘은 아이들이 읽을 만한 수학 도서들도 많다. 수학의 역사에 대한 책도 많아졌다. 앞서 언급한 연세대학교 김정한 교수가 권하는 방법도 수학을 이야기로 공부하는 방법이다. 수학과 학생들에게 김 교수가 가르치는 방식도 문제풀이가 아니라 수학 이야기 만들기다. 어떤 개념이나 원리와 연관이 있는 현실의 사례를 찾고 어떻게 그 원리가 적용되는지를 이야기로 구성하다 보면, 자연스럽게 그 원리에 대한 이해가 풍부해지는 방법이다.

가령 5학년 때 최소공배수, 최대공약수를 배우고 있다면 그것을 이용하는 실제 세상의 이야기를 찾아보고 글로 적어보는 것이다. 아마도 이 경우 버스 회사의 배차 시간표, 기차 시간표를 가지고 이야기를 풀어갈 수 있을 것이다. 실은 이것은 앞에서 다룬 MIC 수학 교과서와 같은 실생활 소재를 중시하는 수학 교과서들의 구성원리이기도 하다. 이야기 수학을 공부해볼 만한 전문적인 출판사로는 수학사랑 출판사, 경문사 등이 있고 몇 권의 단행본 중에서 의미 있는 경우는 김영사 등의 책이 눈여겨 볼만하다. 이는 실제로 중학교나 고등학교 올라가서도 유의미한 공부방법인데, 안재찬의 『수학거미』라는 수학동화 교재가 그와 같은 방식의 공부에 도움이 되는 중고등학교 학생용 수학 책이다.

모르는 것은 넘어가지 말고 차근차근 공부하여야

이것은 부모들이 초등학교 고학년 아이의 수학을 지도할 때 고려할 점으로 언론지상에서도 자주 듣는 이야기다. 수학이 워낙 논리적이고 체계적인 추상학문이기 때문에 계단을 올라가듯이 공부하여야 된다는 점을 강조하는 것이다.

이것을 염두에 두는 가장 좋은 방법은 문제를 풀 때 답을 보고 건성으로 넘어가지 않는 것이다. 이 시기 아이들 중에는 진중한 아이들이 드물다. 특히 남자 아이들은 유난히 까불고 소란스럽다. 그래서 아이들은 조급한 마음에 답을 옆에 놓고 공부하려는 습성이 생긴다. 수학은 다른 과목과 달라서 '답 없이 혼자 헤맨 시간만큼 는다'는 수학선생님들의 증언도 있다. 비록 답을 찾진 못했어도 이리 저리 별 방법을 다 동원하여 정말로 '다양한 방식으로' 고민하다 보면 자기도 모르게 다양한 사고에 익숙해진다는 것이다.

풀다가 안 되면 대충 답을 보고, 답을 보니 이해가 가는 듯하여 그 문제는 넘기고, 다음 문제를 붙들고 보니 또 같은 방식으로 넘어가고, 그러다가 제 눈에 안경으로 어쩌다 제 손으로 푸는 문제도 생기지만, 전체적으로는 알고 보면 답을 보고 아는 체하며 그냥 넘어간 문제가 대부분인 경우가 허다하다. 답을 보았다면 답 없이 다시 스스로 풀어보도록 하여야 한다. 아니, 답을 보아도 제가 막혔던 대목만 한 줄 보도록 하고 그것을 실마리로 삼아 제 손으로 풀어보도록 해야 한다. 그러니 엄마가 가르쳐준다 해도 다 풀어주고 가르쳐주는 것이 아니라 실마리만 주는 방식을 택해야 한다. 답안지를 보는 요령을 가르치는 것, 이것이 결국 건성으로 넘어가는 것을 막고 '차근차근 공부하도록' 돕는 전략일 수 있는 것이다.

★

함부로 선행학습 하다 보면 '차근차근' 놓쳐

당연히 선행학습을 함부로 해서는 안 된다. 필자는 강남의 J사립 초등학교 출신 중학생 엄마를 만나 상담을 하다가 그 엄마와 한참 동안 실랑이를 벌인 일이 있었다. 그 아이는 중학교 3학년이었는데, 초등학교 3학년 때 『수학의 정석』을 공부하는 선행학습 팀에 있었다고 한다. 그런 아이가 어찌된 일인지 중학교 3학년이 되어도 인수분해조차 제대로 해결을 못한다는 것이었다. 초등학교 때만 해도 웬만한 학교 수학 시험문제는 거의 다 100점이었다는 것이다. 물론 텔레비전 뉴스에서 초등학교 5학년이 고등학교 3학년 수학 문제집을 선행으로 푸는 경우도 있다는 폭로성 사례도 알려졌지만, 눈앞에서 심각한 사례를 직접 겪으면서 필자로서도 실감이 나질 않는 경우였다. 더구나 그 상황에서도 엄마가 사태의 본질을 파악하지 못하고, 아이가 수학 영재를 넘어 수학 천재라고 자부하는 것에는 놀랄 수밖에 없었다.

개념과 원리를 이해하지 못한 채 문제 푸는 방법만 외워서 유사한 문제를 해결한다고 해서 수학 학습 능력이 탁월하다고 보는 것은 어리석은 일이다. 상담을 받던 아이를 직접 만나보니 아이는 수학을 암기과목으로 생각할 만큼 주입식 선행학습에 젖어 있었다. 우리 부모들도 운전면허 필기시험을 볼 때 외운 것을 지금 기억해내기란 쉬운 일이 아닐 것이다. 억지로 외운 암기로서의 수학은 금방 잊혀지고 만다. 계단식 원리 학습의 상위 수준으로 나아가는 것이 아니다.

선행학습, 아이가 흥미를 가지고 계단을 오르려 하면 당연히 해도 무방한 것이 선행학습이다. 아이는 선행학습이 무엇인지도 모르고 그것이 재미있어서 새로운 계단에 오르는 것이다. 천재적인 아이로 알려진 송유근 어린이는 그 나이 때의 다른 아이들이 길어야 20분에서 30분 집중력을 가지는 것에 비하여 6배에 해당하는 2~3시간의 집중력을 보인다고 한다. 이런 아이들이나 거부감 없이 선행학습의 계단을 줄줄이 오르는 법이다. 이런 아이들에겐 상위의 계단이 높은 계단이 아니라 사고를 자극하는 새로운 계단으로 다가간다. 남들보다 높은 계단에 올라왔다고 우쭐댈 수 있는 계단이 아니라 그저 재미있고 가슴이 뛰는 흥분이 있는 계단인 것이다. 본래 수학에는 이런 재미가 있다. 추상적인 학문일수록 이런 재미가 특별히 우리를 흥분하게 한다. 하지만 무리하게 아이를 선행학습에 몰아세우면, 한 순간에 낮은 계단으로 굴러 떨어지는 법이다. 분당의 파스칼 학원, 대치동의 지엔사 학원 등은 선행학습을 배제한 채, 나이에 맞는 수학 원리를 안정적으로 가르치는 것을 강조하는 학원들이다. 오히려 이런 학원들이 차근차근 공부해야 할 연령에 적합한 학원일 수 있다.

논리나 철학 공부를 하는 것도

수학능력이 떨어지는 아이들에겐 국어와 수학을 연결해주는 논리 공부나 철학 공부를 시켜보는 것도 의미가 있다. 초등 저학년에서 소개한 서울과 경기 지역의 주요 도시에 있는 '어린이철학연구소(어철연)'나 서울 송파와 분당의 '오란디프의 사고력교실', 그리고 전라도 광주에서 시작하여 서울 경기 지역에 퍼져 있는 '지혜의 숲' 등은 참고할 만한 학원들이다. 어린이 도서연구회(어도연) 출신 강사들 중에도 논리와 철학을 가르치는 분들이 있다. 추천할 만한 경우들이다. 오란디프의 경우 서울대 철학과 김영정 교수가 '하데스의 진자'라는 논리 판타지 게임을 개발하여 보급하고 있는데, 집에서 컴퓨터 게임으로 논리를 배울 수 있는 경우다. 구입해서 엄마 아빠가 함께 게임 속에 빠져 볼 만하다.

논리 공부라는 것은 그다지 복잡한 것이 아니다. 초등학교 고학년이 되어 추상적인 사고를 하게 된다는 것은 어떤 일의 원인과 결과를 헤아리거나, 무엇을 먼저 하고 그 다음에 무엇을 하는지 절차적 사고를 한다는 것을 의미한다. 어떤 일의 구조에 대해서도 관심을 갖게 되는데 이것도 추상적 사고의 출발 중 하나다. 추상적 사고는 다른 측면에서 이해하면 반성적 사고다. 즉 자기가 한 일, 본 일에 대해서도 돌아보면서 제 느낌이나 생각을 드러낼 수 있다는 것이다. 그래서 초등학교 고학년에 가면 초등학교 저학년 때와 달리 국어 교과서에서 '사실'과 '의견' 중 '의견'에 대한 비중이 높아진다. 낮은 수준의 의견인 '느낌'으로부터 논리적인 의견인 '비판이나 평가'까지 의견에 대한 이해와 접근이 가능한 나이 때이다. 이것은 그래서 집에서 엄마와 아빠가 대화 과정에서도 돕고 끌어낼 수 있는 논리 능력이고 키워줄 수 있는 논리 능력이다. 앞서 말한 독서하기 영역의 독후활동으로 이와 같이 논리적인 방식의 대화법을 적극 활용할 만하다. 그런 점에서 제목이 너무 섬뜩하고 과장되어 있지만 신의진 교수의『아이의 인생은 초등학교에 달려있다』라는 책은 참고할 점을 많이 담고 있다. 논리적 언어 능력이 좋아지면 수학 창의 사고력도 좋아진다.

분수와 소수의 연산 능력, 개념과 원리 이해부터 해결해야

초등학교 4학년 이상이 되어 배우는 연산능력은 주로 큰자리 연산능력과 분수 소수 연산능력이다. 이 중에서 아이들이 어려워하는 대목은 분수와 소수의 연산능력이다. 사실 초등학교 고학년이 되면 덧셈, 뺄셈, 곱셈, 나눗셈에 대한 연산능력은 전체 교과에서 비중이 점점 낮아져 전체적으로 30%도 안 된다. 그런 점에서 앞에서 언급한 초등 고학년에서부터 새로 도입되는 영역에 대한 공부가 우선적으로 중요하다. 대개 부모들이 초등학교 4학년부터 분수와 소수가 등장하여 아이들이 어려운 셈을 하게 된다는 이야기를 많이 듣지만, 분수와 소수 셈이 초등학교 고학년 이상에서의 수학 공부 영역에서 우선적으로 중요한 문제는 아닌 셈이다.

분수와 소수는 아이들의 개념 이해가 유난히 안 된 상태에서 문제풀이로 넘어가면서 문제가 되는 경우가 많다. 이 경우는 저학년 때 덧셈과 뺄셈 공부하던 경우와는 많은 차이를 가져온다. 원리나 개념을 정확하게 알아야 하는 응용문제가 복잡해보이기 때문이다. 그래서 개념 이해, 원리 이해가 철저한지를 점검해주는 것이 매우 중요하다. 원리나 개념 이해가 풍부한 아이들의 경우 계산 실수를 하는 것은 그다지 문제가 되지 않는다. 어차피 학년이 올라가면서 아이들은 수도 없이 많은 계산을 하게 되며, 그 과정에서 자연스럽게 시행착오를 통해 계산능력도 좋아지게 마련이다. 그래서 분수와 소수도 계산능력 자체를 보지 말고, 원리와 개념 이해를 살펴보아야 한다.

영어 공부, 학습이 시작되는 나이

영어에 올인하는 것의 문제

초등학교 고학년 부모들에게 사교육 의존도를 질문하면 대부분의 부모들이 다른 것은 몰라도 영어에서만큼은 거의 전적으로 사교육, 그것도 학원 교육에 의존한다고 대답한다. 거기다가 추가하여 초등학교 고학년 자녀가 가장 많은 시간을 들여 공부하는 과목이 무엇인지를 묻는다면 역시 영어라고 대답하는 게 일반적일 것이다. 그만큼 영어는 초등학교 고학년 학부모들에게 중요하고 일상적인 교과목인 셈이다.

그 이유는 아마도 다음과 같을 것이다. 첫째, 초등학교 고학년 아이들이 상대적으로 학교 공부에서 자유롭다고 부모들이 생각하기 때문이다. 둘째, 지금 초등학교 학부모 세대가 유난히 영어 공부의 중요성에 대하여 자의식이 강하기 때문이다. 셋째, 부모들이 영어가 상대적으로 다른 과목보다 가장 두렵고 어려운 과목이라고 생각하기 때문이다. 그리고 마지막으로 부모들 입장에서 이 시기 아이들이 인지발달에서 무엇을 주요하게 공부해야 하는지에 대하여 막연하게 생각하고 있기 때문이다.

그래서 우선적으로 아이들의 학습 전략에 대한 고민에서 이 시기 부모들이 염두에 두어야 할 점은 영어에 대한 부담에서 벗어나는 것이다. 영어에 대한 불안감, 영어에 대한 두려움, 영어만 잘 하면 무슨 일이든 해결될 것 같은 환상, 아이들이 영어에서 투자한 만큼 어떤 대단한 실력을 얻게 되리라는 지나친 기대감, 이 모든 것들을 포괄하여 초등 고학년 학부모들이 빠져 있는 영어 교육 병에서 마음을 내려 놓고 해방되어야 한다는 것이다.

★

아이들은 나이만큼의 능력으로 영어를 배운다

마음을 편히 가지고 초등학교 고학년 자녀의 영어 공부를 이끄는 부모의 전략은, 첫째, 우리 아이들이 어느 수준의 기대에 부응할 수 있는지에 대해 객관적으로 받아들이는 데서 출발한다.

생각보다 아이들의 영어 실력이 많이 늘지는 않는다. 생각보다 영어가 가장 중요한 과목은 더더욱 아니다. 이 시기에 꼭 영어를 잡지 않아도 나중에 영어 실력이 향상될 기회가 생각보다 적지 않다. 초등학교 고학년 아이들은 그 나이만큼만 크고 나이만큼만 영어를 배울 뿐이다. 그리고 무엇보다 국내의 어떤 교육기관도 초등학교 고학년 아이들의 영어 실력을 획기적으로 올려 줄 만큼 대단한 프로그램을 갖고 있는 곳은 없다. 강남에서는 1년에 8천만 원이나 하는 고급 어학연수 프로그램이 있지만, 앞으로 다시는 아이의 영어 공부 때문에 고민하지 않을 거라는 환상은 아이들이 연수를 마치고 돌아오면 여지없이 산산조각이 나고 만다.

그래서 이 시기에는 아이들의 특성만큼만 영어 공부를 시키면 된다. 이 시기 아이들은 앞서도 여러 번 밝혔듯이 이제 추상적 개념적 논리적 사고의 문이 인지적으로 열려 가는 나이의 학년이다. 물론 그 속도는 개인차가 있어서 어떤 아이들은 5학년에 올라가도록 아직도 추상적 사고가 시작하지 않는 경우도 있고 이미 5학년에 이르러 중학생 수준의 추상적 사고를 할 수 있는 아이들도 있다. 그 개인차는 부모들이 참고하여 서두르지 않고 속도를 맞추어 주는 것이 필요하다. 이 시기에 속도가 나는 아이라고 해서 반드시 나중에도 속도가 나는 것은 아니다. 아이들의 학습 속도 조절은 부모의 몫으로 언제나 남아 있다.

구체적이고 제한적인 목표 설정

둘째, 엄마들의 전략은 구체적이어야 한다. 아이들의 두뇌는, 어른도 마찬가지지만, 구체적인 목표가 정해질 때 보다 활동적으로 주어진 일에 '몰두' 할 수 있다고 한다. 나중에 고등학교에 가면 목표를 구체적으로 세우는 것의 중요성은 특별히 중요한 문제가 되기도 하지만, 초등학교 고학년 시기의 자녀를 둔 부모 입장에서 영어 공부를 리드할 때 역시 구체적이고 제한적인 목표 설정이 중요하다. 어느 정도 '습득' 의 문제를 해결했다고 생각하는 부모들도 구체적인 학습 목표를 세워야 한다. 해외에서 돌아온 리터니(returnee)들의 부모들도 우리 아이들은 영어를 웬만큼 한다는 자부심 이전에 한국에 돌아와서의 영어 학습 목표에 대해 구체적이지 않으면, 금방 망각하는 아이들의 실력에 실망을 금할 수 없게 된다.

대개 강남권을 중심으로 이 시기에 부모들이 고민하는 영어교육의 구체적인 목표는 '토플 성적 획득' 이다. 이는 사실상 특목고 대비를 하는 중학생 시장의 영향 때문이다. 특목 대비 중학생 학원들인 영어 학원들, 즉 서울어학원이나 최선어학원, 이지어학원 등의 토플 학원들의 힘이 초등 고학년까지 내려온 것이다. 하지만, 토플 성적 획득이 초등 고학년 영어 공부를 하는 모든 학생들과 부모들의 영어 학습 목표일 수는 없다. 특목고에 진학하고자 하는 학생들에게 필요한 성적이긴 하지만, 좀더 구체적으로 접근해보면 시험 위주로 학습목표를 정하는 것이 지니는 한계가 적지 않기 때문이다.

필자가 상담해온 부모들 중에는 토플 성적 획득을 위한 학원들에 아이들을 보냈다가 스파르타, 암기 위주, 문제풀이 위주의 공부 방식에 질린 부모들도 적지 않았다. 특목고 중에서도 과학고를 지망하는 학생의 경우도 있었고, 아예 미국으로 보딩스쿨 유학을 보내고자 하는 부모도 있었고, 그런가 하면 특목고가 아니라 일반고 진학을 고려하는 부모들도 있었다. 이들의 경우 다른 차원의 구체적인 영어 학습 목표가 필요했다. 워낙 너도나도 토플 준비 학원에 매달리는 상황이긴 하지만, 정상어학원이나 청담어학원 등의 학원에서 상위 수준으로 논의하는 영어 학습 목표, 즉 영어로 학습을 할 수 있는 능력 자체도 중요한 학업 목표일 수 있는 것이다. 영어로 수학이나 과학 책을 읽을 수도 있고, 발표하고 토론을 하며, 영어로 학습에 해당하는 내용의 글쓰기를 할 수 있는 능력이 여기에 해당한다. 이런 능력을 갖추면 토플 시험 성적이 필요할 때 이와 같은 학습능력에 기반하여 토플 시험 준비를 할 수도 있고, 비즈니스 영어가 필요할 때 특화된 공부를 추가할 수도 있는 것이다. 기초적으로는 학습으로서의 영어 능력이 갖추어질 때, 진정한 의미에서 토플 성적도 실제적인 학습 영어 능력의 가치를 지닐 수 있기 때문이다.

무리한 욕심 없이 정규과정에 충실하기를 바라는 경우

가볍게 중고등학교 과정에서 필요한 영어 능력을 길러 대학 진학에 무난한 정도의 영어 공부를 생각할 수도 있다. 아이들을 느리게 키우는 부모들이 대체로 이런 정도의 목표를 세울 것이다. 유학을 보낼 것도 아니고, 국제적인 활동을 기대할 만한 아이도 아니라는 생각에, 아이의 느리고 평범한 특징에 맞게 목표를 설정하는 경우다. 이런 경우 방송 프로그램, 인터넷 사이트 프로그램을 꾸준히 시청하고 따라하면서, 학습지나 학원은 책 읽기를 중시하는 튼튼영어 리딩타운 등의 프로그램에 관심을 둘 만하다. 또한 닥터정이클래스, 미국의 Accelated Reading(AR) 프로그램을 활용하는 국내 센터들, 토피아어학원 등이 참고할 만하다. 특히 닥터정 이클래스처럼 오디오북을 많이 갖춘 경우는 책 읽기를 하면서도 아이들의 리스닝 실력을 길러주는 데 도움이 된다. 직접 북미의 Read Phonics 교재를 구입하여 집에서 활용할 수도 있다. 6학년이 되면 중학교를 준비하면서 이찬승의 『리딩튜터』나 이장돌의 『리더스뱅크』의 낮은 단계 책들을 공부하는 것도 추천할 수 있다. 이 경우에는 특별히 너무 문법 위주의 공부에만 치우치는 학원에 대해 경계하는 마음 자세가 필요하다.

특목고 진학을 준비하는 경우

특목고 진학을 준비하는 것을 목표로 아이가 본격적으로 영어 공부를 하도록 지도하려는 부모들도 있을 것이다. 주의할 것은 특목고 진학이 영어 하나만으로 완성되지 않기 때문에 영어에만 올인하는 것은 목표를 달성할 수 없는 전략이라는 점이다. 과학고나 자사고 진학을 생각한다면 기본적으로 수학 과목의 능력 향상이 절대적이다. 학교 시험 성적을 제외하면 영어는 거의 반영하지 않는다고 해도 무방하다. 결국 외고 입시에서 영어 실력이 중요한 것인데, 대개의 준비 내용은 중학생 때 해도 늦지 않다. 지금 과열된 특목고 열기가 중학교에서 초등학교까지 내려와 초등학교 고학년 중에는 지금 하고 있는 공부를 왜 하는지도 제대로 모르는 상태에서 특목고 입시에 매달리는 경우가 많다. 토플의 과열은 이 문제를 반영한다.

특목고 진학을 염두에 두는 경우, 초등학교 고학년 영어 공부는 첫째도 독서, 둘째도 독서, 셋째는 영어로 하는 토의나 토론 참여다. 영어 책 읽기에 빠지면 읽기(reading)만 느는 것이 아니다. 국어도 마찬가지지만 이 시기 아이들의 독서는 읽기를 기초로 쓰기(writing), 어휘(vocabulary), 문법(grammar) 등 문어로서의 영어 영역이 전반적으로 향상될 수 있다. 소설을 많이 읽으면 대화 형식의 구어에도 익숙해진다. 거기다가 쓰기가 좋아지면 말하기(speaking)는 한층 더 발전한다.

그리고 이와 같이 여타의 영역에서 진전이 있게 되면, 듣기(listening) 분야도 동시에 향상되는 효과를 거둔다.

문제는 영어로 책 읽기를 할 만큼 책을 구하는 문제나, 책과 친해지게 하는 문제나, 책을 읽고 독후 활동을 공유하는 문제 등에서 좋은 선생님을 찾고 좋은 교육기관을 찾는 것이다. 독서의 방법은 앞서 국어의 독서 영역에서 밝힌 전략적 방법들이 여전히 유용하다. 책을 구하는 문제는 요즘은 서울 지역의 경우 대형 서점 매장의 1/4이 영어 책일 정도로 보급이 많이 되어 있고, 인터넷 주문이 상시로 가능하기 때문에 어렵지는 않다. 필자가 영국에 체류하다가 한국에 돌아올 때 초중고 학생들이 읽을 만한 책 몇 천 권 챙겨서 귀국하였는데, 필자가 거주하는 동네 도서관에서도 적지 않은 규모의 영어 소설책이 비치된 것을 보고는 놀란 적도 있다. 이제는 도서관에도 영어 소설책이 넘치는 시대다. 영어 책 읽기 프로그램은 AR이나 ReadPhonics, 리딩타운 등의 리스트를 참고하면 좋다.

특목고를 준비하는 초등학교 고학년 아이를 너무 일찍부터 토플 시험에 내모는 것은 좋지 않은 일이다. 성취 동기를 자극하기보다는 싫증을 느끼게 할 수 있다. 강남과 분당, 중계동, 목동, 일산 등지에서 얼마나 많은 초등 고학년 학생들이 특목고 입시에 올인하여 초등 고학년부터 토플 중심 영어 학원에 매달리는지를 그 아이들의 외고 입시 성적 결과와 비교하면 너무 어릴 적부터 내모는 것의 위험을 짐작하고도 남음이 있다. 책을 읽고 영어로 된 책에 맛을 들이면, 얼마든지 중학교 가서 기회가 있다. 그래서 청담어학원이나 정상어학원, 우영스어학원, SDA어학원 등의 프로그램을 적극 권한다.

특목고 입시에 초점을 두는 학원들의 경우는 너무 시험 중심으로 접근하는 경향이 있어서 아이들로 하여금 자기 인지능력의 수준에 맞게 속도를 조절하면서 공부하게 하는 것이 아니다. 따라서 영어 학습에 질리게 할 수 있다. 실제로 필자는 대치동의 S어학원, 중계동의 K어학원, 분당의 A어학원 등지에서 '나머지 공부'라는 악명 높은 관리 절차에 시달려 스트레스를 받고 영어가 싫어졌다는 아이들을 적지 않게 보아왔다. 정해진 숙제를 다 해가지 못하면, 수업 후 남아서 끝내 그것을 다 해야 집에 보내주는 '나머지 공부' 관리 방식이 아이들에게 엄청난 암기를 강요하며 강한 스트레스로 다가갔던 것이다.

★

조기유학을 염두에 두는 경우

다음으로 아예 조기유학을 구체적인 목표로 삼아 영어 공부를 시키는 경우가 있다. 이런 경우는 아마도 이 시기 아이들 중에도 영어에서 이미 '습득'의 문제를 해결한 아이들일 가능성이 높다. 아마도 영도어학원이나 SDA, POLY처럼 이머전 방식으로 2년 이상 꾸준하게 공부한 국내파 아이들 일부와 해외에서 거주하다 돌아온 리터니(returnee)들의 경우가 여기에 해당할 것이다. 리터니들의 경우도 단기

어학연수로 영어권 나라에서 공부하고 온 경우보다는 2년 이상 체류하고 온 경우들이 여기에 속할 것이다. 몇 백 개 수준의 단어로 영어 듣기와 말하기가 어느 정도 익숙해진 아이들이다. 초등학교 저학년 때 영어 공부에서 밝혔듯이 유아나 초등 저학년 아이들이 많은 것을 잊어버리지만 상대적으로 초등 고학년 아이들의 듣기 능력은 시간이 가도 없어진다기보다 지속 가능한 경우가 많다. 이 아이들의 경우 습득에서 학습으로 넘어가야 하는 이 시기의 영어 공부는 이제 본격적으로 문어로서의 영어에 익숙해져야 하는 과제를 떠안는다. 읽기와 쓰기 능력을 향상시키면서 그 속에서 좀더 학술적인 듣기와 말하기 능력을 갖추도록 하는 데 초점이 가야 한다. 그래서 책 읽기와 독후 활동으로 구성되는 토론하여 말하기나 글쓰기, 프리젠테이션 능력 등이 중요하다. 글쓰기도 논리적인 글쓰기 능력이 필요한데, 비교하기, 대조하기, 사실에 이견 정리하기, 요약하기, 에세이 형식의 논쟁적인 글쓰기 등 여러 수준의 글쓰기를 포함한다. 요약하기는 대표적으로 청담어학원의 프로그램에 요약 능력을 포함하는 특징이 있다. 그 속에서 어휘나 구문(문법) 공부가 부가적으로 추가될 것이다. 요약하기는 국내 프로그램 중 청담어학원의 프로그램에서 강조하는 것이기도 하다. 글쓰기 과정 속에 어휘나 구문(문법) 공부가 부가적으로 추가되는 것이 일반적이다.

유학을 보내려는 부모들의 경우 아이들이 어느 정도 영어 습득에서 능력을 보이는 것에 편승하여 과도한 기대를 하고 과도한 선행학습을 시키는 경우가 적지 않다.

　물론 반대 편향도 있는 것이 사실이다. 부모들 중에 영어 습득을 마친 아이들을 지나치게 믿고 이 아이들의 영어 공부를 방치하는 부모들이 있다. 습득의 문제를 해결하면 모든 것을 해결했다는 착각을 하는 것이다. 쉬운 구어를 듣고 간단하게 말하는 정도로는 '공부를 하는 데 필요한 영어 실력'을 갖추었다고 할 수 없다. 그렇게 하려면 학습 언어로서의 영어 공부를 배우고 익혀야 한다. 그러기에 개념적 추상적 사고가 시작되는 시기가 좋다. 가령 문법만 해도 문법은 추상적인 체계를 익히는 것이고 어떤 문장 안의 어휘들이 왜 그렇게 배열되는지에 대하여 논리적으로 일반화 하면서 이해하는 과정이다. 개념적 논리적 사고가 시작된 연령 이후에나 제대로 공부할 수 있는 영역인 것이다. 그래서 외국에서 살다 왔다 하더라도 방치는 금물이다. 학습언어로서의 영어 공부를 해야 한다.

　내친 김에 몰아쳐서 영어를 다잡으려는 욕심을 부리는 부모들의 문제는 과도한 기대심리에서 비롯된다. 아이들을 몰아세워 토플 시험 위주의 최선어학원이나 서울어학원 등과 같이 스파르타식으로 관리하여 가르치는 학원에 아이들을 맡겨 아이들의 진을 빼는 것이다. 토플이 무엇인지도 모르고, 토플 공부를 왜 하는지도 모르면서, 토플 책을 들고 문제를 풀고 몇 점, 몇 점에 눈이 빠지도록 아이들을 몰아세우는 것이다. 특목고에 아이들을 보내고자 하는 부모들의 조급증이 여기서 나타난다. 이렇게 몰아세워 보아야 아이들의 추상적 사고가 적당하게 발달해주지 않으면 말짱 헛것이다. 토플에 나오는 지문을 실컷 해석해놓고도 무슨 소리인지를 이해하지 못하는 사태가 발생한다. 인지능력이 부족하면 우주에 대한 지문, 아메리카의 고대 인디언들의 신화에 대한 고고학적 이해 등등 학술적 성격이 강한 지문들을 이해하기란 쉬운 일이 아니다. 토플은 영어로 '학문적인 공부'를 할 수 있는지를 확인하는 시험이다. 그러니 처음부터 그 내용이 학문적, 학술적인 것은 당연한 일이다. 학술적인 내용은 인지적으로 그만큼 성장하고 학술적인 관심이 누적되어야 소화될 수 있다.

유학을 염두에 둔 아이들을 지도하는 부모들은 처음부터 구체적으로 가고자 하는 나라의 학교를 염두에 두면서 공부를 하도록 하는 것이 좋다. 보딩스쿨 진학을 준비할 때도 마찬가지고 고등학교를 마치고 대학입학에서 유학을 보내려고 하는 경우도 마찬가지다. 겨울방학처럼 긴 시간 동안 우리나라 학교가 쉴 때도 북미권 국가들은 대개 학기 중이므로 불편하더라도 부모 중 하나가 아이들을 데리고 현지 학교에 데이스쿨로 들어가는 것도 좋다. 또한 아예 현지에서 진행하는 각종 경시대회에 참여하고, 현지에서 운영하는 여름 방학 캠프를 고르고 골라서 참여시키는 방법도 있다. 캠프 하면 국내 업체들이 주도하는 어학캠프만 생각할 수도 있지만, 실제로 서구 국가에는 학교나 연구소, 대학에서 주도하는 여름방학 아카데믹 캠프가 매우 많다. 영리한 부모들은 우리나라의 긴 겨울방학 동안에 반대편 동네인 호주나 뉴질랜드의 긴 여름방학 현지 캠프를 찾아 아이들을 보내기도 한다. 그런 캠프는 참여 자체가 학업적 노력과 기록으로 간주된다. 그런가 하면 각종 장학재단이나 영재센터의 테스트와 캠프에 참여하는 것도 적극적으로 고려해 봄직하다. 미국의 경우라면, 스탠포드 대학의 EPGY, 존스 홉킨스 대학의 CTY 등이 대표적인 영재센터이다. 의외로 고급한 영재센터나 장학재단의 프로그램은 중학교 가서 준비하는 것도 늦고, 초등학교 고학년에 준비한다면 좋은 혜택을 받을 수 있는 것이 적지 않다.

그래도 남는 엄마들의 고민

이렇게 구체적인 목표 설정을 하기에는 걱정스러운 혼란 속에 있는 엄마들도 있을 것이다. 아마도 이런 경우는 초등학교 저학년 때 전략적 지도를 잘 못하여 그 후유증이 남아서 목표와, 현실과, 아이의 심정 등이 복합적으로 얽혀서 나타나는 결과일 것이다. 그리고 의외로 앞의 경우처럼 단순화 시켜 목표를 정하기 어려워 다음의 경우처럼 혼란스러운 경우가 더 많을지도 모른다.

가령, 초등학교 저학년 때 학원에 보내 영어를 좀 하는 듯싶었지만 영 아이가 영어에 흥미를 못 붙이고 싫증을 내는 자녀들의 경우가 있을 것이다. 이 경우는 아이들이 이미 영어 학습에 스트레스를 느끼는 경우다. 아마도 제일 큰 이유는 듣기든 말하기든 아직 습득의 문제를 제대로 해결하지 못했기 때문일 것이다. 그 문제를 해결하지 못한 이유는 아마도 아이가 다닌 학원이 유아기와 초등 저학년 학습에서 언급했던 것과 같이 자연스럽게 이멀전 방식을 지향하는 학원이라기보다는 초등 저학년을 데리고 교재 중심으로 가르쳤거나 암기식으로 가르쳤거나 해서 암기 과목으로 변질된 영어에 아이가 벌써 질려 버린 경우가 여기에 해당할 것이다. 물론 학원을 자주 옮겨 다녀서 이런 문제가 발생하는 경우도 적지 않다.

이런 아이들은 아예 개인 선생님을 붙여서 회화 중심으로 집에서 공부하고 엄마가 '흘려듣기' 도움을 주는 방식을 생각해볼 수도 있다. 혹은 요즘처럼 다양한 인터넷 사이트, 방송 프로그램이 존재하는 시대도 드물기 때문에 그 프로그램을 따라 엄마가 '엄마표' 공부를 시키는 방법도 있다. '쑥쑥닷컴'이나 '잠수네 아이들' 사이트에 가면 많은 엄마들이 이렇게 '엄마표' 영어교육을 위해 애를 쓰는 모습이 살아있는 기록으로 존재하므로 서로 참조하며 도움을 받을 수도 있다. 영문 인터넷 사이트를 뒤져 각종 시디롬 학습물을 구매하여 활용하는 것도 좋은 방법이다. 분당이나 평촌 지역에는 시디롬을 중심적으로 활용하는 학원들도 있다. 아직 아이가 4학년이나 5학년이라면 초등학교 저학년이 중심이라는 점에 대해서 전혀 신경 쓰지 말고 지금이라도 영도어학원이나 POLY, SDA, 이보영 토킹클럽, 정철 어학원, ECC 등에 보내는 것도 고려할 수 있다. 단, 1년 이상 꾸준하게 보낼 각오를 해야 할 것이다. 우선 습득의 문제를 해결하여야 하기 때문이다.

일정 정도 습득 문제를 해결할 기미가 보이면, 영어 책 읽기를 집에서부터 쉬운 책부터 시작해서 아이가 몰입할 수 있도록 하는 것이 필요하다. 한국어 책 읽기에 익숙한 아이들은 금방 영어 책 읽기에 몰입한다. 영어 책 읽기에 몰입하는 아이들은 비록 습득이 늦었다손 치더라도 곧바로 학습 영어 능력에서 속도를 내서 리터니들과 유사할 정도의 실력을 보일 수도 있다. 뱀 주사위 놀이의 고속도로 같은 역할을 하는 것이 '영어 독서'인 것이다.

그런가 하면 영어를 거의 가르치지 않은 것과 유사한 상황의 자녀들을 데리고 있는 경우도 있을 것이다. 특별히 소외된 사정이 있었던 것이 아니면서도 의외로 중산층 중에서도 대안학교에 아이를 보내는 부모들 중에 이런 경우가 적지 않다. 또는 지나치게 부모의 시야가 좁아서 동네의 작은 보습학원에 아이를 맡겼다가 문법 위주, 시중의 교재 중심으로 공부하면서 아이가 너무 일찍부터 문어적인 접근을 하여 마치 386세대 부모들이 중학교 시절에 처음 영어를 배우면서 보여준 미숙함처럼 고지식하고 단순한 수준에 머물러 있는 자녀를 둔 경우다. 이런 상황에 직면한 부모들로부터 심각하게 후회하는 이야기를 필자는 많이 들어 왔다. 하지만 두려워할 이유는 없다. 용감하면 된다. 문제의 해결책은 바로 앞의 경우와 유사하다. 1년이 아니라 2년쯤 꾸준하게 '습득'을 위해 공부시킨다고 생각하는 전략이 가능하다. 국어 독서력이 있는 아이들이라면 이런 경우도 아주 짧은 시간 안에 따라 잡는다. 그것도 아니라면 마음을 편하게 먹고 맨 처음

이야기한 경우의 목표설정, 즉 '무리한 욕심 없이 정규과정에 충실하기를 바라는 경우'의 방식으로 아이의 영어공부 전략을 세워 갈 수도 있다. 욕심 내지 않고 무리하지 않는 접근전략이다.

초등 고학년 부모들의 경우 고민할 수 있는 영어공부 전략과 관련하여 덧붙인다면 다음의 주제들이 추가적으로 논의될 수 있다.

★

방학 때마다의 해외 나들이

첫째, 엄마와 함께 하는 방학 때마다의 해외 나들이다. 결론적으로 말하면 이것은 초등 고학년이 적기다. 엄마와 같이 가는 것이 좋은 것은 말할 나위가 없다. 이미 국내에서 다른 방식으로 공부를 진행하는 아이들의 경우는 초등 고학년 3년 동안에 한 번 정도 이런 여행을 하여 현지 경험을 함으로써 아이들의 상상력과 자신감을 북돋울 수 있다. 하지만 본격적으로 영어 공부를 위한 과정으로 어학연수 삼아 해외 나들이를 하는 경우라면 매해 나가는 것을 권할 만하다. 물론 비용이 만만치 않다. 하지만 아예 평상시에 영어 학원에 보내지 않을 생각으로 고려한다면 학원비 총액보다 오히려 쌀 수도 있다. 여름방학보다는 겨울방학이 좋다. 겨울방학에 북미나 유럽의 경우 학기 중이다. 그러므로 학교에도 다닐 수 있다. 호주나 뉴질랜드 등으로 가려 한다면 그런 경우는 캠프나 특별 프로그램에 참여하는 방식이어야 할 것이다. 요즘은 인도나 말레이지아, 필리핀으로도 많이 간다. 전혀 문제되지 않는다. 오히려 값도 싸고 사전에 지역 선정이나 교섭만 잘 해두면 문제될 것이 없다. 조심할 경우는 대개 한국인 체류자들이 운영하는 프로그램인 경우가 많다. 제대로 사업을 하는 한국인들에게는 미안한 이야기지만, 생각보다 부실하거나 낭패를 보게 되는 한국인 체류자들의 프로그램이 너무 많다. 한국의 학원을 옮겨 놓은 구조인 경우는 비용도 비용이지만, 실제로 효과를 기대하기도 쉽지 않다. 한국인 체류자들이 운영하는 프로그램의 경우 엄마들이 함께 가지 않는 경우에 불안감 때문에 선택하는 경우가 많다. 하지만 그게 독이다. 같이 가지 못할 바에는 차라리 '반드시 돈을 주고' 친척이니 지인을 통해 보내거나 아니면 아예 홀로 적지에 들어가야 하는 한국인 없는 '그들만의 현지 아이들 프로그램'에 보내는 것이 좋다.

★

관리형 유학의 함정

내친 김에 어학연수, 관리형 유학, 교환 학생 프로그램에 대해서도 논의해보자. 우선 2006년 9월부터 교육부가 강화하여 적용하고 있는 학교 수업일수에 대한 규정을 주의하여야 한다. 3개월 이상 결석으로 처리되면 유급 처리하는 학교가 많아졌다. 2006년 겨울과 2007년 신년 초 내내 이 문제로 강남권 학교들이 시끄럽다. 필자는 관리형 유학 1

년 갔다 왔다가 유급 충격에 도로 나가는 경우도 보았다.

관리형 유학은 캐나다 밴쿠버 지역에서부터 활성화되었다. 공립학교에 한 달 1백만원 안팎의 학비로 유학을 할 수 있는 프로그램이어서 많은 부모들이 이 상품을 구매하였다. 또 일부 효과도 보았다. 청산학원과 토피아 학원이 대규모로 시작하여 지금은 페르마에듀, 이지어학원 등 여러 교육업체들이 학원을 기반으로 관리형 유학사업을 하고 있다. 동아일보사도 이를 운영한다. 이 학원들은 강남권의 추세를 따라 '이루넷 아메리카' 처럼 미국으로 관리형 유학 사업의 거처를 2007년부터 옮기고 있다. 대개는 보딩스쿨 진학이 목적이다. 초등학교 고학년이 가장 많고 학업 부담이 상대적으로 적은 중학생도 여기에 참여한다. 더러는 국내 고등학교 적응에 어려움이 있거나 비전을 못 찾는 아이들을 중심으로 고등학생들도 관리형 유학업체의 문을 노크하는 경우가 있다. 같은 북미권이어도 토론토 지역이거나 미국의 경우는 사립학교에 보내는 관리형 유학이 기본형이다.

결론적으로 말하면 초등학교 고학년이나 중학생 시절에 관리형 유학을 보내는 것은 얻는 것보다 잃는 것이 많다. 우선 부모와 떨어져 산다는 것이 문제다. 이는 정서적으로도 문화적으로도 치명적이다. 이제는 거의 남이 된다고 생각해야 할지 모른다. 영리한 부모 중에는 1년 정도의 관리형 유학을 보딩스쿨이 아니라 오직 어학연수 차원에서 구매하는 경우가 있는데, 곧 돌아와 부모와 함께 한다는 점을 생각하면 이는 차라리 권할 수도 있는 방식이다. 하지만 두번째 측면, 즉 관리하는 주체들의 학원 방식의 학생 통제 및 운영 시스템을 안다면 이는 권할 만한 경우가 아니다. 현지 학교에 적응하도록 관리하는 기숙사에서 학원식으로 늦은 밤까지 과외를 하고, 숙제까지도 대신 챙겨주는 통에 자기주도 학습능력을 완전히 상실하기 십상이다. 심지어 국내에 돌아와 적응할 것을 염두에 두고 한국에서 해야 할 수학이니 국어니 하는 공부를 참고서 가져다가 문제풀이 위주로 공부하는 경우도 적지 않으니, 이것은 말이 유학이지 국내의 스파르타 암기식 학원에 다니는 것에 진배없다. 단지 낮에 현지 학교에 다닌다는 점 말고는 별다른 특징이 없는 것이다. 이러다 보니, 오후에는 현지 아이들과 어울려 공도 차고, 커뮤니티 센터나 도서관 등에서 각종 클럽 활동도 하면서 좀더 친해지고 생활 속에서 언어능력도 향상되는 것을 기대하기가 불가능하다. 차라리 '돈을 넉넉히 주고' 친척집에 보내는 것이 낫다. 아니면 돈을 더 써서 아예 국제학교에 유학을 보내는 것이 낫다. 필자가 방문했던 미국과 영국의 관리형 유학 기숙사들에서 필자는 병든 닭처럼 기가 죽어 있는 아이들을 보고 거기에 보낸 부모들을 많이 원망했었다. 대부분의 아이들이 생기를 잃고, 부모와의 스킨십도 없이 '정신의 감옥' 같은 곳에서 생활하고 있었다. 일반화하긴 어렵지만, 생각보다 관리형 유학원에 결손가정 학생들이 많이 온다는 점도 참고할 필요가 있다. 중국 관리형 유학원의 경우는 결손가정 아이들이 10%가 넘는다는 언론 보도도 있었다.

교환학생 프로그램은 동남아 국가까지 생각하면 생각보다 많은 편이다. 그렇지만 일본 학생들과 비교해서 생각하면 아직까지 많이 이용된다고 생각할 수는 없다. 저렴한 데다가, 중학교나 고등학교 학생들처럼 독립심이 있고 어느 정도 스스로 사리판별을 할 수 있는 경우라면 권할 만한 프로그램이다. 하지만 초등학교 고학년의 경우는 이른 감이 있다. 또한 초등학교 고학년이 이용할 만한 교환학생 프로그램도 많지 않다. 그나마도 대개 종교나 군사 관련 학교들이 교환학생 프로그램을 운영하는 경우가 많다.

다양한 활동과 체험교육

예술과 스포츠, 적기를 놓치지 말자

초등학교 고학년은 악기를 배우게 하거나 스포츠를 배우게 하여 몸에 붙게 할 수 있는 적기요 마지막 시기다. 악기 하나도 스포츠 하나도, 이때가 아니면 '인도' 하기가 힘들다. 중학교 이상만 되면 아이들은 자가발전 한다. 스스로 동력이 생기지 않는 한, 좀처럼 부모의 선한 뜻이 받아들여지지 않는다. 그래서 초등학교 저학년에 이어 초등학교 고학년 시기에 특정한 스포츠 하나, 특정한 예술활동 하나가 몸에 붙도록 지도할 필요가 있다.

필자는 얼마 전 대학 입학을 앞둔 부산 지역의 어느 재수생 여학생

진로상담을 한 적이 있다. 아버지가 먼 곳에서 딸을 데리고 상담을 하러 왔는데 부녀가 남다른 친함을 보여주어 감탄하였다. 필자의 질문에 대한 딸아이의 대답인즉슨 초등학교 5학년 때부터 아버지, 어머니와 함께 배드민턴을 배웠다고 한다. 매주 일요일이면 클럽에 나가 가족들이 함께 배드민턴을 배우고 경기를 해 온 것이 벌써 10년이 다 된다는 것이다. 그래서 온 가족이 배드민턴 실력에서 상당한 수준을 자랑하는 데다가, 배드민턴을 통해서 대화하고 배드민턴을 통해서 스킨십을 다져왔다고 했다. 사춘기시절에도 한 게임 치고 나면 오빠도 본인도 부모님과 모든 이야기가 열린 상태로 통할 정도로 배드민턴이 가족의 주요 문화요, 친교의 매개였다는 것이다.

너무 어릴 적부터 배드민턴에 빠져서 자기 키가 작다고 투덜거리면서도 똑같이 작은 키의 아버지를 보고 웃는 딸아이는 배드민턴이 가져다 준 체력으로 입시 공부를 하고, 배드민턴으로 청소년기의 넘치는 에너지를 조절하고, 배드민턴을 치면서 단호하고 의지적인 생활력을 가지게 되었다고 자랑하였다. 진로에 대한 설계도 매우 독특해서 장차 국제적으로 한국을 대표하는 고급 한식 레스토랑의 창업자가 되겠다는 구상 속에서 거기에 맞는 대학 학과가 경영학과일지, 농과대학일지, 식품영양학과일지, 외식산업학과일지를 고민하는 것이었다. 한 마디로 말하면 진취적이었다. 상담도 비교적 시원시원하게 진행되어 필자로서도 유쾌한 제자를 하나 만들었다고 생각했었다. 상담을 마치고 내려간 다음 날 긴 감사의 메일을 보내 준 것도 그

여학생의 인상적인 기억이었다.

　이 여학생은 평생 배드민턴으로 힘을 내고 배드민턴으로 위로 받으며 살아갈 것이다. 기회만 있다면 몸에 밴 배드민턴 덕에 다른 스포츠에도 자신감을 갖고 덤벼들지도 모른다. 테니스도 쉽게 배울 것이다. 타점을 중시하는 스포츠이므로 골프를 배울 때도 도움을 받을지 모른다. 평생 체력을 기르는 데에 몸에 밴 배드민턴을 활용할 것이다. 실연을 당하거나 그보다 슬픈 어떤 인생 역정을 만나도 배드민턴을 치며 용기를 회복할지 모른다. 나중에 결혼 하고 자녀를 키우면서 본인이 스포츠를 통해 배우고 익힌 에너지를 진취적으로 전해 줄지도 모른다. 언제든지 든든한 삶의 '무기' 하나가 그녀와 함께 하는 셈인데, 이것이 초등학교 고학년부터 몸에 배게 익힌 1인1기 스포츠의 힘이다.

　그 점에서는 악기도 마찬가지다. 특히 악기는 우리 아이들의 정서에 몸매가 있다면 그 몸매를 다듬어 주는 구실을 한다. 균형 잡힌 정서를 지닌 아이들은 청소년기를 지나면서도 징그럽지 않고 아름답다. 진정한 국민 여동생, 국민 남동생의 모습을 보이기 마련이다. 피아노와 같이 너무 상투적인 악기에만 매달릴 필요는 없다. 요즘은 트럼펫도 배우고, 바이올린도 배운다. 기회만 주어진다면 클래식 기타를 배운다고 해도 상관이 없다.

　해외로 고등학교나 대학교 진학을 고려하면 더욱더 1인1기, 예술 활동과 스포츠 활동을 챙겨야 한다. 필자는 영국과 미국에서 보딩스쿨에 입학하려고 원서를 쓰면서 초등학교 고학년 때부터 무슨 예술

활동과 스포츠 활동을 하였는지 낱낱이 기록하라는 원서항목 앞에서 당황해하는 교포 아이들과 기러기 엄마의 아이들을 여럿 보았었다. 중학교 가서 2학년이나 3학년 때 유학을 가려고 마음먹고 나서 영어권 나라의 대학 입학을 고려하면서 그 때 준비할 수 있는 내용들이 아니다. 특목고에 진학하더라도 고등학교 2학년 때 마음먹고 그때부터 준비할 수 있는 것이 아니다. 초등학교 고학년 때 시작하여 준비하여야 할 '기타 활동 extra activities'이다. 학업 기록도 마찬가지고, 여름방학 겨울방학의 캠프 기록도 마찬가지지만, 예체능 활동도 미리 준비하여야 할 항목이기 때문이다. 몸에 밴 이것 없이는 설령 필립스 엑스터와 같이 훌륭한 보딩스쿨에 입학한다 하더라도 학업 이외에 강도 높게 요구하는 기타 활동에서 부진을 면하기 어렵다.

★

부모와 함께 하는 활동

여기에 덧붙여 강조할 만한 대목은 '부모가 함께 고생하여 이겨내는 일하기'를 해보라는 것이다. 티벳 도보여행이나 백두대간을 종주하는 것과 같은 거창한 일이 아니어도 된다. 초등학교 고학년이나 중학교 학령의 아이들에겐 고생하여 에너지를 쏟아 부어 무엇을 이루어내는 경험이 필요하다. 고생도 안 해보고 의지도 박약하다고 한탄만 하기에는 이 아이들이 초등학교 저학년 시절부터 생활 속에서 직접 부딪혀 활동한 경험과 체험이 너무 적다. 오히려 부모 세대들은 알아서 방과 후에는 동네에서 하루 종일 잘 뛰어논 경험들이 있다. 그것도 공부였다고 생각하면, 그 공부는 우리에게 스스로 무슨 일을 계획하고 의지를 발동하는 데 도움이 되게 했다. 지금 아이들은 온실 속에서 자랐기 때문에 부모들의 기가 막힌 전략으로 기획된 '함께 고생하며 즐기고 어떤 일을 성취해보기' 체험을 해볼 필요가 있다. 필자가 아는 부모 중에는 가까운 산에 가자고 아이를 꼬드겨서, 결국에는 밤 9시 반까지 산행을 해서 아이로서는 꿈도 꾸지 못할 기가 막힌 경험을 하게 하는 부모도 있다. 야간산행, 경험없는 부모들은 그것이 지닌 무섭고도 흥미진진하며 극적인 기쁨을 이해하지 못하겠지만. 그런가 하면 필자가 아는 어떤 부모는 눈이 엄청나게 쏟아지던 날, 아이를 데리고 인제군 북면 용대리에서 백담사까지 아무도 없는 눈길을 느끼고 즐기며 힘들게 다녀오는 경우도 있었다. 설산의 체험이었던 것이다. 이런 것들도 스포츠 활동 못지않게 이 시기 아동들에게 필요한 활동 체험이다. 부모가 부지런해야 이런 활동이 가능하다.

진로 탐색 시작할 때: 진로탐색 1기

이 시기부터는 아이의 진로 문제에 대한 고민에 착수할 필요가 있다. 막연하게 좋아보이는 직업을 꿈꾸게 하자는 것이 아니다. 아이의 인

성적 특징을 진단해보고, 아이의 진로 적성 진단을 해 보아서 아이로 하여금 자신의 조건을 고려하여 미래의 직업을 구체적으로 고민해 보게 하는 것이다. 그러기에 좋은 프로그램은 MBTI와 STRONG 진로 진단 프로그램이다. 이 프로그램을 소개하는 이유는 이 프로그램들이 다른 프로그램들보다도 학계의 연구가 많아서 이용 가능한 통계 자료나 비교 가능한 서양의 자료들을 많이 얻을 수 있다는 점 때문이다.

진로나 적성 프로그램은 여러 기관에서 만든 프로그램들이 존재하지만, 일관되게 이 시기부터 하나의 프로그램을 선택하여 초등학교 고학년 시절, 중등 시절, 고등학교 저학년 시절, 대입을 목전에 두었을 때 같은 방법으로 점검하여 접근을 하는 것이 좋다. 초등학교 고학년 때는 가이던스의 어떤 프로그램, 중등 때는 다른 프로그램, 이런 식으로 점검하게 되면 아무래도 일관성이 없어서 이런 프로그램들에 대한 신뢰도도 떨어질 뿐 아니라 효과도 떨어질 수 있다. 그런 점에서 적극적으로 MBTI를 추천한다. MBTI만 해도 이제는 이 방법을 적용하여 논문을 쓸 주제를 찾기가 어려울 정도로 다양하게 인성과 관련된 주제들이 연구되어 있는 편이다.

영재교육센터과 수학 과학 경시

아이들의 추상적 사고가 시작되는 연령이다 보니 이제부터는 아이들의 학습능력에서 차이가 나기 시작한다. 아이들이 갖고 있는 지적인 능력이 윤곽을 드러낸다. 이때부터 아이들의 영재 재능도 구체적인 교과목에서의 학업능력으로 확인되기 시작한다.

물론 모든 아이는 영재아다. 모든 아이는 영재로서 타고난 능력을 갖고 있다. 가드너의 다중지능 이론에 따르더라도 우리 아이들의 재능은 한두 가지가 아니다. 서구 사회의 영재 교육철학은 기본적으로 모든 아이들이 나름의 영재성을 갖고 있다는 데에서 출발한다. 그것은 영재교육으로 유명한 러시아나 동유럽의 경우도 마찬가지다. 그렇지만 우리나라 영재교육만 유독 영재는 정해져 있다는 발상에 근거한다. 영재교육센터에 들어가야 영재다. 영재는 시험결과를 통하여 검증되어야 비로소 영재가 된다. '사회적으로' '국가적으로' 영재를 발굴하는 시스템이 조직되어 있지 않다. 오직 시험만이 있을 뿐이다.

누구나 자신이 가진 영재성을 표현하고 키울 권리가 있다. 그것을 발굴하고 키워주는 것도 우선은 부모의 몫이다. 애석하지만 학교 교육제도가 그것을 감당해 주지 않는다. 세계 어디에 내놓아도 될 정도로 뛰어난 사교육 영역의 학원 시스템도 우리 아이들의 영재성을 발굴하고 키워주지 못한다. 그래서 '발굴' 은 어디까지나 부모의 몫이다.

우리나라 영재 선발 및 영재 교육 기관들의 프로그램은 아직 미숙한 점이 많다. 우선 영재 선발 과정을 보면 선행학습 위주로 아이들을 선발하는 경우가 많다. 그러다 보니 가짜 영재들이 주로 영재교육

기관에 가는 경향이 있다. 누구나 선망하는 부산의 과학영재학교는 카이스트 등의 대학과 대학입학 시험 없이, 그리고 공교육 정규과정 절차 없이 입학 협정을 맺고 있는데, 이 협정을 깨고 싶을 정도의 불만이 대학교들로부터 불거져 나오는 것은 이런 사정을 잘 보여준다. 그래서 영재교육 센터나 영재학교에 갔다는 것이 대단한 일도 아니면서 또한 못 갔다고 기죽을 일도 아닌 것이다.

영재교육센터는 대학에서 운영하는 경우와 교육청에서 운영하는 경우가 있다. 대학의 센터가 경쟁률이 높다. 하지만 그 대신에 대학의 센터가 요구하는 선행학습 수준도 일반적으로 높다. 특히 아주대 영재센터 같은 경우는 초등학교 6학년에게 고등학교 수준의 선행학습을 요구할 정도로 악명이 높다. 보통 아이들로서는 수학에 재능이 있어도 엄두를 내기 어려운 영재교육센터들이다.

실정이 이러한데도 대체 왜 우리 세대 학부모들은 아이들을 영재교육센터에 보내려고 하고, 수학 과학 경시대회 준비를 시키고, 부산과학영재고에 보내려고 애를 쓰는 것일까? 특목고 중에서 과학고, 대학 중에서 카이스트나 포항공대로 이어지는 일련의 이공계 특전의 커넥션에 대한 기대감 때문이다. 영재교육센터 출신들은 과학고에 진학할 때 특전이 주어진다. 과학고에 진학하면 유수한 공과대학에 진학하기가 쉬울 뿐만 아니라, 의과대학이나 한의과 대학에 진학하는 데 유리한 고지에 선다고 생각하기 때문이다.

진짜 수학 영재나 과학 영재라면 일반중학교, 일반고등학교를 가더라도 좋은 과학고등학교, 유수한 공과대학, 의과대학 등에 무리없이 진학할 수 있다. 실제로 과학고 출신들의 비율이 해당 대학교에서 차지하는 비율은 일반고 출신에 비하면 턱없이 낮다. 그런 점에서 영재성을 발굴하고 길러주는 부모의 마음과 자세는 좀더 느긋하고 장기적일 필요가 있다.

우선 2007학년도 영재교육센터 선발과정에서 서울시내 영재교육센터들이 다른 시도지역과 달리 선행학습보다는 평이한 자기 진도 속의 숨은 창의력을 중시하였다는 점은 높이 살만한 일이다. 다른 시도 지역의 경우는 기존의 경우처럼 중등 담당자들이 초등 문제도 출제하였기 때문에 선행학습의 흐름이었지만, 서울시 지역의 경우 초등을 초등 전문 연구자들이 출제하면서 새로운 변화가 나타났다. 이런 흐름이 지속될 것을 예측한다면, 서울 지역의 경우, 재능이 있는 아이들이 영재교육센터 시험에 응시해보는 것도 나쁘지는 않을 것이다.

단기적으로 특강을 통해 영재교육센터 입학 준비를 해주는 학원들에는 대치동의 위슬런, 압구정의 CMS, 일산의 송수학과 유스트, 분당의 지식의 샘과 쿨수학, 평촌의 서울학원, 목동의 하이스트, 대전의 정보학원, 양영학원, 대구의 김샘학원, KNU 학원 등이 있다. 이런 학원들의 프로그램은 단기적으로 이용하는 것이 효율적이다. 이런 학원들에도 선행학습 위주의 프로그램이 포함되어 있다. 그것을 경계하면서, 창의력 위주의 프로그램을 찾아 수강해 보는 것도 영재교육센터를 준비하는 학생들에게는 단기적으로 필요할 것이다.

과학의 경우는 창의와 탐구의 와이즈만, 대치동의 미래영재와 미래탐구 등이 권할만한 경우다. 와이즈만은 실험 위주로 학습하는 일상 프로그램 위에 특정 시기에 집중적으로 영재교육 프로그램을 운영하는 특징을 갖고 있다. 무리하지 않고 아이들이 흥미를 유지하면서 과학 공부를 할 수 있는 학원이다. 와이즈만이나 한생연, 네이쳐생명과학원 등의 과학 학원들의 경우, 정교한 실험 프로그램을 갖고 있어서 과학교육의 참맛을 아이들이 느낄 수 있다.

4부 중등 학년의 교육 전략

- 종합반 학원에 대한 맹신
- 부모와의 대화
- 거시적인 공부전략
- 한발 더 학습영어로 나아가기
- 특목고 진학

앞서 초등학교 고학년 서술의 서두에서 이야기한 것처럼 초등학교 고학년에서 중등학년에 이르는 과정은 공부의 기초 체력을 마련한다는 점에서 매우 중요한 시기다. 초등학교 고학년의 경우와 중학생 학령의 차이는 역시 아이들의 나이 대비 성격에서 찾을 수 있다. 중학생들은 본격적으로 사춘기에 들어서는 시기로 인간이라기보다는 반인반수다. 인류 전체의 역사와 인간 개인의 역사는 닮은꼴인 경우가 많은데, 중학생 시기는 격정과 열정으로 휩싸였던 르네상스 낭만주의 시대를 방불케 한다.

부모와 아이들 사이에 스킨십이 없어지는 시기도 이 때다. 대화가 통하지 않는 게 일반적이다. 그래서 스파르타 학원이 횡행한다. 부모 입장에서 통제할 수 없으니, 반 강제적인 학원에 처 넣는다는 기분으로 군대식 학원에 보내는 것이다. 그래서 가장 낙후한 군대식 학원 형태가 왕성하게 발달한 것도 중학생을 상대로 하는 학원에서이다. 반복, 스파르타, 암기, 관리 위주 등을 특징으로 하는 학원들이다. 학원에 입학할 때 '학원의 규칙을 이행하지 않을 때는 체벌을 가한다', '숙제 안 해 오면 숙제 다 할 때까지 나머지 공부를 한다' 는 학원의 규정에 대하여 부모들로 하여금 서약을 요청하는 것도 이런 류의 학원들이다.

그렇다면 말도 안 듣고 무슨 생각을 하는 지도 모르겠는 우리 아이, 이 시기에 부모는 무엇을 해야 하는 걸까? 중학생 아이들을 대상으로 한 교육 이슈와 이에 대한 대비책을 살펴보도록 하자.

종합반 학원에 대한 맹신

말 안 듣는 애들 맡기고 싶은 종합반 학원들

종합반 학원이 횡행하는 것은 중학생들을 상대로 하는 경우이다. 한꺼번에 관리 위주로 매일반에서 종합반 방식으로 공부하게 한다. 관리 위주로 운영하다 보니, 복제가 용이하여 학원 프랜차이즈 상품으로 개발하기도 쉽다. 종로엠스쿨, 대성엔스쿨, 고려이스쿨, 정일 지파 학원 등 학원 프랜차이즈 형태가 처음으로 전국화하게 된 것도 이 학원 형태에서 출발하였다. 종합반 학원이다 보니 지역마다 대형 학원이 많다. 독자적인 교육상품으로서의 품질보다는 학교 교육의 성적 위주로 관리하여 반복학습을 시키는 것도 이런 류의 학원이다. 내신 관리 위주다. 이런 학원들에서는 시험에 대비하여 학교와 교사들의 족보 시험문제를 모아서 반복적으로 문제풀이를 한다. 이런 류의 학원들은 대형화하여 자본을 축적하고 지역 내에서 큰 영향력을 가지고 있기 때문에 이를 이용하여 상대적으로 연결 가능성이 높은 초등학교 고학년 시장을 자체 고객으로 편입하였다. 따라서 지역 내의 초등 고학년에서 중등 학년에 이르는 아이들을 대상으로 한 대형 학원으로 존재하는 것이 일반적이다. 대형이다 보니 당연히 시설은 최상급이다.

중학생을 상대로 하는 시장에 대해서는 사교육에서도 불문율에 가까운 논의가 있다. 첫째, 중학생은 책을 읽지 않기 때문에 중학생을 위한 전문적인 교양 도서의 출간은 시장이 없다는 것이다. 또한 중학생들은 학원에 전적으로 의존하기 때문에 학습지가 성공한 적도 없고 존재하지도 않는다는 것이다. 중학생들은 학원에 전적으로 의존하기 때문에 출판사들도 철저하게 학원용 교재로 학습 출판물을 발행한다는 것이다. 중학생의 학습 시장은 철저하게 반복적인 암기식 스타일이기 때문에 중학생을 상대로 하는 단과 전문 학원은 성공하기 어렵다는 것이다. 대부분이 현실로 나타난 내용들이다.

이런 사정을 고려하면 부모된 입장에서 중학생 연령의 자녀를 두고 있다는 것은 불행한 일일 수 있다. 아이가 부모와의 관계에서 통제는커녕 대화도 잘 안 되는 마당에, 그렇다고 조금만 가치지향적으로 다른 생각을 품으면 보낼 학원도 마땅찮고, 그렇다고 주변에서 대부분 종합반 관리형 학원에 아이를 보내는 마당에 소외감을 느끼기 쉽기 때문이다. 아이도 소외된 상황에서 서로 간에도 대화가 안 되는 형국이다. 그렇다고 중학생들이 놀 만한 무엇, 읽을 만한 무엇이 사회적으로 많은 것도 아니다.

★

스파르타 종합반 학원, 독이 되는 수가 있다

중학생 자녀를 둔 부모들은 감시와 통제 위주의 스파르타 식 종합반 학원 상품 구매를 함부로 해서는 안 된다. 이런 학원에 쉽게 적응하는 아이들은 '오행학습법'의 금형에 해당하는 아이들, 그리고 MBTI로 치면 SJ 성향의 아이들이다. 하지만 이 아이들이 갖고 있는 학습상의 약점이 심화될 수 있다는 점을 유념하여야 한다. 이 성향의 아이들은 창의력이 약한 편이다. 요즘의 입시는 창의 사고력이 약하면 견디기 힘든 측면이 있다. 그런 점에서 차라리 중학교 시절에 창의적인 활동을 많이 하는 것이 이 아이들의 약점을 보완하는 길일 수 있다. 스파르타식 학원에서 중학시절을 보내고 나면 자칫 고등학교에 가서는 성적이 뚝뚝 떨어지며 의욕을 잃을 수 있는 것이 이 유형의 아이들이다.

현명한 부모들은 아이들의 학습곡선을 면밀하게 관찰하면서 학원가에 들어갔다가 나오고 나갔다가 들어가면서 아이의 공부 전선에

리듬을 타는 방식으로 교육 소비를 조직할 수 있을 것이다. 이렇게 하려면 부모들의 관찰력이 뛰어나야 한다. 이 점에서는 부부간의 대화도 절실하다. 과목별로 아이의 공부 흐름에 대하여 읽을 수 있어야 한다. 또한 이 시기에는 교사에 대한 아이들의 호응에 따라 열정을 보이기도 하고 거부감을 보이기도 하기 때문에, 어떤 교사를 아이가 선호하는지도 눈여겨볼 필요가 있다. 무엇인가에 쏟아질 정도의 경향성이 높은 것이 중학생 연령의 아이들이 갖는 특징이어서 이는 선생님에 대한 좋고 나쁨에서도 나타난다. 정서적으로 교감이 가능한 좋은 선생님을 만나면, 아이들은 선생님에 대한 존경이나 의존을 타고 정신적으로 크게 성장하기도 한다. 이런 선생님이 있다면 설령 성적에 큰 도움이 안 되더라도 학원을 이리저리 바꿀 것이 아니라 그 관계를 유지시키고 그 선생님과 부모가 교감을 갖는 것도 간접적인 커뮤니케이션을 위해 도움이 될 수 있다.

아이들 스스로 어떤 교육 상품을 구매하겠다고 할 때는 유심히 살펴보아야 한다. 학원에 가는 경우든, 참고서를 사는 경우든, 어떤 방학 캠프에 가는 경우든, 아이들은 실제로는 판단능력이 제대로 갖추어져 있는 것이 아니어서 일면만 보고 그 상품의 구매를 서두를 수 있다. 그러므로 아이가 보지 못하는 측면에 대해서는 어머니나 아버지의 균형적 시각이 필요하다. 중학생 정도 되면 그 교육 상품의 내용도 판단하기 어려울 정도로 난이도가 있는 경우가 많다. 부모된 입장에서 이것이 곤란하고 난감한 일일 수는 있다. 그럴 때는 전문가의 조언이나 주변 부모들과의 정보 교환이 필요할 것이다.

  대도시에서는 최근의 흐름상 종합반 학원이 퇴조하고, 단과 전문 학원이 많아지고 있다. 청담, 이지, 정상, 아발론, 정이조, 우영스, 서울어학원, 최선어학원(영어, 서울 경기), 뉴스터디와 페르마(수학), 와이즈만과 미래탐구학원(과학, 서울), 김샘과 KNU(수학, 대구), 양영(수학, 영어)과 정보(수학)(이하 대전) 등이 그런 경우들이다. 이 중에서 프랜차이즈 학원들의 경우 역시 직영인지 가맹학원인지에 따라 교육의 질에 차이가 나기 때문에 신중하게 고려할 점들이 있지만, 대체적으로 종합반 학원에 비해서 해당상품의 품질이 나은 편이다. 단과 위주로 학원 상품을 구매하는 것은 비용 부담이 높기 때문에, 계속적으로 여러 과목을 동시에 구매하면 경제적 부담이 커질 수 있다. 아이들이 혼자서 공부할 시간을 제공하고 스스로 공부를 이끌어가는 능력을 유지할 필요가 있기 때문에 부족한 과목 중심으로 특정 시점에 특정 과목 학원을 수강하게 하는 정도가 적당하다.

부모와의 대화

어린이와 성인 사이

중학생 자녀를 둔 학생의 부모들이 가장 먼저 고민하여야 하는 대목은 아이들과의 대화의 끈을 놓지 않는 데 있다. 그리고 그렇게 하고자 한다면, 아이들의 버르장머리 없는 행동과 말투에 대하여 마음을 접으라고 우선 권하고 싶다. 중학생 시기는 기본적으로 버르장머리 없는 인생의 시기다. 버르장머리가 없고 그것을 고칠 수 없더라도 서로 대화만 할 수 있다면 그것으로 대만족이어야 한다. 그렇게 하려면 아예 아이들을 어른으로 대하는 것이 나을 수 있다. 어린이도 아니고 그렇다고 성인도 아닌 이들은 아예 어른으로 대하는 것이 대화를 열기가 용이하다. 실제로 아이들 자신이 어린이와 성인의 사이에 있으면서도 본인들의 의식은 어른이라고 착각하는 것이 이 시기다. 그래서 성인으로 대하는 것이 낫다. 실제로 서구사회에서도 문화적인 맥락에서는 이들 연령의 아이들은 거의 성인으로 다루어지는 것이 일반적인 추세다. 아르바이트를 하는 수준이지만 경제 활동을 하게 된다거나, 남녀 사이의 관계에서도 성인에 준하는 관계가 이루어지는 것이 이 시기부터다. 특별히 대화의 끈을 유지하는 데에는, 버르장머리를 신경 쓰지 않는 아버지들의 노력이 필요하다. 이 시기 아버지들은 대화를 통하여 가르쳐 줄 것이 어느 때보다도 많다. 버르장머리만 가르쳐 주기 힘들 뿐이다. 필자가 상담한 어떤 아버지는 매주 화요일과 목요일 이틀 동안 밤 10시 반에 학원에서 돌아오는 중학생 아들을 아파트 입구에 나가 기다리면서, 200미터를 함께 걸어오며 아이와 대화를 나눈 분도 있다.

이 시기 아이들은 세상의 이면에 대해서도 알아가기 시작한다. 만 24개월 어린 아기들이 사람 같은 의견을 내고 눈으로 깨닫고 본 것들에 대하여 순수한 모습으로 표현하는 것이 우리에게 더없이 사랑스럽게 다가온다면, 이 시기 아이들이 보고 느끼고 깨달으며 증언하는 것들은 '징그럽고', '유치하며', '이중적이다'. 귀엽던 시절은 완전히 갔다고 생각하여야 한다. 본인들도 자신들이 누구인지 잘 모른다. 그렇지만 에너지는 넘친다. 아니 왕성하다. 이 에너지를 잘 이용하면, 세상의 불쏘시개로 사용할 수도 있으나, 대개는 무슨 일을 저지를지 모르는 위험한 에너지다. 그래서 이들은 '위험한 짐승'이다. 어떤 일에 휩쓸리기 쉽다. 균형감각이 없다. 그래서 아무리 착한 아이들일지라도 순식간에 탈선의 길을 가기도 한다. 넘치는 에너지를 주체할 수 없고, 방향감각이나 균형감각이 없으니, 무엇이라도 붙들고 저지르고 범하고 쏟아지고 몰두할 꺼리를 찾아 눈이 벌겋게 쏘다니는 시기다. 그러니 부모로서는 무조건 항복하고 참고 견디며 대화해야 한다. 그래서 이 시기 아이들을 키우면서 부모들은 가장 혹독한 인내력 훈련을 하게 된다. 이 시기 아이들은 스스로는 거의 마음을 열어 부모와 대화하지 않는다. 생활의 2/3는 비밀이다. 그나마 착한 아이들은 '비밀이 있다'는 사실 정도를 부모에게 고지한다. 2/3의 비밀을 알려고 윽박지른다고 해서 그 비밀을 알게 되는 것도 아니기 때문에 어쩌다 그 비밀의 끝자락이라도 붙들게 되었어도 모른 척 지내야 한다. 온갖 간접적인 방법들이 대화에 유용하다. 앞서서도 자주 언급한 '물타기', '은유적인 표현', '시치미 떼기', '알고도 모른 척하기', '침묵으로 말하기', '반어와 역설로 말하기', '직접 말하지 않고 답장을 기대하지 않는 편지 쓰기', '우리 아이와 친해질 수 없으니 아이와 친한 친구와 친해지기' 등이 그것들이다.

★

화법의 변화 전략: '반대로 말하기', '말하지 않고 말하기'

구체적으로 한 대목만 예로 들어보자. 이 시기 아이들은 통제불능의 사춘기 시기에 해당한다. 대화가 안 된다. 그래서 대화법에서 부모들의 특별한 노하우가 필요하다. 가장 적극적으로 권하는 것이 '반대로 말하기'와 '말하지 않고 말하기'다. 청개구리처럼 원하는 행동방향의 반대로 말하는 것이다. 조심할 것은 빈정거리는 말투로 청개구리 말투를 쓰면 아이들이 반발한다는 점이다. 진심을 담아(?) 반대로 말하라. 공부를 하는 아이에게 텔레비전 오락 프로그램을 같이 보자고 조르는 식이다. '말하지 않고 말하기'는 정리되지 않고 정신 사납게 어지럽혀 있는 아이의 방을 창문을 열어 환기시키며 아이에게 넌지시 엄마의 행동을 과시해 가며 말없이 청소하고 정리하는 식의 '말하기' 방식이다. 말하지 않았지만 실은 말보다 행동으로, 혹은 어떤 암시로 말하고자 한 것을 전달하는 것이다. 이런 짓을 해서라도 엄마나 아빠가 어떤 생각을 하고 사는지를 인상 깊게 심어주어야 한다는 것이 슬픈 일이긴 하지만, 그래도 '말'이 통하지 않는 나이이기 때문에 엄마 아빠로서는 고도의 '연기력'을 갖추고 접근하지 않을 수 없다.

진로 탐색 심화할 때 : 진로 탐색 2기

특정한 소질을 발굴하고 계발하는 출발은 아이의 인성검사, 진로 적성 검사에서 시작할 필요가 있다. 이 시기에는 초등학교 고학년 때 검사한 것과 비교하면서, 아이의 진로에 대하여 어렴풋이나마 방향 설정을 하는 시기이기도 하다. 진로 계획은 구체적일수록 좋다. 성장하면서 여러 차례 수정하게 되는 것은 당연한 일이다. 오늘은 요리사를 꿈꾸다가 내일은 만화가를, 그리고 다음날에는 가수를 꿈꾸는 한이 있더라도 치열하게 미래의 진로에 대하여 미리 고민하는 계기를 만들어 주어야 한다. 그리고 이 작업은 부모가 같이 고민하고 협조하는 것이 불가피하다. 요리사를 꿈꾸는 아이를 위하여 신선설렁탕이나 배나무 오리집과 같은 특정한 상품을 맛보고 살펴볼 기회를 시야가 상대적으로 넓은 부모가 열어주는 것이 가능하기 때문이다.

거시적인 공부 전략

중간고사, 기말고사, 내신부담에서 벗어나기

그렇다면 부모입장에서 중학생인 우리 아이들의 학습을 어떤 관점에서 전략적으로 도울 것인가? 우선 필요한 관점은 학교 내신 시험에 대한 부담에서 벗어나는 것이다. 학교 내신 시험 성적에 매이기 시작하면 종합반 학원이 다시 보이기 시작하고, 눈 앞의 중간고사, 기말고사 준비 따라가다 보면 어느새 고등학교 입학을 앞둔 겨울방학을 맞이하게 된다. 해 놓은 것도 없이 고등학교에 들어간다고 생각하면서 중등학교 과정을 돌아보면 학교 시험 성적만 따라다닌 과정이 우습기 그지없다. 중학교 성적을 잘 받아서 어디에 쓴단 말인가? 특목고 입시에서도 일부를 제외하면 내신 성적 잘 받지 않고도 얼마든지 진학할 수 있다. 중학교 학교 공부가 공교육 교사나 학교, 교육당국의 표현대로 아이들의 기초체력이 되어 고등학교, 대학교 가서도 공부를 잘 할 수 있는 능력을 갖추어 준다는 것은 말도 안 되는 공상이다. 지금의 교육 현실에서 중학교 과정이야말로 가장 낡고 후진적인 내용으로 가득하다.

우리 386부모들이 고등학교 다닐 때를 생각해보자. 학교에서 수학 교과서로 수학 공부를 하였지만, 수학 공부의 체계를 잡기 위하여 『수학의 정석』 한 질 정도는 모두 집에 두고 풀었을 것이다. 그것과 유사하다. 학교 교과서를 중간고사, 기말고사 따라다니며 공부하는 것으로는 공부의 기초를, 체계를 세울 수가 없다. 정해진 시험 범위의 내용을 암기하듯이 공부하는 패턴이 반복되기 때문이다.

가령 국어에서 시를 배우는 것만 해도 그렇다. 중학교 1학년 때 운율, 중학교 2학년 때 심상, 중학교 3학년 때 주제 이런 식으로 시의 내용을 나누어서 배우지만, 정작 중학교 1학년 때부터 시험문제는 전부 다 나온다. 교과서 구성 자체가 시험 평가 방식과 맞지 않는다. 거기다가 선생님들이 교과서의 내용을 가르치는 운영 방식 역시 제각기 다르다. 참여 문학을 선호하는 교사들은 모든 시를 시대 현실로 환원하여 가르치는데, 순수문학을 선호하는 교사들은 시의 이미지를 중시하여 가르치는 식이다. 균형감각을 가지지 못한 중학생 아이들로선 혼란스러운 일이다. 교과의 지식 정보를 다루는 교사들의 수업

방식은 그들이 중고등학교에서 배우던 방식과 달라지지 않았는데, 대학입학시험인 수학능력시험에서 국어에 해당하는 언어영역에서 시를 다룰 때는 시도 '글로서 읽기' 방식으로 출제한다는 것을 생각한다면, 이것은 안 배우는 것이 나을지도 모를 정도로 걱정스러운 혼란 그 자체다.

주어진 지식을 간략하게 요약하여 간추려 암기하기, 이것이 중학교 교과 공부의 처음이요, 끝이다. 그렇지 않아도 중학교 들어가서부터 배우는 교과마다 단어도 한자어가 많아져서 거의 어른들이 읽는 책 수준인데, '책 읽는 재주'가 있는 아이들을 제외하고는 개념어에 익숙하지 않은 아이들이 적응하기가 만만할 리 없다. 주어진 지식을 간추리는 데 천재적인 능력을 보인 비상출판사의 연구진이 『한 권으로 끝내기』 시리즈 참고서로 일약 출판계의 별로 올라섰다는 것을 생각하면, 우리 부모들이 중고등학교 다닐 때 뒷담화를 늘어놓던 『워킹 하일라이트』 선생님의 시대와 별로 달라진 것이 없는 게 중학교 공부의 현실이다.

초등학교 고학년 시절에 첫째도 독서, 둘째도 독서라고 한 것은 이 때문이다. 독서 능력이 있는 아이들은 중학교 과정에서 중간고사나 기말고사가 부모 세대의 시대처럼 출제된다고 하더라도 대체적으로 잘 적응하고 넘어간다. 그래서 한편으로 중간고사, 기말고사 등에 대하여 부담을 덜 느끼고 '여유'가 생긴다. 그 '여유'는 고등학교 가서 기초 체력이 될 국영수 교과의 체계를 세운 공부에 전념하여 사용할 수가 있다. 그 '여유'가 있어야 독서도 계속할 수 있다. 유난히 참여 활동 방식의 학습 프로그램이 부족한 중등학생 대상의 '참여 프로그램'을 찾아 수학사랑의 여름 캠프, 어른들이 들락거리는 평생교육원의 어떤 프로그램에도 기웃거릴 수가 있다.

★

거시적으로 체계를 세워 수학 공부하기

중등학생 부모들 입장에서 고려할 수 있는 두번째 전략은 수학의 경우 선행학습이다. 무조건 선행학습을 하라는 것이 아니라 고등학교 수학까지를 포함하여 수학 교과 전체의 체계를 한 계단씩 올라, 공통수학 정도까지 미리 학습의 체계를 세워 공부하게 하는 것이다. 본래 중등학생 시절부터는 학습 내용에 있어서 중고등학교 구분이라는 것이 그다지 큰 의미가 없다. 교사자격증도 통합되어 있다. 유럽의 경우를 보라. 중학교, 고등학교 구분이 아니라 Secondary school이면 그만이다. 그래서 중학생부터는 대입시험을 미리 치르고 대학에 가는 아이들도 인정하는 게 상책일 텐데, 세계에서도 유례가 없이 이상한 검정고시 제도를 만들어 활용하는 한국의 교육 현실에서는 불가능한 일이다. 하지만 부모 입장에서는 내용적으로 이미 중고등학교의 구분을 뛰어 넘어야 한다.

수학 참고서에서 1, 2등을 다투는 『개념원리』, 『쎈수학』 등이 중고등 통합과정으로 체계를 갖춘 참고서를 내 놓은 것에 착안해보자. 한꺼번에 계획을 세워 문과 이과 구분 직전의 공통수학 정도(10학년)까지 공부를 하도록 독려하는 것이 필요하다. 재능이 있는 아이들은 빨리 그 과정에 도달할 것이다. 하지만 대개는 2년 이상 공부하여야 이 과정에 도달한다. 앞선 친구들의 경우, 중학교 2학년 겨울방학 때, 메가스터디의 고등학교 예비 고1 수학 온라인 수업을 수강하는 것을 겁낼 필요가 없다.

앞에서 밝힌 것처럼 체계를 갖춘 참고서를 가지고 원리와 개념을 훑어 가면서 공부하는 것 외에 수학과 과학의 경우 이야기로 된 책 읽기를 적극적으로 권하는 바다. 이미 수학이나 과학의 경우 참고서도 아니고 문제집도 아니고 이야기책도 아닌 방식의 책들이 적지 않다. 『교실 밖 수학 여행(사계절)』, 『도형이야기(우성)』, 『마법의 수학나라(맑은소리)』, 『빙글빙글 수학 놀이 공원(경문사)』 등 중학생이 접근하여 읽기에 적당한 책들도 상당히 많은 편이다. 『소설로 읽는 주니어 수학1,2(사이언스북스)』나 『친절한 수학교과서1,2(수학사랑)』 같은 책은 초등학교 때 수학에 미흡한 점이 있거나 수학에 쉽게 흥미를 붙일 필요가 있는 아이들에게 권할만한 책들이다. 그 외의 기본자료는 필요에 따라 다양한 차원에서 '수학사랑(http://www.mathlove.info/menu_middle.php)' 홈페이지를 통해서 정보를 지속적으로 구할 수 있다.

국어, 사회, 논술은 독서로 한번에 해결

셋째, 국어와 논술과 사회 교과는 한 번에 공부한다고 생각하는 것이 좋다. 세상에서 우리나라만큼 초중고 교과가 세분되어 있는 나라도 드문 편이다. '제도화된 지식의 생산과 분배과정'에서의 이해관계 때문에 교묘하게 교과서를 쪼개놓은 것이다. 그렇거나 말거나 간에 부모들 입장에서는 그 과목들의 내용적 연관을 생각하여 한꺼번에 공부한다는 접근법이 필요하다.

그래서 다시 독서가 왕도다. 이 시기의 독서는 성인들이 읽는 책들의 세계와 바로 연결되기 때문에 실은 읽고 공부할 만한 책이 무궁무진하게 많다고 볼 수도 있다. 앞서 밝힌 것처럼 중등 학생들이 읽을 책이 없다는 출판계의 속설은 오히려 일반인들이 읽는 책들로 대체하면 문제가 되지 않는다. 중등 학교 교과서는 시중의 다양한 서적들에 필적할 것이 못 된다. 시중에 있는 책들의 다이제스트 판이 교과서인 셈이다. 원본을 읽는 기분으로 아이들은 분야별로 다양한 책을 읽을 수 있다. 사실 서양의 경우 교과서가 국가 주도로 정해져 있지 않고 가르치고 배워야 할 '교수요목' 만 있는 경우가 대다수다. 그리고 무수히 많은 책들이 교과 참고 자료로 이용된다. 내용적으로는 우리나라 중학생 부모들도 아이들에게 그와 같은 방식으로 접근한 공부 전략을 세울 수 있다. 그래서 중학교에 들어가면서, 아이와 함께 대형 서점에 나가 고등학교 교과서까지 기본서만 국어, 사회 영역을 한꺼번에 사서 집안에 갖추도록 하자. 그리고 우선은 개념과 원리 설명이 쉽게 되어 있는 고등학교까지의 교과서를 읽도록 하자. 암기하지 말고 이해만 하면서 바로 잊어버리더라도 상관하지 말고 읽어나가는 것이다. 그렇게 되면 전체 국어, 논술, 사회 영역에서 무엇이 어디에 나오는지 정도를 대강 파악할 수 있다.

그러고 나면 이제는 독서 계획을 세우는 것이다. 어떤 책을 언제 읽고, 그 독후 기록을 어떻게 남기고, 그 다음 책은 어떤 책을 읽을지를 고려하는 것이다. 부모가 방대한 내용을 다 이해할 수 없다고 생각할 수 있다. 하지만 부모들도 대강은 들어 봤음직한 내용들이 많다. 함께 읽다 보면 많은 것을 반추할 수 있다. 책을 읽을 계획을 세울 때, 부모가 지식이나 정보가 부족하여 책을 선정하기가 어렵다면 인터넷을 검색하여 인터넷 서점에 묻고 해당분야 전문가에게 물어서 얼마든지 좋은 책, 적합한 책을 선정할 수가 있다.

조심할 것은 욕심을 내지 말아야 한다는 점이다. 가벼운 책부터 시작하는 것이 중요하다. 그리고 가급적이면 재미있고 예시가 많고 이야기 형식인 책부터 정한다. 가령 위연의 『삼국지』라면 10권짜리 만화책부터 읽어도 상관이 없다. 이것으로 공부가 끝나는 것이 아니기 때문이다. 대강 한 차례 책을 읽고 나면, 다시 업그레이드 된 도서목록을 세우고 또 읽어 나간다. 이번에는 배경지식이 어느 정도 생겼으므로 앞에서보다는 어려운 수준의 책들도 접근이 가능할 것이다. 가령, 삼국지로 말하면 이제는 한 권으로 된 삼국지를 읽을 수 있다. 다시 그 윗단계로 가면, 세 권짜리 삼국지가 기다린다. 그리고 고등학교쯤 가면 아마도 10권짜리 삼국지를 어른들처럼 자연스럽게 며칠만에 읽게 될 것이다. 이미 많은 내용을 알고 있기 때문에 10권짜리여도 며칠만에 읽는 것이 가능하다.

역시 유의할 점은 너무 많은 것을 독후에 정리하려고 하지 말아야 한다는 점이다. 또한 독후 정리 내용을 너무 교과 내용에 맞추어 정리할 필요도 없다. 낙서 같은 필기 방식으로 자기 아이디어를 정리할 수도 있다. 교조적이지만 않으면 된다. 어차피 다시 덧씌워 다른 책으로 또 읽을 것이기 때문에 세밀한 부분까지 암기하듯이 읽을 이유도 없다.

독후 정리의 가장 좋은 방식은 토론과 토의다. 독서 방식으로 국어와 논술과 사회를 한꺼번에 소화하려면, 부모들이 나서서 아이들 사이의 네트워크나 그룹활동을 조직할 필요가 있다. 가능하다면 지역의 학원 공간을 활용하여 뜻이 맞는 강사를 찾는 등의 조직적인 시도를 해볼 수도 있다. 1~2학년 정도 토의와 토론을 통해 구어로 된 문제의식이 정돈되면서 자연스럽게 논리적이고 논쟁적인 글 쓰기 방식의 공부로 발전해간다면 기초가 튼튼한 논술 능력도 갖출 수 있다.

★

과학, 이론과 원리 학습이 포인트

아직도 실험 중심의 공부가 유효하지만 이제 원리와 개념 중심의 교과 학습이 본격적으로 전개된다는 점을 유념하여야 한다. 중학 시절 실험이나 프로젝트 방식의 공부는 초등학교 시절의 한생연이나 와이즈만 프로그램이 지니는 가치보다 더 소중할 수 있다. 불행하게도 중학생을 위한 실험과 프로젝트 방식의 프로그램을 유지하고 있는 교육기관이 매우 드물다. 이론 위주의 공부는 고등학교에 가면 더욱 실감하겠지만, 날카롭게 개념과 원리를 요약하고 이해시키는 데 탁월한 능력을 보여주는 강사들, 혹은 학원들을 활용할 수 있다. 대치동의 미래탐구나 미래영재 학원은 그런 장점이 있다. 지역마다 더러 이름난 과학전문 학원이 있으며 선행학습 위주의 프로그램을 제외하고 개념과 원리 강의에서 깔끔한 정리를 해주는 강의 프로그램들은 수강할 가치가 있다. 하지만 근본적으로는 이론 위주의 학습을 해야 한다는 것이 고등학교까지 이어지는 과학 학습에서 학생들이 겪을 고통이다. 그나마 그것을 삭감시킬 수 있는 공부방법은 과학사나 이야기로 이루어진 과학책 독서를 통한 보완이다.

긴 안목으로 접근하는 전략의 절실함

수학과 국어와 영어 공부하는 방법을 이제까지 서술한 내용을 읽다 보면 하나의 의문점에 봉착할 것이다. 유난히 필자가 중학교 학교 과정에 대하여 비판적인 태도를 드러냈기 때문이다. 그리고 실제로 학교 과과과정을 무시하고 지낸다면 '아이가 학교를 다니지 않겠다고 할 수도 있는데…' 라는 추측에 도달할지도 모른다.

 필자 가족은 우리 아이들이 학교를 그만두겠다고 하면 과감하게 실제로 학교를 그만두게 할 수도 있다. 하지만 여러분들이 반드시 그렇게 하라는 것은 아니다. 유난히 학교 내신 시험을 포함하여 학교의 교과 과정에 대하여 무시하라고 할 정도로 과격하게 발언해 온 뜻은 그만큼 우리 중학생 아이들이 학교의 중간고사, 기말고사, 수업시간의 주석 달기 식의 공부에 매몰되어 있기 때문이다. 할 일이 태산 같은 중학교 시절은 잘만 보내면 천하를 호령할 만한 공부도 이룰 수 있고, 인생의 긴 여정에 필요한 단단한 정신적 체력을 구축할 수 있는 시기이기도 하다. 그 점에서 무엇보다 심각한 경각심이 필요하다고 여겨 그와 같은 제안을 한 것이므로 여러분들이 너그러이 이해해 줄 것으로 믿는다.

한발 더 학습 영어로 나아가기

문법 위주의 학교 영어 공부에 거리 두기

이 시기 학교 교과서는 아이들의 영어 수준에서 생각하면 별것이 아니다. 오히려 걱정은 학교 교사들이 주어진 교과서를 해부하여 시험 문제를 내는 통에 문법과 씨름해야 한다는 측면이다. 그렇지만 거리를 두고 가자. 100점을 맞으려고 시달리면서 잃어버리는 것이 더 많을 수 있기 때문이다.

그렇지만 중학교 과정에서는 다른 의미에서 영어 문법 공부가 필요하다. 권할 만한 책들에는 다음과 같은 것들이 있다. 가장 쉬운 것은 일본에서 들어온 『Big Fat Cat(나라원)』이다. 용어에 대한 부담 없이 영어 문법의 구조를 헤아리는 데 도움이 된다. 그리고 중학생들이 이야기 형식으로 쉽게 읽을 수 있는 문법서로는 능률교육의 『친절한 영문법』이 있다. 이 외에 고급한 영문법 공부를 원한다면 『This is Grammar(넥서스)』책을 권할 수 있다. 전통적으로 문법 공부에 활용해 온 『기초영문법』류의 책들은 아이들에게 용어에 대한 부담을 너무 많이 주어서 오히려 역효과를 내는 경우가 많은데, 다행스럽게도 요즘은 새로운 형식의 문법서들이 많이 등장하고 있다. 캐임브리지 대학 출판부에서 나온 영어로 된 문법서인 『Grammar in Use』시리즈를 공부하는 것도 적극 권할 만하다. 특히 엘리멘터리 에디션은 국내에서 나온 어떤 문법서보다 쉽고 편하게 이해할 수 있다.

★

시사적인 내용을 영어로 공부하기

그래서 영어 공부도 역시 큰 걸음으로 우리 길을 가야 한다. 가령 시사적인 내용의 뉴스 듣기와 같은 공부가 필요하다. 해당하는 뉴스를 영문으로 구글이나 BBC 방송, CNN 방송 등의 웹 사이트에서 찾아 글로 찾아 공부할 수도 있다. 중학생 자녀들은 아이도 어른도 아니지만 어른으로 대하자는 것을 앞에서 주장한 바 있다. 그 맥락에서 중학생 정도 되면 사회적인 문제들, 시사적인 문제들에 대해서도 아이들이 어렴풋이 의견을 내고 관심을 보이기 마련이다. 관심을 보이는 영역부터 시작하여 점차적으로 사회적인 문제 전체에 대하여 균형적인 관심을 갖도록 도와주어야 하는 것이 부모의 몫이다. 그래서 영어공부에서도 시사적인 내용들의 공부가 시작될 필요가 있다. 실제로 중학생 시기부터 치르는 각종 영어 시험에서는 시사적인 내용 출제가 많아진다. 그래서 이지어학원의 경우 시사에 대한 영어적 대응 프로그램을 운영한다. 이지어학원의 경우 시사적인 내용을 프로그램으로 담아 가르치는 데서 그 학원의 특징과 차별성이 있다고 할 정도로 이 프로그램을 강조한다. 시사에 대한 관심과 학습은 영어 능력과 더불어 언어 능력 일반에서 필요한 인지능력의 발전을 가져온다.

주제가 있는 프로젝트 형식의 영어 공부

주제가 있는 영어 영화 보기도 적극 권할 만하다. 야한 것도 상관 없다. 이런 공부는 큰 주제를 다듬어 어떤 실천적인 계획과 관련지어 진행하는 것이 효과적이다. 예를 들어보자. 영어권의 어떤 나라를 여행하는 계획을 세웠다고 하자. 그 실천 계획 아래 준비를 한다고 할 때, 그 나라와 관련된 자료를 모아 정리하고 글을 써보거나 하는 프로젝트 형식의 큰 과제 속에서 공부가 진행되는 것이다. 가령 '영국'을 여행하겠다고 구상했다면 영국과 관련된 영화를 집중적으로 보고 필요하면 기록하는 식이다. 이를 위해서 「노팅힐」, 「빌리 엘리어트」, 「슬라이딩 도어즈」, 「미션 임파서블」, 「마이 페어 레이디」 등의 영화를 집중적으로 보는 방식이다. 물론 자막을 가린 상태에서 소리로만 영화를 본다. 무엇인가 주제를 정하고 그 주제에 집중하여 여러 가지 자료를 검색, 발굴, 조사(research)하고, 그 조사자료를 근거로 읽고, 요약해보고, 감상하고, 관찰하며(study), 그것을 토대로 여행하고, 겪고, 체험하여(experience), 나중에는 그 결과를 글로도 써 보고, 창작물로 표현하기도 하고, 토론하기도 하는(feedback, reflect) 과정이야말로 종합적인 완전 활동으로서의 참여적 학습 과정일 수 있다. 그래서 서구사회에서는 점점 더 지식기반 사회의 학습방법으로 프로젝트 방식이 선호된다. 그 속에서 프로젝트 형식의 글쓰기는 아이들의 영어 글쓰기 능력을, 조사와 관찰 과정은 엄청난 양의 영어 읽기 능력을 향상시켜 주는 것이다. 영화로 보고, 여행 현지에서 묻고 찾는 과정은 그 자체로 영어 말하기와 듣기에 필요한 많은 공부를 제공하게 된다. 이런 과정은 아이가 좀더 깊이 있는 생산물, 가령 인터넷 상의 여행기 연재와 같은 접근을 하도록 이끄는 과정이다. 누구나 집중하면 일정 시기 동안 프로젝트를 수행하여 의미 있는 결과를 만들어낼 수 있다. 중학생부터는 이것이 가능한 연령이다.

그룹으로 하는 프로젝트 공부방식의 묘미

이런 프로젝트 방식의 공부는 혼자서만 할 것이 아니라 친구들과 함께 할 수도 있다. 몇 가족이 함께 기획할 수도 있는 일이다. 그렇게 되면 비용도 절감하는 것은 물론이고 '그룹활동'이라는 색다른 협동 과정을 창출하는 효과도 있다. 우리나라 교육 시스템에서는 주로 공부는 혼자서 하고 다른 친구들과는 경쟁관계로만 인식되기 쉬운데, 실은 공부라는 것이 경쟁의 원리와 연대의 원리가 동시에 공존하는 것이다. 따라서 균형적으로 생각하려면 '그룹활동', '협동과정'을 통해서 연대의 원리에 대해서도 아이들이 배우고 익힐 수 있게 하는 것이 필요하다. 외국에 유학 간 학생들의 증언에 따르면 한국 학생들의 학습과정에서 가장 큰 취약점은 첫째가 학습에의 참여 의식 부족, 둘째가 독서 능력 부족, 셋째가 그룹 활동력 부족이라고 한다. 여기서 세 번째 문제를 해결하려면 이미 중고등학교 학습과정에서부터 그런 학습 체험이 필요하다고 볼 수 있다. 그래야 첫째 문제인 학습 참여 의식도 높일 수 있다.

깊이 있는 영어 고전 읽기

중학생에 이르면 영어 독서는 이제 깊이 있는 고전을 책으로 읽어보는 과정에 들어가야 한다. 이는 국어에서도 마찬가지다. 그런데 불행하게도 국어에서는 읽을 만한 고전이 많지 않다. 영어의 세계에서는 무궁무진하다. 보다 많은 독서의 기회가 영어의 세계에 존재한다. 소설가 이문열의 경우 그가 소설가 수련과정을 거치는 동안 절대적으로 영어로 된 고전의 세계가 그의 교양을 형성하는 데 기반이 되었다고 한다. 안정효는 영어소설을 쓰게 된 학습과정이 전적으로 영어 소설 읽기였다고 한다. 민사고에는 한 달에 한 권씩 영어 소설을 읽고 토론하는 리딩 수업이 있다고 하는데, 이 과정에서 국내파 학생들도 크게 향상되는 것으로 알려져 있다. 두터운 영어 고전 소설 읽기는 처음이 가장 중요하다. 첫번째 책만 넘기면 다음 책부터는 비교적 쉽게 읽을 수 있다. 소설만이 아니라 우리에게 흔히 알려진 책들, 가령 『모리와 함께 한 화요일』 같은 책도 영어로 읽을 만하다. 그리고 이런 책은 의외로 쉽게 쓰여져 있어서 읽기가 수월한 편이기도 하다. 다음에 언급하는 진로 탐색과 맞물려 경제 경영 서적에 관심이 있는 아이들은 경제 경영 신간 서적을 읽는 것도 깊이 있는 영어 독서의 방편일 수 있다. 이 단계부터는 정말로 부모들이 따라가며 챙겨주기가 어려운 대목이다. 적당히 따라가며 시늉이라도 하는 게 상책이다. 일단 아이들 스스로 몰입하고 나면 자가발전이 이루어져 알아서 책을 찾고 읽게 마련이다. 부모들에게 있어서 그 다음의 일은 '칭찬' 밖에 없을지도 모른다. 신문사의 문화센터나 대학의 평생교육원에 있는 프로그램을 소개하고 안내하는 정도의 일이 부모의 몫이 될 것이다.

Collocation 사전

이런 공부를 제대로 하도록 도우려면 제대로 된 영어 사전을 구입해 주어야 한다. 전자사전을 권한다. 그 중에서도 Oxford의 Collocation 사전이 포함된 전자사전을 권한다. 그것이 없다면 Collocation 사전은 별도로 사 주어야 할 정도로 중요한 사전이다. 아이들이 이제부터는 영영 사전을 보는 데 익숙해지도록 해야 할 것이다. 그 중에서도 특히 Collocation 사전이 유용하다. 이 사전은 가령 예를 들면 'application'이라는 단어가 어떤 동사와 전치사, 형용사 등과 어울려 사용되는지를 보여주는 사전이다. 이 사전은 학술적인 방식의 글 쓰기와 자료 정리에 도움을 준다.

특목고 진학

특목고 전문 학원을 바르게 고르려면

중학생 학령의 자녀를 둔 부모 입장에서 가장 어렵게 고민하는 영역 중 하나가 특목고 진학에 대한 준비 여부다. 혹은 특목고 진학을 고려하지 않아도 특목고 입학을 내세우는 학원에 가는 것이 유리한지 아닌지에 대한 고민이다. 가령 분당의 경우 아발론 영어 학원은 월평균 9000여 명의 학생들이 수강하는데, 이 중에서 6000명이 초등학생, 그리고 중학생이 3000명이다. 그러나 정작 한 해에 특목고에 진학하는 이 학원의 학생은 500명 남짓이다. 그렇다면 부모들 입장에서 볼 때 특목고에 진학하는 것을 고려하지 않고도 이 학원에 보내는 경우가 상당히 많다는 것을 확인할 수 있을 것이다.

이런 경우에는 당연히 이 학원의 상품을 평가해보는 것이 필요하다. 우리 아이에게 이 학원의 프로그램이 의미가 있는지를 살펴야 하기 때문이다. 이 학원은 시중 출판사에서 나온 영어 교재를 묶어서 자체 교과과정으로 개발하여 사용한다. 자체적으로 출판된 교재의 교안을 만드는 데서 노하우를 확보하고 있다. 그리고 아이들의 학습관리는 단어와 구문에서 반드시 공부하여야 할 과제들을 제시하고 그 과제를 수행하지 않았을 때는 나머지 공부를 시켜 그것을 완수하게 한다.

아이가 중학생이라면 일반고에 진학하더라도 이 학원의 프로그램은 의미 있는 것일 수 있다. 하지만 초등학생이라고 생각하면 그것은 다른 사정이라고 생각할 수 있다. 즉, 초등학교 고학년이라면 문제풀이 방식보다는 공부방식에 있어서 일반적인 독서나 주제별 듣기, 말하기 영어 공부가 필요할 수 있다. 자칫 일찍부터 이 학원에 다니면서 구문과 어휘 위주로 학습하다가는 영어의 기초실력이 아니라 문제 푸는 요령 위주로 공부가 왜곡될 수 있다. 중학생이라 하더라도 기초가 약하다면 재고하여야 할 프로그램이다. 이처럼 우리 아이가 어떤 진로 방향을 갖고 있고 어떤 처지에 있는지에 따라 특목고 전문 학원에 대한 선택의 폭이 달라지는 것이다.

다른 경우를 들어보자. 목동의 우영스는 듣기 프로그램에서 탁월한 상품을 구비하고 있다. 그리고 지금은 진행하지 않지만, 한때는 일대일 수업으로 스피킹과 같은 영역의 영어능력을 키워주는 데 남다른 프로그램이 있었다. 듣기 상품은 외고 입시에서 절대적으로 필요한 영역이기 때문에 지역 내에서 효과가 높아 지역 내에서 짧은 시기 동안에 이 학원이 성장하여 학생 수가 서울 목동에서만 4천명에 이르게 한 힘이었다. 그러나 이 학원의 경우 읽기나 쓰기 영역과 같은 다른 영역 프로그램들은 그다지 시장의 평가가 고른 편이 아니다. 이런 경우에 우리 아이가 특목고 진학을 준비하면서 듣기에 부족한 점이 많다면 권해 볼 만한 학원이다. 하지만 책을 읽는 데 익숙하지 않고, 그래서 읽기나 쓰기 영역에서는 결함이 많다고 생각하면, 청담어학원과 같이 그 영역에서 강한 특성을 보여주는 상품으로 눈을 돌릴 수도 있을 것이다. 그래서 이 학원의 경우도 우리 아이의 장단점을 염두에 두면서 학원을 선택할 필요를 보여준다.

아이들이 모든 영역에서 고루 다 잘 하기란 쉬운 일이 아니다. 그러므로 모든 과목의 성적을 다 잡으려고 하는 것도 중학교 부모들이 조심해야 할 대목이다. 아이들의 공부 영역은 불가피하게 잘 하는 과목, 못 하는 과목이 있을 수밖에 없다. 수학을 잘 하는 아이가 있고, 영어를 잘 하는 아이가 있고, 국어를 잘 하는 아이가 있다.

특목고 중에서 외고에 진학하려면 국어와 영어 능력이 우수하여야 한다. 과학고나 자사고 진학은 수학이나 과학에서 우수한 성적을 요구한다. 해당 과목 안에서도 내용 영역에 따라 아이들의 기복이 있다. 그에 맞추어 아이의 능력과 관련하여 특정 영역에서 우세한 능력을 보여주는 학원을 선택하는 것이 중학교 시절에 특목고 진학을 준비하는 학생들의 선택 전략이다. 시험 준비가 임박한 시기이기 때문에 그 결정이 신중하여야 하며, 맞춤식으로 정확하여야 한다.

★

특목고를 둘러싼 진로 설계와 진학의 고민
특목고 입시는 전국적으로 1만 5천명 정도를 선발하는 대학입학시험의 50분의 1도 안 되는 좁은문이다. 2006년을 기준으로 생각해도 특목고 입시 경쟁률이 평균 5대1이 넘었으니 대부분의 학생들은 꿈만 꾸고 결과적으로는 실패했다고 할 수 있다. 이는 현재 특목고 입시를 생각하는 초등학생들이 고등학교에 갈 때는 더 높은 경쟁률 때문에 보다 많은 학생들이 낙오의 비애를 느낄 수밖에 없다. 그렇다면 특목고 입시를 초등학교 고학년 시절부터 어린 시절 너도나도 준비하는 것이 과연 옳은 일인지 생각해 볼 필요가 있다.

특목고 입시를 준비하게 되면 아이들이 자기도 모르게 잘 하는 아이들과 어울려 최종적으로는 일반고에 진학하게 되더라도 학업 동기 유발의 효과가 있다고 주장하는 특목 전문 학원들이 많다. 이 학원들은 그래서 특목고 입시가 끝난 후 낙오한 아이들을 일반고반에 묶어두기 위하여 학원 내에 포스터를 붙여 아이러니하게도 특목고 진학만이 능사가 아니라는 것을 설파하기도 한다. 그러나 이것은 학원의 마케팅 전략일 뿐이다. 아이들이 학습 동기를 찾는 방법은 여러 가지가 있을 수 있다. 가장 좋은 것은 학교에서 학습동기를 유발하는 각종 계기를 학생들에게 제공하는 것이지만, 아쉽게도 우리나라의 현실에서 가장 안일하게 폭풍 없이 지내고 있는 곳이 중학교이기 때문에, 이런 능력을 기대하기란 쉬운 일이 아니다.

바깥에서 찾아야 한다. 다양한 경시 시험제도도 그런 과정으로 고려할 수 있다. 영어나 수학의 경우는 그나마 선택할 수 있는 시험이 다양한 편이다. 수학만 해도 요즘은 해당지역의 대학이나 지방 교육자치단체 차원에서 치르는 시험도 많다. 그리고 최근에는 영어로 치르는 미국 수학경시대회(AMC)가 국내에서 치러지기까지 한다.

성취동기를 자극하는 각종 경시대회는 아이들에게 학습의욕을 일깨워주는 힘이 되기도 한다. 생각보다 중학생도 참여가 가능한 대학 주최 경시 대회가 제법 많은 편이다. 적극적으로 활용할 만하다. 진로 탐색은 이 시기부터는 경시대회 참여의 경우처럼 적극적인 학습 실천 프로그램과 연결하는 것이 바람직하다.

다른 교과목들의 경우, 어른들의 세계에서 이루어지는 다양한 프로그램들이 그대로 동기유발의 효과를 주는 이벤트일 수 있다. 대학교 평생교육원, 백화점이나 신문사 문화센터에서 운영하는 다양한 문화 프로그램도 이용할 수 있다. 그림이나 디자인에 관심이 있는 아이들은 한겨레 신문 문화센터에서 진행하는 만화 창작 프로그램에 몇 개월 동안 수강하면서 새로운 경험을 해볼 수도 있다. 글쓰기나 논술에 소질이 있는 아이라면 좀 엉뚱한 경우지만 대학에서 운영하는 평생교육원 글쓰기 강사 연수 프로그램에 참여해보는 것도 나쁘지 않다. 누군가로부터 배우는 것이 아니라 가르치는 법을 배워서 자기 공부에 발전계기로 삼을 수도 있기 때문이다. 서울만 해도 서울과학관이나 박물관, 예술의 전당, 보라매청소년센터 등 다양한 기관에 다양한 프로그램들이 있고, 그것들은 활용하기 나름이다.

아이들을 구체적인 실천 프로그램 속에서 '활동하고 움직이게' 하면, 중학생들은 좀더 빨리 어른들의 세계를 이해하고 반인반수의 중학생 생활을 빨리 마치는 경향이 있다. 그래서 부모들이 나서 아이들을 어른들의 세계에 직접 인도함으로써 어른들이 직업교육이나 평생교육 차원에서 공부하는 내용들을 접하게 하는 것은 아이들의 진로 탐색에 있어서 중요한 경로로 고려할 수 있다.

특목고에 진학하는 일은 결코 행복한 일만은 아니다. 동일한 학생이 특목고에 진학해보고 일반고에도 다녀보면서 어떤 결과를 보이는지 비교하여 평가하는 것이 교육에서는 근본적으로 불가능하다. 하지만 몇 가지 다른 형식으로 추정해볼 수 있는 여지는 많다.

특목고에 진학한 학생들의 성적을 보면 처음에 중학교 졸업하고 특목고에 입학할 때의 성적에 비하여 소위 일류대에 진학하는 비율이 높은 것은 아니다. 오히려 이 학생들이 일반고에 진학한다면, 여전히 우수한 성적을 보일 가능성은 높은 편이다. 하지만 소비심리에서 나타나는 착시현상이 있다. 특히 우수한 영재성을 지녔으나 스트레스에 약한 아이들은 특목고에서의 경쟁환경보다는 일반고의 꾸준한 승부가 나을 수 있다. 길게 보고 일반고 진학을 고려하면서 학습의 기초 체력을 쌓고 읽고 싶은 책도 충분하게 읽으면서 미래를 대비하는 것이 현명한 처사인지 모른다. 그것도 가장 예민한 청소년 시기인 중학생 시기에 모든 것을 희생하고 자녀를 특목고 입시에 내몰아 위험한 도박을 하는 것에 대해서는 신중을 기할 필요가 있다. 특목고를 위해 6년, 대학을 위해 3년, 그래서 10년을 입시에 내모는 것은 얻는 것보다는 잃는 것이 너무 많다. 특히 특목고를 위해 6년이라는 청소년기를 바치기에는 그 시기에 아이들이 해야 할 일들이 너무 많다.

중학생 정도면 소질이 발굴되는 나이이기도 하다. 오히려 특목고에 매달릴 것이 아니라 소질 계발에 신경을 써서 애니메이션 고등학교, 요리 고등학교 등 특성화 고등학교 진학을 노려보는 것도 권할 만한 일이다. 특정 과목의 소질을 계발하는 것도 마찬가지다. 숨어 있는 소질 하나를 발굴하는 것이 더욱 값진 일이다.

대학 진학의 유리한 고지라고 생각하는 특목고에 진학하는 것보다 아이들 인생에서 오히려 값지고 의미 있는 것은 자기 탐색, 진로 탐색의 문제이다. 이 시기에 진로 탐색을 구체적으로 진행해 본 아이들은 고등학생이 되어 무서운 기세로 공부하는 특징이 있다. 필자는 고등학생들을 상담하면서 그러한 사례를 수도 없이 목도하였다. 진로 진학에 있어 구체적인 목표를 설정하는 학생들은 그렇지 못한 학생들보다 100배 이상의 학습 에너지와 집중력을 만들어낸다.

에필로그

교육을 '소비' 하는
학부모들의 바람직한 태도

1. 교육도 소비라고 생각하라.

교육도 소비다. 따져서 소비하여야 한다. 보이지 않는 상품에 대한 구매이기 때문에 다른 상품들보다 더 까다롭게 선택하여야 할 소비다. 교육에도 과소비가 있고 인색한 소비가 있다. 과소비는 경제적 무리수를 남긴다. 인색한 소비는 적기에 필요한 교육을 놓치게 한다. 과소비하지 않으려면 「질병의 판매학(알마)」 같은 책을 보라. 마케팅 심리를 다루는 책들도 살펴보라. 입소문 마케팅에 당하지 않으려면 「티핑포인트(21세기북스)」나 「버즈마케팅(사람과 책)」과 같은 책을 살펴보라. 적기에 상품을 소비하려거든 아이에 대한 관찰과 대화와 적성을 놓치지 마라. 적기에 맞는 상품 선택의 근거는 옆집 아줌마의 행동이 아니라 우리 아이의 상황이라는 점을 명심하라.

★

2. 어떤 소비도 얻는 것 뒤에 잃는 것이 있다고 생각하라.

어학연수 2년을 보내면 영어능력을 얻는 대신에 모국어 능력 성장의 기회를 잃는다. 그래서 나중에 돌아와 보면 모국어 능력의 한계로 인해 오히려 영어능력의 더 큰 도약에서 지장을 받는다. 이처럼 모든 소비선택 속에서 얻는 것 뒤에 잃는 것이 있다는 것을 고려하여야 한다. 균형적으로 보라. 특목고의 학습분위기가 좋다고 특목고에 가면 그것을 얻는 대신에 대입 내신에서 불리하고 특목고의 지나친 경쟁 문화 속에서 아이들이 '여유'를 잃는다는 것을 명심하라. 기업도 '흥한 이유, 바로 그것 때문에 망한다'는 것처럼 어떤 소비선택의 경우도 양면을 보려고 노력하라.

★

3. 초보 엄마의 한계를 넘기 위해서는 공부하라

초보 엄마의 소비 선택을 경험적으로 뛰어넘으려면 값비싼 대가를 치른다는 것을 명심하라. 엄마가 시행착오를 거듭하는 동안 엄마가 배우는 것이 있겠지만, 아이는 그 속에서 인생의 많은 시간을 탕진하고 헤맨다는 것을 알아야 한다. 옆집 아줌마들의 이야기를 듣는 것만으로 초보 엄마의 한계를 넘을 수 있다고 생각하는 것도 위험하다. 우리는 옆집 사례 중 성공 사례만 보는 경향이 있으며, 실패 사례 경험의 엄마는 증언을 꺼린 것을 고려하여야 한다. 그리고 모든 옆집 사례는 일반화하기 어려운 개별 사례라는 점을 명심하여야 한다. 자고로 초보의 한계는 공부하는 자세 속에서 극복된다. 필요하다면 대입 수능 문제도 직접 풀어보고, 아이가 다니는 학원의 교재를 엄마도 풀어보라.

4. 변화를 피하지 않고 변화를 이겨나가는 아이를 목표로 세워라.

변화의 시대는 변화를 읽는 아이를 요구한다는 점을 명심하라. 변화를 피해 가는 방법이 없다는 것을 알아야 한다. 아이에게도 변화에 대응하는 적극적인 인생을 지도하라. 오늘의 입시 성적보다 장기적으로 변화에 대응하는 인생 철학을 세운 아이가 더 자랑스럽다는 것을 20년 뒤에 뼈저리게 확인한다는 것을 염두에 두어야 한다. 그래서 장기적으로 접근하되, 변화를 읽고 준비하는 아이가 되게 하는 것이 무엇보다도 중요하다.

★

5. 모든 교육 선택은 엄마 아빠가 함께 하라.

아빠와 함께하는 것은 엄마 능력의 두 배가 아니라 열 배라는 것을 명심하라. 함께 하지 않으면 아이들 교육에서 결국에는 방해꾼, 투정꾼이 된다는 것을 명심하라. 엄마의 교육 경영에도 컨설턴트가 필요하며, 그 때 가장 좋은 컨설턴트는 아빠라는 것을 명심하라. 엄마만큼 우리 아이를 아는 인물은 아빠가 1번이라는 것을 명심하라. 컨설턴트가 있어야 균형감각을 잃지 않는다. 모든 경영자의 핵심능력은 중심을 잃지 않는 균형감각으로 모아지기 때문이다. 더구나 아빠가 함께 하면 세운 계획을 실천할 수 있는 교사가 한 명 더 생기는 일이라는 점을 명심하라.

★

6. 모든 선택의 근거는 우리 아이라고 생각하라.

우리 아이는 옆집 아이와 다르다는 것을 알아야 한다. 어떤 학원 광고의 내용도 우리 아이에 맞지 않으면 배제하여야 한다. 우리 아이는 우리 아이만의 방법이 있고 우리 아이만의 길이 있다는 것을 끝까지 놓쳐서는 안 된다는 것을 명심하라. 충동구매를 막는 원천은 여기에 있다는 것을 생각하여야 한다. 그래서 항상 우리 아이에 대한 관찰과 기록을 하여야 한다. 교육경영자로서 엄마들은 아이들에 대한 관찰과 상담 일기 쓰기를 당장 시작하라.

★

7. 단기 성과를 생각하는 유혹에서 벗어나라.

교육은 백년대계고, 우리 아이들의 교육 경영은 20년 지속되는 장구한 과정이라는 것을 명심하라. 날마다의 일상에 매몰되기 쉬운 엄마들의 삶에서 더욱 조심할 것이 그 때 그 때의 단기성과라는 것을 조심하라. 긴 안목에서 보면 오늘 초등학교 5학년 중간고서에서 76점을 받아왔다는 것은 아무것도 아니라는 것을 생각하라. 엄마의 큰 걸음이 아이의 긴 인생을 크게 만들어간다는 것을 명심하라. 단기 성과에 집중하다 보면 특목고 입시에서 좌절한 아이가 그 실패를 새로운 에너지로 충전하기보다는 심리적 절망의 나락에서 헤어나지 못하게 된다는 것을 생각하라. 이런 사례는 수도 없이 많다는 것을 명심하라.

★

8. 교육과 음식은 소비 후에도 몸에 계속 남는다는 사실을 명심하라.

신발은 구매했다가 안 신고 버릴 수도 있고, 반품도 가능하지만, 교육은 불가능하다는 것을 명심하라. 음식의 경우처럼 이미 소비하여

먹어버리고 나면, 그것이 우리 아이들의 몸에 남아서 아이의 육체와 정신에 오랫동안 작용하게 되는 것이라는 점을 생각하여야 한다. 어떤 소비 선택의 잘못도 흔적을 남겨 아이들의 정신과정에 짐이 될 수 있다는 것을 신중하게 생각하여야 한다. 그래서 '충동구매', 단순한 소비 이상의 문제가 되는 것이 교육 소비라는 점을 명심하여야 한다.

★

9. 자신의 경험에 의존하지 말고 아이들의 시대는 새로운 시대라고 생각하라.

4당5락 같은 과거 경험에 매이지 마라. 아빠들이 과거를 들먹이는 것에도 반기를 들라. '국어공부, 그까짓 거 교과서에 나오는 거 외워서 공부하면 되는데…' 와 같은 생각을 버려라. 대입 국어 시험도 교과서에서 안 나오는 시대다. 아이들은 새로운 시대의 교육내용에 직면하고 있다는 것을 명심하라. 아이들이 살아갈 시대도 우리가 살아온 시대와 다를 것이라는 것을 알아야 한다. 그러므로 아이가 엄마 아빠와는 다른 방식으로 대응하며 살아가는 것을 존중하라.

10. 경영 마인드로 접근하라.

세상에서 가장 어려운 것이 인생 경영이지만, 아이들 인생의 경영에서도 엄마 아빠가 20년은 경영을 대행하고 있다는 것을 명심하라. 몬테소리 교육의 창시자인 이탈리아의 교육자 몬테소리(Maria Montessori) 여사는 아이 교육의 1차적인 책임이 부모에게 있으며, 그 다음이 교사라고 주장하였다고 한다. 하지만 더욱 절실하게는 세계적으로 이미 공교육이 아이들의 교육 경영을 책임 지는 시대가 지나가고 있다는 것을 명심하라. 부모의 어깨에 아이들의 교육 책임이 있는 시대임을 생각하라. 엄마와 아빠가 서로 인생 경영에서 컨설턴트로 엮여 살아가듯이, 아이들 교육 경영에서도 엄마 아빠가 경영 마인드로 힘을 합하라.

아이를 망치는 엄마 유형 10가지

1. 엄마 없인 아이가 아무것도 못한다고 여기는 엄마

2. 엄마 아빠보다 선생님이 책임진다고 생각하는 엄마

3. 자꾸 누군가에게 의존하려는 엄마

4. 남편 대신 아이로부터 만족을 얻는 엄마

5. 옆집 아이에 대한 질투심이 넘치는 엄마

6. 아이를 소유하려는 엄마

7. 돈으로 해결하려는 엄마

8. 모범적으로 공부하지 않는 엄마

9. 눈 앞의 성적에만 눈이 먼 엄마

10. 계획이 없는 엄마